RAPPORT

DU JURY CENTRAL

SUR LES PRODUITS

DE L'INDUSTRIE FRANÇAISE

EN 1834.

Le premier volume, qui paraîtra prochainement, contiendr
l'Introduction historique et les Pièces officielles relatives à l'expositio
de 1834.

SE VEND

A LA LIBRAIRIE DE Mme Ve HUZARD,

RUE DE L'ÉPERON, N° 7.

RAPPORT
DU 'JURY' CENTRAL

SUR LES PRODUITS

DE L'INDUSTRIE FRANCAISE

EXPOSÉS EN 1834,

PAR LE BARON CHARLES DUPIN,

MEMBRE DE L'INSTITUT,

RAPPORTEUR GÉNÉRAL ET VICE PRÉSIDENT DU JURY CENTRAL.

———

TOME SECOND.
PREMIÈRE PARTIE DU RAPPORT.

PARIS.

IMPRIMERIE ROYALE.

———

M DCCC XXXVI.

LISTE ALPHABÉTIQUE
DES FABRICANTS ET DES ARTISTES

RÉCOMPENSÉS

PAR LE JURY CENTRAL DE L'EXPOSITION DE 1834.

NOMS des ARTISTES OU FABRICANTS.	DÉSIGNATION DES PRODUITS PRÉSENTÉS.	DISTINCTION obtenue.	PAGE du rapport.	PARTIE.
	A			
ABADIE...............	Mécanismes..................	M. d'or....	495	II
ABAT, MORLIÈRE et DU-PEYRON............	Acier.................... Limes.....................	R. m. d'arg.	53 76	II
ACCARY frères........	Couvertures.................	Ment. hon..	202	I
ACCOLAS............	Portes d'écluses en fer..........	M. bronze..	207	II
ACHEZ-PORTIER......	Cardes....................	M. bronze..	226	II
ADRIEN-JAPUIS.......	Impressions.................	M. d'or....	251	I
AGNERAY...........	Machines pour le coton.........	M. d'argent.	218	II
AIMABLE (Mlle).......	Corsets....................	Ment. hon..	464	II
AJAC..............	Châles bourre de soie..........	R. m. d'or..	92	I
ALAN-MIGOUT.......	Chapeaux..................	Citation ...	216	I
ALBERT............	Charrue...................	Citation ...	176	II
ALLARD-DECORBIE....	Flanelles..................	M. d'argent.	75	I
ALLIER............	Mouvements de montre.........	Ment. hon..	279	II
ALLIZEAU...........	Modèles pour l'enseignement des sciences..................	M. bronze..	257	II
AMBROIS...........	Chapeaux..................	Ment. hon..	215	I
AMBRUSTER.........	Limes et râpes..............	Ment. hon..	79	II
AMOROS............	Appareils gymnastiques.........	M. bronze..	458	II

NOMS des ARTISTES OU FABRICANTS.	DÉSIGNATION DES PRODUITS PRÉSENTÉS.	DISTINCTION obtenue.	PAGE du rapport.	PARTIE.
ANDRÉ...............	Dorures sur porcelaine.............	Ment. hon..	404	II
ANDRÉ (Jean)........	Charrue..................... Semoir......................	M. bronze..	174 179	II
ANDRÉ KŒCHLIN.....	Machine à tisser...............	M. d'or....	215	II
ANDREW, BEST et LE- LOIR..............	Gravures sur bois..............	M. bronze..	442	II
ANDRIVEAU-GOUJON...	Cartes géographiques...........	M. d'argent.	437	II
ANGRAND..........	Papier de fantaisie.............	M. bronze..	290	I
ANRÈS.............	Perles fausses................	Ment. hon..	161	II
ANRÈS.............	Huile pour l'horlogerie..........	Ment. hon..	265	II
ANTIQ.............	Modèles de grandes machines......	M. d'argent.	238	II
ARLINCOURT (Bon D')..	Laiton......................	M. d'argent.	11	II
ARMAND-CLERC......	Affiloires cylindriques..........	Citation ...	420	II
ARMINGAND, MINGAUD et compagnie.......	Draperie....................	M. d'argent.	48	I
ARNAUDTIZON........	Impressions.................	M. d'argent.	255	I
ARNHEITER et PETIT...	Instruments aratoires..........	M. bronze..	175	II
ARNOULT (J.-L.)......	Châles.....................	M. d'argent.	88	I
AROUX............	Draperie....................	M. d'argent.	45	I
ARTHAUD..........	Coutellerie..................	Ment. hon..	123	II
ATELIER DE CHARITÉ de Valogne..........	Voile en tulle de soie...........	R. m. bron.	188	I
ATRAMBLÉ, BRIOT fils et compagnie.......	Tapis vernis.................	M. d'argent.	228	I
AUBÉ frères et comp...	Draperie....................	R. m. d'or..	32	I
AUBERT (Louis).......	Tissus de laine ras et brochés.....	M. d'or....	69	I
AUBRY-FEBVREL......	Dentelles variées.............	M. bronze..	189	I
AUDIN............	Bonneterie en feutre...........	Ment. hon..	207	I

NOMS des ARTISTES OU FABRICANTS.	DÉSIGNATION DES PRODUITS PRÉSENTÉS.	DISTINCTION obtenue.	PAGE du rapport.	PARTIE.
AUDIT	Lithographie	Ment. hon.	429	II
AUDOT	Typographie	M. bronze	425	II
AUGAN	Impressions	Citation	244	I
AUGER	Plateaux peints	Ment. hon.	488	II
AULOY	Serviettes, nappes	M. bronze	151	I
AURIVEL aîné	Châles divers	M. bronze	99	I
AUZOU	Anatomie clastique	M. d'or	454	II
AVERTY	Garde-robes	Citation	473	II
AYNARD frères	Couvertures	Ment. hon.	201	I

B

BABEUF-GAILLARD	Pinceaux	Citation	493	II
BABONNEAU	Fers / Chaînes-câbles	M. d'argent.	39 / 203	II
BACOT	Couvertures	R. m. d'arg.	200	I
BACOT père et fils	Draperie	R. m. d'or	29	I
BADIN père et fils	Draperie	R. m. d'arg.	40	I
BAINÉE	Cisailles	Ment. hon.	95	II
BALBÂTRE aîné	Broderies	R. m. d'arg.	194	II
BALEINE	Plaqué d'argent	M. d'argent.	153	II
BALLONDE	Papiers	Ment. hon.	288	II
BANCEL	Rubans de gaze	M. bronze	132	II
BANCE-THIERCELIN	Teinture de tissus de coton	Ment. hon.	239	I
BARBEL	Horlogerie	Ment. hon.	271	II
BARBET et FOURNIER	Draperie	M. bronze	52	I
BARBÉ-ZURCHER et Cie	Impressions sur tissus	M. d'argent.	253	I
BARBIER	Draperie	M. bronze	50	I

NOMS des ARTISTES OU FABRICANTS.	DÉSIGNATION DES PRODUITS PRÉSENTÉS.	DISTINCTION obtenue.	PAGE du rapport.	PARTIE.
BARBIER	Papier de verre	Citation	291	I
BARBOU	Serrurerie	Citation	93	II
BARDEL	Tissus en crin	M. d'argent.	136	I
BARJON	Draperie	Ment. hon.	55	I
BARNOUIN et BUREAU	Châles divers	M. d'argent.	98	I
BARON-DUTAYA	Serviettes écrues	M. bronze.	147	I
BARRAL frères	Soie ouvrée	M. d'argent.	108	I
BARRAU	Semoir, sarcloir	Ment. hon.	179	II
BARREAU	Cuirs à rasoirs	Ment. hon.	490	II
BARTH	Ressorts	M. bronze.	81	II
BARTHELÉMY	Pierres précieuses factices	R. m. bron.	160	II
BASTENAIRE	Faïence fine	Citation	378	II
BASTIEN	Globes géographiques	Citation	437	II
BASTINÉ	Échappements	Ment. hon.	279	II
BATTANDIER	Coffrerie	M. bronze.	479	II
BAUDRÉ (Mme)	Étoffes de coton	Citation	180	I
BAUMGARTNER et comp.	Percales, jaconas	M. d'or.	176	I
BAUX	Draperie	M. bronze.	51	I
BAUZON	Coutellerie	Ment. hon.	124	II
BAYLE et JARDIN	Châles cachemire	R. m. d'arg.	88	I
BEAGHEL-SERLOOT	Fils de lin	Ment. hon.	144	I
BEAUDRAN	Souliers de femme	Ment. hon.	274	I
BEAULÈS	Encre d'imprimerie	M. bronze.	365	II
BEAUVISAGE	Teinture d'étoffes	M. d'argent.	237	I
BECHÉTOILE	Papiers	M. bronze.	287	I
BECQUERELLE	Cheminées	Citation	317	II
BEER	Draperie	Ment. hon.	54	I

NOMS des ARTISTES OU FABRICANTS.	DÉSIGNATION DES PRODUITS PRÉSENTÉS.	DISTINCTION obtenue.	PAGE du rapport.	PARTIE.
Begué (Félix)	Linge de table	Ment. hon.	151	I
Beigne (de)	Sacs et tuyaux	Ment. hon.	149	I
Bellangé	Meubles	R. m. d'arg.	410	II
Bellanger père et Nourrisson	Tapis	R. m. bron.	222	I
Bellême	Coutil	M. bronze	155	I
Bellisle-Fournier	Huile de ricin	Ment. hon.	349	II
Belly-Luizet	Tulle de soie	M. bronze	124	I
Bels-Sicard	Cuirs de laine et castorine	Citation	58	I
Benard	Presses lithographiques	Ment. hon.	431	II
Bengé	Balanciers pour presses	R. m. bron.	190	II
Benoist	Montre marine	M. d'argent.	264	II
Benoît	Papiers peints	Citation	234	I
Benoît frères	Globes géographiques	Ment. hon.	436	II
Benoît, Malot et comp.	Tissus lisses, napolitaines, etc.	M. d'argent.	75	I
Benoît père et fils	Gants et bas de soie	M. bronze	204	I
Beranger et Petit	Limes et râpes	M. bronze	77	II
Berard et fils	Produits chimiques	R. m. d'arg.	340	II
Berg	Ébénisterie	Ment. hon.	412	II
Bergaire et Langlois	Couverts en fer	Ment. hon.	106	II
Berger	Soies grèges	Ment. hon.	113	I
Berger-Deleinthe	Toile fine	Ment. hon.	150	I
Bergeron	Corsets	Ment. hon.	464	II
Bernard	Pierres lithographiques	Citation	304	I
Bernard	Étaux	Citation	114	II
Bernard	Armes à feu	M. bronze	136	II
Bernard	Porcelaine dure	R. m. bron.	385	II

NOMS des ARTISTES OU FABRICANTS.	DÉSIGNATION DES PRODUITS PRÉSENTÉS.	DISTINCTION obtenue.	PAGE du rapport.	PARTIE.
BERNARDEL	Violons, basses	M. bronze.	295	II
BERNARD-FLEURY	Tréfilerie	M. d'argent.	68	II
BERNAUDA	Bijouterie en platine	R. m. bron.	158	II
BERNHARD	Pianos	R. m. bron.	289	II
BERNHEIM frères	Huiles de pied de bœuf	Ment. hon.	328	II
BEROLLA frères	Échappement d'horloge, montres	Ment. hon.	275	II
BERTÈCHE, LAMBQUIN	Draperie	M. d'or.	32	I
BERTHAUD fils et MANIGNET	Draperie	Ment. hon.	55	I
BERTHE	Reliures	Ment. hon.	448	II
BERTHIER	Couvertures	M. bronze.	201	I
BERTHOUD frères	Chronomètres	M. d'or.	263	II
BESNIER DU CHAUSSAIS et POISSANT	Pétrin mécanique	M. bronze.	187	II
BESSET et BOUCHARD	Tissus de soie	M. d'argent.	122	I
BETTIGNIES	Porcelaine tendre	Citation	388	II
BEVALLET	Socques	Citation	276	I
BEYER	Toiles fines	M. bronze.	507	II
BIAIS	Broderies	R. m. bron.	195	I
BICHELBERGER	Tabatières	Ment. hon.	488	II
BICHON	Aciers	Citation	57	II
BIDERMANN	Ciment lithogène	Citation	807	I
BIESTA	Montre à équation	Ment. hon.	275	II
BIET	Machine pneumatique	Ment. hon.	259	II
BIÉTRY	Fils de cachemire	M. d'or.	79	I
BIETTE	Couvertures en zinc	Citation	21	II
BINARD veuve ROUSSEL	Cribles et blutoires	Citation	186	II

NOMS des ARTISTES OU FABRICANTS.	DÉSIGNATION DES PRODUITS PRÉSENTÉS.	DISTINCTION obtenue.	PAGE du rapport.	PARTIE.
BINTOL	Chaudonnerie	Ment. hon.	16	II
BIWER	Étau	Citation	114	II
BLAISE	Quincaillerie	Citation	107	II
BLAIZE (Joseph)	Fils de lin	Ment. hon.	144	I
BLANCHARD	Outils	R. m. bron.	100	II
BLANCHARD	Chaînettes pour jalousies	Ment. hon.	106	II
BLANCHET	Aciers	M. bronze	55	II
BLANCHET frères	Fers	Citation	45	II
BLANCHET frères et KLEBER	Papiers	M. d'argent	285	I
BLANCHIN	Métiers à lacets	M. bronze	221	II
BLECH	Guingamps et cotonnades	M. d'argent	181	I
BLECHSMIDT	Incrustation pour ébénisterie	M. bronze	413	II
BLEVE	Cuivres estampés	Ment. hon.	486	II
BLONDEAU	Pendules	M. bronze	272	II
BLONDY	Fers	Citation	45	II
	Essieux	Ment. hon.	115	II
BLOT	Cotons filés	M. d'argent	163	I
BOBE	Toiture en zinc	M. bronze	20	II
BOBÉE	Cotonnade	M. bronze	182	I
BOBÉE et LEMIRE	Produits chimiques	R. m. d'arg.	339	II
BOBILIER	Cuivre	M. bronze	12	II
BOBILIER (Célestin) et frères	Faux	R. m. bron.	71	II
BOBILIER (Isidore)	Faux	M. bronze	72	II
BOBILLON	Socques	Ment. hon.	275	I
BOIGUES et fils	Fers	R. m. d'or	33	II
	Essieux		114	

NOMS des ARTISTES OU FABRICANTS.	DÉSIGNATION DES PRODUITS PRÉSENTÉS.	DISTINCTION obtenue.	PAGE du rapport.	PARTIE.
BOIRIVEN frères	Châles divers	M. bronze. .	95	I
BOISSEAU père et fils . . .	Toiles blanches, coutils	Ment. hon. .	149	I
BOISSELOT	Pianos	Ment. hon. .	291	II
BOISSIER et compagnie .	Gants de soie	Ment. hon. .	206	I
BOITEVIN	Coutellerie	Ment. hon. .	123	II
BOMPARD-LA-RUELLE et OLRY	Mousselines	M. bronze. .	175	I
BONAFOUS	Machine à égrener	M. bronze. .	182	II
BONJEAN	Broderies	Ment. hon. .	196	I
BONNAIRE et compagnie.	Dentelles	R. m. d'arg.	187	II
BONNAIRE et DELACRE-TAZ	Produits chimiques	M. bronze. .	343	II
BONNAUD (Louis)	Marcelines diaphanes	Ment. hon. .	125	I
BONNEFOY et comp. . . .	Organsins	M. bronze. .	111	I
BONNET	Faïence fine	Ment. hon. .	378	II
BONNEVILLE	Pierres factices à rasoirs	Citation . .	308	I
BONTEMPS . . . . :	Cristaux moulés	M. d'argent.	395	II
BORD	Écrous	Ment. hon. .	97	II
BORDE dit LANGOUMOIS.	Fers	Citation . .	45	II
BORDIER-MARCET	Appareils à réflecteurs	M. d'or . . .	304	II
BORRANI	Fourneaux	Citation . .	318	II
BOSC	Encre indélébile	Ment. hon. .	366	II
BOSQ	Albâtre	Citation . .	302	I
BOSQUILLON, ARMAND.	Châles de toutes espèces	R. m. d'or. .	84	I
BOSSENS, MOUREAUD et BEAUD	Bas et gants de soie	Ment. hon. .	206	I
BOST-MEMBRUN oncle et neveu	Coutellerie	R. m. d'arg.	120	II

NOMS des ARTISTES OU FABRICANTS.	DÉSIGNATION DES PRODUITS PRÉSENTÉS.	DISTINCTION obtenue.	PAGE du rapport.	PARTIE.
BOTTIER............	Or battu...............	M. bronze..	150	II
BOUCACHARD.........	Teinture sur laine............	Citation...	240	I
BOUCHARDET.........	Billards...............	Citation...	491	II
BOUCHER-VILLEGAUDIN	Toile à voile...........	R. m. d'arg.	152	I
BOUCHET...........	Chapeaux en feuilles de latanier....	Ment. hon..	138	I
BOUCHOT et DAPPLES...	Fers-blancs...........	M. bronze..	62	II
BOUCNEAU..........	Objets en marbre............ / Marqueterie............	Ment. hon.	(299) / (301)	I
BOUCOIRAN et BRUGUIÈRE.........	Soie à coudre............	M. bronze..	112	I
BOUDARD aîné.......	Ganterie de peau.........	M. bronze..	265	I
BOUDON-CARON......	Typographie............	Ment. hon.	425	II
BOUET et RIBES.....	Châles communs..........	M. bronze..	100	I
BOUFFONS..........	Faux...............	R. m. bron.	71	II
BOULARD..........	Papiers.............	M. bronze..	287	I
BOUR............	Madapolams..........	Citation...	180	I
BOURBONNE........	Savons.............	R. m. bron.	352	II
BOURBOUSE........	Machine électrique..........	Ment. hon.	259	II
BOURDEAUX aîné.....	Instruments de chirurgie........	M. bronze..	130	II
BOURDON.........	Machine à moudre........... / Modèles de machines..........	M. bronze..	(184) / (244)	II
BOURGEOIS........	Charrue............	M. bronze..	174	II
BOURGEOIS et BAUBE...	Vernis............	Citation..	364	II
BOURGOIN.........	Outils............	Citation...	104	II
BOURGUIGNON.......	Tables et moulures en marbre.....	M. bronze..	299	I
BOURGUIGNON et SCHMIDT...........	Gants, chaussons, etc..........	Ment. hon.	207	I

NOMS des ARTISTES OU FABRICANTS.	DÉSIGNATION DES PRODUITS PRÉSENTÉS.	DISTINCTION obtenue.	PAGE du rapport.	PARTIE.
Bouscaren............	Corroyerie....................	M. bronze..	262	I
Bousquet-Dupont....	Châles tibet et barrège, fichus.....	R. m. bron.	99	I
Boutroux............	Boîtes à chapeaux, etc...........	Citation....	480	II
Boutté............	Espagnolettes...............	Citation....	95	II
Bowens van Coppe-Naal...........	Bouillon...................	M. d'argent.	321	II
Boyer.............	Flanelles..................	Citation....	59	I
Braconnier (Alex.)..	Mitons, gants, bas..........	Citation....	208	I
Brame-Chevalier....	Appareil pour la fabricat⁰ⁿ du sucre. / Appareil pour cuire le sucre......	M. d'argent.	{328} {234}	II
Braux d'Anglure....	Cire à cacheter.............	M. bronze..	359	II
Bréant............	Conservation des bois.........	Ment. extr.	361	II
Bregnot...........	Lithographie..............	M. bronze..	428	II
Breguet neveu......	Horlogerie...............	R. m. d'or.	261	II
Brenier...........	Couperose................	Citation....	347	II
Bresson (Claude).....	Cotons filés..............	Citation....	167	I
Bret.............	Peignes.................	Ment. hon..	461	II
Breton (Mᵐᵉ).......	Biberons................	M. bronze..	457	II
Bridier-Chayaux....	Draperie.................	M. d'argent.	45	I
Brière (Clément)...	Soies ouvrées.............	M. bronze..	112	I
Brissac (Comte de)...	Fers..................	Ment. hon..	45	II
Brisses...........	Presses lithographiques........	Ment. hon..	431	II
Brisset...........	Presses lithographiques........	Ment. hon.	246	II
Brissot...........	Soies filées..............	M. bronze..	112	I
Brizou...........	Cuirs forts...............	M. d'argent.	258	I
Brocot...........	Sonnerie pour pendule........	M. bronze..	273	II
Brousse (Jacques)...	Châles divers.............	M. d'argent.	99	I

NOMS des ARTISTES OU FABRICANTS.	DÉSIGNATION DES PRODUITS PRÉSENTÉS.	DISTINCTION obtenue.	PAGE du rapport.	PARTIE.
Brune..............	Cois, cravates,...............	Citation...	466	II
Brunel..............	Teinture de la soie............	Ment. hon..	239	L
Bruyer.............	Registres...................	Citation...	449	II
Buchy (François de)..	Coutils en fil............	M. bronze..	155	i
Bugnot.............	Cuivres estampés.............	M. d'argent.	485	II
Bulet (Joseph-Jean)..	Toile de chanvre..........	M. bronze..	148	II
Bunten.............	Instruments de physique........	M. d'argent.	254	II
Buran et compagnie...	Produits chimiques............	R. m. bron.	343	II
Burel, Beroujo et compagnie........	Étoffes pour meubles...........	M. d'argent.	122	I
Burgun, Watter et compagnie........	Verres de montre............	M. d'argent.	396	II
Buron...............	Instruments d'optique..........	M. d'argent.	255	II
Buyer (De).........	Fers-blancs...............	R. m. d'or..	61	II

C

Caban..............	Coutellerie..............	Citation.	125	II
Cabany.............	Registres................	Ment. hon..	449	II
Caen (De).........	Faïence fine............	M. bronze..	377	II
Cagnard............	Rouenneries............	M. bronze..	183	L
Caille.............	Laine.............	M. bronze..	12	L
Caillot-Bellisle fils.	Papiers...............	M. d'argent.	285	I
Cairé, Raymond et compagnie........	Produits chimiques.........	Ment. hon..	346	II
Callaud............	Échappements d'horloges........	Ment. hon..	274	II
Cambray	Instruments aratoires...........	M. d'argent.	172	II
Camille-Beauvais....	Soies blanches............	M. d'argent.	108	I

NOMS des ARTISTES OU FABRICANTS.	DÉSIGNATION DES PRODUITS PRÉSENTÉS.	DISTINCTION obtenue.	PAGE du rapport.	PARTIE.
Camille-Bourcart	Cotons filés	M. bronze	165	I
Camel et Croutelle	Laine filée	M. d'argent	19	I
Camus-Rochon	Outils	M. bronze	101	II
Canson	Papier	R. m. d'or	280	I
Cardeilhac	Coutellerie	R. m. d'arg.	119	II
Gardin-Meauzé	Broderies	R. m. bron.	194	I
Caron	Serrurerie	Citation	94	II
Caron-Langois	Toiles fines	M. d'argent.	146	I
	Tapis imprimés		221	
Carré d'Harouville (Mme)	Glacière, etc.	Citation	475	II
Carteran	Outils	Citation	102	II
Cartier fils et Grieu	Produits chimiques	R. m. bron.	343	II
Cartulay (Simon) et compagnie	Papiers peints	M. d'argent	233	I
Cassé fils	Chaudronnerie	Ment. hon.	15	II
Castéra	Secours contre l'incendie, etc.	Ment. hon.	511	II
Cauchois	Instruments d'optique	M. d'or	248	II
Cavailler	Plomb	Ment. hon.	5	II
	Objets en étain		23	
Cave	Machines à vapeur	M. d'or	230	II
Cavelier	Dessins pour bronze	M. d'argent	504	II
Cazalat et Grancourt	Lampes	Ment. hon.	308	II
Cazenave	Calicots écrus, lisses et croisés	M. bronze	179	I
Cellier-Rigaud	Boucles	Ment. hon.	106	II
Cerf	Toiles vernies	M. bronze	229	I
Chabane	Tabletterie	Ment. hon.	163	II

NOMS des ARTISTES OU FABRICANTS.	DÉSIGNATION DES PRODUITS PRÉSENTÉS.	DISTINCTION obtenue.	PAGE du rapport.	PARTIE.
CHABERT	Ébénisterie	M. bronze	411	II
CHAGOT frères	Fleurs artificielles	Ment. hon.	198	I
CHALOT	Porcelaine dure	M. d'argent	384	II
CHAMBELLAN et DUCHÉ	Châles	M. d'argent	89	I
CHAMELAT	Coutellerie	Citation	125	II
CHAMEROY	Quincaillerie	Ment. hon.	108	II
CHAMOUTON	Outils	M. bronze	101	II
	Étaux		113	
CHAMPION	Mesures et rubans vernis	R. m. bron.	228	I
CHAMPY	Fers	M. bronze	42	II
	Tôle		59	
CHANUEL	Orfévrerie	M. bronze	148	II
CHAPELLE	Dorure sur cristaux	Ment. hon.	404	II
CHAPELON	Couvertures	M. bronze	201	I
CHARDIN	Soies à coudre et à broder	M. bronze	111	I
CHARLIAT	Voiles, robes de blonde	M. bronze	190	I
CHARRIÈRE	Instruments de chirurgie	M. d'argent	129	II
CHARRIÈRE	Socques	Citation	276	I
CHARTRON père et fils	Soies ouvrées	M. d'or	105	I
CHARVET	Draperie	M. d'argent	46	I
CHASTAGNAC	Lampes	Citation	310	II
CHATAING	Globes géographiques	Citation	437	II
CHATELARD et PERRIN	Peignes à tisser	M. bronze	228	II
CHAUSSENOT	Dextrine	M. bronze	509	II
CHAVEPEYRE	Fourneaux à vapeur	M. bronze	244	II
CHAYAUX frères	Draperie	R. m. d'or	31	I
CHÉDEAUX et comp.	Broderies	R. m. d'arg.	193	I

NOMS des ARTISTES OU FABRICANTS.	DÉSIGNATION DES PRODUITS PRÉSENTÉS.	DISTINCTION obtenue.	PAGE du rapport.	PARTIE.
CHEFDRUE et CHAU-VREULX..........	Draperie....................	M. d'or....	34	I
CHEMIN............	Balances....................	Ment. hon..	259	II
CHENARD frères	Chapeaux en feutre........	M. bronze..	213	I
CHENAVARD	Tapis.......................	R. m. d'or..	218	I
CHENEVIÈRE........	Draperie....................	R. m. d'arg.	38	I
CHENEVIÈRES	Draperie....................	M. d'argent.	46	I
CHEREAU..........	Billards....................	Ment. hon..	491	II
CHESLES...........	Gravure pour imprimerie........	Citation....	419	II
CHEVALIER	Cotons filés................	Ment. hon..	166	I
CHEVALIER.......	Pierres lithographiques.......... Pierres lithographiques de l'Yonne.	Ment. hon..	304 432	I II
CHEVALIER........	Outils,....................	Citation...	104	II
CHEVALIER.........	Bassinoire.................	Citation...	476	II
CHEVALIER (Charles)..	Instruments de physique........	M. d'or....	251	II
CHEVALIER (Jules)....	Instruments d'optique..........	M. bronze..	257	II
CHEVALIER-ROUET	Cuirs......................	Ment. hon..	260	I
CHEVALIER (Vincent)..	Instruments de physique........	R. m. d'arg.	253	II
CHEVRON..........	Pierres lithographiques........	Citation...	304	I
CHOPIN et MELON.....	Lampes....................	R. m. bron.	306	II
CHOUILLOU	Ganterie de peau.............	M. bronze..	265	I
CINIER et FATIN.....	Tissus, châles en soie........	M. d'argent.	123	I
CIRMINÉ et CUVAROC..	Parapluies.................	Ment. hon..	482	II
CLÉMENT..........	Serrures...................	Ment. hon..	92	II
CLERC (Armand)	Outils.....................	Citation...	103	II
CLUESMAN..........	Pianos.....................	Ment. hon..	291	II
COADE...........	Laminoirs..................	M. bronze..	115	II

NOMS des ARTISTES OU FABRICANTS.	DÉSIGNATION DES PRODUITS PRÉSENTÉS.	DISTINCTION obtenue.	PAGE du rapport.	PARTIE.
COCHERY	Brosses et pinceaux	Ment. hon.	492	II
COCHINAT	Pâtes alimentaires	Citation	327	II
COCQ (Claude)	Châles variés	Ment. hon.	95	I
COFFE-GOGUETTE	Guitares	M. bronze	293	II
COGOUREUX	Charrue	M. bronze	174	II
COIRET	Peignes	Citation	462	II
COLLARDEAU-DUHEAUME	Instruments de physique	M. d'argent	255	II
COLLETTA-LEFÈVRE	Tabatières	Ment. hon.	164	II
COLLIAU	Tréfilerie	R. m. d'arg.	66	II
	Clous d'épingle	M. bronze	89	
COLLIER (John)	Machines à tisser	R. m. d'or	213	II
	Machines à vapeur		229	
COLLIOT	Phares	Ment. hon.	245	II
COLLOT	Linge de table	Ment. hon.	152	I
COLOMB	Bretelles	Ment. hon.	206	I
COLOMBET et Henri PATIARD	Rubans de gaze	M. bronze	132	I
COLONDRE frères	Châles	Ment. hon.	101	I
COLONDRE (Jean) et PRADES	Châles	Ment. hon.	101	I
COLVILLE	Couleurs vitrifiables	Ment. hon.	402	II
COMBIE-ROSSEL	Tissus de soie	M. bronze	128	I
COMPAGNIE des fonderies et forges d'Alais	Fers	M. d'or	36	II
COMPAGNIE de la Grande Combe	Houille	Ment. hon.	310	I
COMPAGNIE des hauts-fourneaux d'Alais	Houille	Ment. hon.	310	I

NOMS des ARTISTES OU FABRICANTS.	DÉSIGNATION DES PRODUITS PRÉSENTÉS.	DISTINCTION obtenue.	PAGE du rapport.	PARTIE.
COMPAGNIE des Iles...	Café préparé....................	Ment. hon.	478	II
COMPAGNIE de la manufacture de St-Gobain..	Produits chimiques............... Glaces........................	M. d'argent.	341 391	II
COMPAGNIE des verreries de Saint-Louis......	Cristaux moulés.................	M. d'or....	394	II
CONARD (Veuve)......	Rubans et bretelles..............	M. bronze..	133	I
CONEAU.............	Conservation des aliments........	M. bronze..	323	II
CONSTANTIN (Veuve)..	Typographie....................	Ment. hon.	426	II
CONTE (Antoine).....	Châles, fantaisies et thibet.......	M. bronze..	100	I
CONVILLE...........	Robes, châles, blonde...........	M. bronze..	190	I
CORNIQUEL..........	Peaux de veau tannées..........	Ment. hon.	261	I
CORNUAULT et CAVAIGNAC.............	Encre d'imprimerie..............	Ment. hon.	366	II
CORTYL-VANMERIS....	Sucre de betteraves.............	M. bronze..	332	II
COSQUER............	Outils........................	Ment. hon.	102	II
COSSON.............	Billards.......................	Ment. hon.	491	II
COTTAIS............	Tissus de coton................	Citation...	179	I
COUDER............	Dessins de châles..............	M. d'argent.	504	II
COULAUX...........	Acier......................... Limes et râpes................. Ressorts...................... Outils........................	R. m. d'or..	50 75 80 98	II
COUMERT, CHARRETON et CHARDONNAUD...	Châles cachemires et imitations....	M. bronze..	100	I
COURMONT et GODFERNEAUX.............	Cotons filés...................	Ment. hon.	166	I
COURNIER...........	Soies grèges...................	Ment. hon.	113	I

NOMS des ARTISTES OU FABRICANTS.	DÉSIGNATION DES PRODUITS PRÉSENTÉS.	DISTINCTION obtenue.	PAGE du rapport.	PARTIE.
Courot-Bigé........	Aciers.....................	M. bronze..	56	II
	Socs et versoirs...............	Citation...	177	
Courot (Gustave)....	Aciers.....................	M. bronze..	57	II
Courtejairé........	Draperie...................	M. bronze..	53	I
Courtois..........	Tuiles.....................	Citation...	372	II
Couteaux..........	Toiles cirées...............	Ment. hon..	230	I
	Cuirs vernis................	M. d'argent.	270	
Couturier et Lebuholet.............	Produits chimiques...........	Ment. hon..	346	II
Crapelet..........	Typographie................	R. m. d'arg.	421	II
Crespel de Lisse.....	Semoir....................	M. bronze..	179	II
Crespin (Eugène)....	Châles....................	Ment. hon..	91	I
Croco.............	Châles en gaze, tissus ras.......	M. d'argent.	68	I
Croizat...........	Perruques.................	Citation...	459	II
Crouzet...........	Instruments de chirurgie.......	M. bronze..	130	II
Cuenot............	Petits meubles en bois.........	Citation...	488	II
Cunin-Gridaine.....	Laines....................	Hors conc..	26	I
Curnier..........	Châles variés...............	R. m. d'or..	96	I
Curtel...........	Croisés de coton.............	Citation...	179	I
Cuvru-Desurmont ...	Minorques.................	Ment. hon..	72	I

D

Dablaing, Estabelle et Thomassin......	Tulles....................	R. m. d'arg.	171	I
Dacheux..........	Appareil pour secourir les noyés..	M. d'argent.	209	II
Dacosta..........	Bijouterie fausse.............	Ment. hon..	157	II
Daiguebelle........	Transport sur pierre graphique...	M. d'argent.	432	II
Dallas...........	Cotons filés................	Citation....	167	I

NOMS des ARTISTES OU FABRICANTS.	DÉSIGNATION DES PRODUITS PRÉSENTÉS.	DISTINCTION obtenue.	PAGE du rapport.	PARTIE.
DALLUT.............	Gravure de caractères d'imprimerie.	Ment. hon.	418	II
DALMONT.........	Garde-robes.................	Ment. hon.	472	II
DAMAINVILLE.......	Semoir....................	Citation....	180	II
DAMIRON...........	Châles carrés et longs......	M. d'argent.	94	I
DANLOY (Matthieu)...	Quincaillerie.............	M. bronze.	105	II
DANNET père et frères.	Draperie.................	R. m. d'or.	32	I
DANTY...........	Cartes géographiques.........	M. bronze.	439	II
DARBO...........	Biberons.................	Ment. hon.	457	II
DARCET...........	Appareil pour la gélatine......	Hors conc.	320	II
DARMES frères.......	Étoffes pour stores..........	Ment. hon.	225	I
DATIS et fils........	Draperie.................	M. d'argent.	47	I
DAUDÉ...........	Œillets métalliques.........	Ment. hon.	469	II
DAUDET aîné et comp..	Mouchoirs foulards..........	Ment. hon.	129	I
DAUDET jeune.......	Foulards satinés et serges......	Ment. hon.	129	I
DAUDET - QUEIRETY et compagnie.........	Foulards et mouchoirs.........	M. bronze.	128	I
DAUGE et JEUCH......	Cotons filés..............	Ment. hon.	166	I
DAUPHINOT-PÉRARD...	Mérinos écrus.............	M. bronze.	76	I
DAVID...........	Pétrin mécanique...........	M. bronze.	188	II
DAVID aîné.........	Plomb................. Étain en feuilles...........	Ment. hon.	5 23	II
DAVID et LOTH......	Rouet..................	Ment. hon.	222	II
DAVID-MONSAINT.....	Toile blanche..........	Ment. hon.	148	I
DEBERGUE, DEFRIES-CHÉS et compagnie..	Peignes à tisser.............	M. d'argent.	227	II
DEBERGUE (Henri)....	Métier à tisser............	M. d'argent.	217	II
DEBOURGES (Charles)..	Presses lithographiques.........	Citation....	431	II

NOMS des ARTISTES OU FABRICANTS.	DÉSIGNATION DES PRODUITS PRÉSENTÉS.	DISTINCTION obtenue.	PAGE du rapport.	PARTIE.
DEBRY-RAUVÉ	Ardoises	Citation	304	I
DEBUCHY	Circassiennes, satins jaspés	R.m. bronze	71	I
DECAN	Lampes	Ment. hon.	308	II
DEHAULE	Formes et embouchoirs	Ment. hon.	277	I
DELAAGE	Toiles métalliques	Citation	88	II
DELACOUR	Soie grège	R.m. bronze	110	I
DELACRE-SNAUDE	Corroyerie	R.m. bronze	261	I
DELAFONTAINE	Fonte de bronze	M. d'argent	140	II
DELAFORGE	Soufflets	M. bronze	243	II
DELALANDE	Broderies	Citation	197	I
DELANOUE	Manganèse	Citation	26	II
DELAPORTE	Dés à coudre	Ment. hon.	106	II
DELAROCHE	Papiers	Citation	289	I
DELAROCHE	Cheminée	Citation	317	II
DELARUE	Outils	R.m. bronze	99	II
DELARUE	Transport sur pierre graphique	M. bronze	433	II
DELARUE frères	Draperie	M. d'argent	47	I
DELAVEAU fils aîné	Huiles	M. bronze	327	II
DELAUNAY et comp	Coutils de fil	M. d'argent	154	I
DELBARRE	Gazes brochées	M. bronze	193	I
DELBARRE fils et VATIN	Gazes	R. m d'arg.	192	I
DELBU	Cuirs	M. bronze	259	I
DELEBOURSE	Armes à main	R.m. bronze	133	II
DELEPINE	Broderies	Citation	197	I
DELESTRADE (Maxime)	Papier d'algue marine	Citation	289	I
DELETOILE-COQUELLE	Bas de fil et de soie	M. bronze	205	I

b.

NOMS des ARTISTES OU FABRICANTS.	DÉSIGNATION DES PRODUITS PRÉSENTÉS.	DISTINCTION obtenue.	PAGE du rapport.	PARTIE.
Deleuil.............	Instruments de physique............	M. bronze..	256	II
	Appareil pour la gélatine..........		321	
Deleuze..........	Boutons pour chemises............	Citation...	469	II
	Vide-champagne.................		478	
Deloge-Montignac...	Ustensiles de pêche..............	Citation...	483	II
Delondre..........	Produits pharmaceutiques.........	M. bronze.	348	II
Delpech (veuve)....	Lithographie.................	M. bronze.	427	II
Delport ainé........	Papiers de fantaisie.............	Ment. hon.	291	I
Delporte..........	Coutellerie.................	Ment. hon.	124	II
Demares (Jules).....	Draperie.................	M. bronze.	51	I
Demarne..........	Cols.................	Ment. hon.	466	II
Demelun..........	Corroyerie.................	Ment. hon.	262	X
Demi-Doineau......	Tapis.................	Ment. hon.	225	I
Demilly et Motard...	Bougie.................	M. d'argent.	311	II
Denard...........	Meubles.................	Ment. hon.	412	II
Deneyrouse........	Châles de cachemire..........	R. m. d'or..	85	I
Denière..........	Objets en bronze............	R. m. d'or..	141	II
Déon.............	Ciseleur.................	M. bronze..	509	II
Depracontal.......	Fers.................	Ment. hon.	44	II
Dequenne.........	Acier.................	R. m. d'or..	49	II
Deriquehem........	Géodésimètre.................	Ment. hon.	258	II
Derosne (Charles)....	Appareil de distillation..........	M. d'or....	318	II
	Engrais.................		333	
	Siége inodore.................		471	
Desbouillons fils.....	Toiles à voiles.................	M. bronze..	153	I
Descat-Crouzet.....	Appareil pour teinture..........	M. bronze..	507	II
Deschamps.........	Ornements moulés............	M. bronze..	408	II

NOMS des ARTISTES OU FABRICANTS.	DÉSIGNATION DES PRODUITS PRÉSENTÉS.	DISTINCTION obtenue.	PAGE du rapport.	PARTIE.
DESCHAMPS..............	Vignettes pour la typographie.....	M. bronze..	418	II
DESCOUS - BOURHONNET et compagnie.......	Draperie..................	Ment. hon..	55	I
DESFRECHES pere et fils	Draperie..................	R. m. d'arg.	38	I
DESHAYS.............	Régulateur...............	R. m. d'arg.	270	II
DESMARES-THELOT....	Bas de coton............	Citation...	208	I
DESMONS............	Étoffes tressées en bois français....	Citation...	139	I
DESMONTS..........	Charrue................	Ment. hon..	175	II
DESOUCHES..........	Lits en fer..............	Ment. hon..	111	II
DESPRET...........	Fers..................	Citation...	45	II
DESROMAS – DOJAT et FLAMAND...........	Fils thibet..............	M. d'argent.	110	I
DESROSIERS..........	Typographie..............	M. d'argent.	422	II
	Lithographie.............	Ment. hon..	429	II
DESSOYE............	Mécanismes divers.........	M. d'argent.	499	II
DESTREM-PRENOT.....	Chapeaux..............	Citation...	216	I
DESVIGNES-DUQUESNAY.	Laine filée............. Cotons filés............	Citation....	22 167	I
DÉTAPE.............	Essieux................	M. d'argent.	114	II
DEVAUZ............	Socques................	Ment. hon..	275	I
DEVÈZE fils et comp...	Châles divers............	M. bronze..	100	I
DEVRAINNE..........	Étoffes de coton..........	Citation...	180	I
D'HOMBRES et comp...	Tissus de soie...........	M. d'argent.	127	I
DIDA.............	Casques en laiton.........	Ment. hon..	489	II
DIDIER, PETIT et comp.	Ornements d'église.........	R. m. d'arg.	121	I
DIEN.............	Globes géographiques........	M. d'argent.	435	II
DIER.............	Remise à neuf des habits.......	Ment. hon..	335	II

NOMS des ARTISTES OU FABRICANTS.	DÉSIGNATION DES PRODUITS PRÉSENTÉS.	DISTINCTION obtenue.	PAGE du rapport.	PARTIE.
DIETRICH (veuve)….	Fonte de fer……………………	M. d'argent.	31	II
	Socs de charrue………………	Citation. …	177	II
DIETZ et HERMANN….	Pompe à incendie……………	M. d'argent.	208	II
DILLON………………	Bas et gants de fil d'Écosse……	Citation. …	208	I
DIOUDONNAT………	Maillons en verre, métier Jacquart.	M. d'argent.	220	II
DISCRY……………	Porcelaine dure………………	Ment. hon..	387	II
DOBLER père et fils….	Fils thibet…………………	R. m. d'arg.	106	I
DOCAGNE père et fils…	Mousselines………………	R. m. d'arg.	174	I
DODEMAN…………	Couverture en zinc……………	Citation. …	21	II
DODERET…………	Broderies…………………	Ment. hon..	196	I
DOLFUS-HUGUENIN….	Impressions…………………	R. m. d'arg.	242	I
DOLFUS-MIEG et comp.	Fils de coton…………… Calicots, mousselines…………… Impressions…………………	R. m. d'or..	(159) (176) (248)	I
DOMBROWSKI et GAIEWSKI…………	Lampes……………………	Citation. …	309	II
DOMENY…………	Harpes……………………	R. m. d'arg.	293	II
DOMET DE MONT……	Lunettes…………………	R. m. d'arg.	252	II
DONIOL fils………	Fils de lin………………	Ment. hon..	144	I
DORDET……………	Coutellerie…………………	Citation. …	125	II
DOUAULT-WIELAND…	Pierres factices………………	R. m. d'arg.	160	II
DOUBLET jeune et PICQUENOT…………	Rubans de fil………………	Ment. hon..	134	I
DOUCHEMONT………	Toile métallique………………	Ment. hon..	87	II
DOUINET…………	Châles divers………………	M. d'argent.	89	I
DOURIS-FUMEAUX……	Coutellerie…………………	R.m. bronze	120	II
DOURNAY frères……	Bitume……………………	R.m. bronze	311	I

NOMS des ARTISTES OU FABRICANTS.	DÉSIGNATION DES PRODUITS PRÉSENTÉS.	DISTINCTION obtenue.	PAGE du rapport.	PARTIE.
DRAINS.............	Pinceaux..................	Ment. hon..	492	II
DROPTY............	{ Objets en lave de Volvic........ { Couleurs vitrifiables...........	Ment. hon..	{ 299 { 402	I II
DROUARD.........	Peinture hydrofuge...........	M. bronze..	510	II
DROUAULT frères......	Chaînes-câbles.............	M. bronze.	204	II
DUBOIS (James).....	Blondes..................	M. bronze.	189	I
DUBOIS...........	{ Laine filée............... { Machine à lainer les draps.......	Citation... M. d'argent.	21 218	I II
DUBOIS...........	Sonnettes et grelots...........	Ment. hon..	25	II
DUCARRE..........	Velours..................	M. d'argent.	123	I
DUCASTEL........	Ganterie de peau............	M. bronze..	265	I
DUCHEMIN........	Horlogerie...............	Ment. hon..	271	II
DUCHEMIN-PELMOINE..	Toile fine.................	Ment. hon..	149	I
DUCOMMUN........	Fontaines...............	Ment. hon..	474	II
DUCOUPRÉ.........	Produits chimiques...........	Ment. hon..	345	II
DUGUERCHETS.......	Appareil pour sauver les malades..	Citation...	200	II
DUJARIEZ.........	Cors...................	Ment. hon..	301	II
DUMAS et GIRARD....	Coutellerie...............	R. m. d'arg.	118	II
DUMONT..........	Limes..................	Citation...	79	II
DUMONT..........	Filtres pour rafiner le sucre......	M. d'argent.	504	II
DUMONT et compagnie..	Madapolams écrus............	Citation...	180	I
DUPLANIL.........	Reliures.................	M. d'argent.	445	II
DUPONT..........	Cotons filés..............	M. d'argent.	164	I
DUPONT..........	Finette de coton, futaine, etc.....	M. d'or....	185	I
DUPONT..........	Dentelles en coton brodées......	Citation...	191	I
DUPONT (Auguste)....	{ Pierres lithographiques......... { Pierres lithographiques.........	M. bronze..	{ 303 { 431	I II

NOMS des ARTISTES OU FABRICANTS.	DÉSIGNATION DES PRODUITS PRÉSENTÉS.	DISTINCTION obtenue.	PAGE du rapport.	PARTIE.
Dupré..............	Céruse.............	M. bronze...	344	II
Dupré..............	Capsules en plomb...........	Ment. hon..	477	II
Dupré (veuve) et comp.	Éventails.............	M. bronze...	470	II
Dupreuil............	Laine.............	M. d'argent.	8	I
Durand.............	Impressions...........	M. d'argent.	243	I
Durand.............	Fers.............	M. d'argent.	39	II
Durand.............	Orfévrerie...........	M. d'argent.	148	II
Durand.............	Pompe à double effet.........	Ment. hon..	211	II
Durand.............	Meubles............	M. bronze..	411	II
Durand.............	Garde-robes...........	Ment. hon..	473	II
Durand, Bouchet et Hauvert........	Tissus de soie...........	M. d'or....	127	I
Durand fils, Guillaume et compagnie......	Buffleteries...........	M. d'argent.	266	I
Dutaya (Baron).....	Fers.............	M. bronze..	41	II
Dutertre..........	Tissus............	Ment. hon..	77	I
Dutrou jeune.......	Rubans............	M. bronze..	131	I
Duval-Lebec.......	Espagnolettes..........	Citation...	58	I
Duverger..........	Typographie..........	M. d'argent.	423	II
Duvivier (Veuve)....	Sucre de betteraves.........	Citation...	332	II

E

Eastwood..........	Mécanicien...........	M. d'argent.	503	II
Echarcon (papeterie).	Papiers............	M. d'or....	282	I
Eck...............	Machines pour transport.......	M. bronze..	197	II
Ecole des arts et métiers d'Angers..........	Outils............ Machines...........	M. bronze..	{100 {242	II

NOMS des ARTISTES OU FABRICANTS.	DÉSIGNATION DES PRODUITS PRÉSENTÉS.	DISTINCTION obtenue.	PAGE du rapport.	PARTIE.
ÉCOLE des arts et métiers de Châlons........	Outils........................ Modèles de machines...........	M. d'argent.	98 239	II
ÉCOLE des arts du prince de Chimay........	Ressorts.................... Charrues...................	Ment. hon.. M. d'argent.	82 172	II
ÉCOLE manufacturière de Dieppe...........	Dentelles..................	Ment. hon.	190	I
ÉDOUARD-WISE.........	Papiers....................	R. m. d'arg.	283	I
EGGLY, ROUX et comp..	Mérinos, châles imprimés........	M. d'or....	66	I
EGROT.................	Chaudronnerie de cuivre........	Ment. hon..	15	II
ÉLAND................	Tissus de crin...............	Ment. hon.	137	I
ÉLIE.................	Objets en albâtre.............	Citation....	303	I
EMMERIC et GEORGER..	Maroquins..................	R. m. d'arg.	268	I
ENGELMANN et comp...	Lithographie.............. Cartes géographiques...........	R. m. d'arg.	426 438	II
ÉRARD (Pierre)........	Pianos.................... Harpes....................	R. m. d'or..	284 293	II
ESTIVANT DE BRÉAUX.,	Colle-forte................	R. m. d'arg.	355	II
ESTIVANT fils aîné.....	Colle-forte................	R. m. d'arg.	355	II
ÉVERAT..............	Typographie...............	M. d'argent.	422	II
EYMIEUX, FAURE et compagnie.........	Fils de déchets de soie..........	R. m. d'arg.	107	I

F

FABRÈGUE-NOURY.....	Châles....................	Ment. hon..	101	I
FAITOT.............	Tapis....................	Ment. hon..	225	I
FALATIEU (Baron)....	Fers-blancs............... Tréfilerie.................	R. m. d'arg. R. m. d'or..	62 65	II
FALCON (Théodore)...	Dentelles.................	Ment. hon..	191	I

NOMS des ARTISTES OU FABRICANTS.	DÉSIGNATION DES PRODUITS PRÉSENTÉS.	DISTINCTION obtenue.	PAGE du rapport.	PARTIE.
FANON....................	Boîtes d'emballage...................	Citation......	480	II
FARCOT....................	Presse à huile.................. Grandes machines..............	M. d'argent.	189 237	II
FAUCHE....................	Toile cretonne...................	Ment. hon..	148	I
FAULER frères...........	Maroquins......................	R. m. d'or...	268	I
FAUQUET-LEMAÎTRE...	Cotons filés...................	M. d'or....	161	I
FAUQUET-PONCHET....	Impressions sur tissus...........	M. d'argent.	256	I
FAURÉ et DUPRAT.....	Velours.......................	M. bronze..	126	I
FAURÉ frères...........	Rubans........................	M. bronze..	132	I
FAURÉ (Mlle)..........	Fleurs artificielles.............	Citation...	199	I
FAURÉ fils.............	Teinture d'étoffes..............	M. bronze..	237	I
FAURE (Louis).........	Céruse.......................	Ment. hon..	345	II
FAVREAU...............	Métier à tricoter..............	R. m. d'arg.	216	II
FAVREL................	Or battu.....................	M. d'argent.	150	II
FAYARD................	Draperie.....................	M. bronze..	49	I
FAYARD................	Pesostères...................	M. bronze.	196	II
FAYARD................	Bassinoire...................	Citation...	476	II
FEAU-BÉCHARD.........	Laine teinte.................	Ment. hon..	239	I
FEAU-BÉCHARD.........	Sondage chinois..............	M. bronze..	244	II
FELDTRAPPE...........	Machines.....................	M. d'argent.	239	II
FERAGUS..............	Espagnolettes................	Ment. hon..	94	II
FERRY................	Marbres.....................	Ment. hon..	297	I
FESTUGIÈRE...........	Fers........................	M. bronze..	48	II
FEUGÉ-FASSARD.......	Couvertures.................	Ment. hon..	202	I
FICHER...............	Meubles.....................	M. d'argent.	410	II
FICHET...............	Serrurerie...................	M. bronze..	91	II
FICHTEMBERG.........	Papiers de fantaisie..........	Ment. hon..	200	I

NOMS des ARTISTES OU FABRICANTS.	DÉSIGNATION DES PRODUITS PRÉSENTÉS.	DISTINCTION obtenue.	PAGE du rapport.	PARTIE.
FIRMIN DIDOT..........	Papiers.............................	M. d'or....	283	I
	Typographie........................	R. m. d'or..	420	II
FISSOT..............	Outils.............................	Citation....	103	II
FLAMET..............	Bretelles et jarretières............	M. bronze..	467	II
FLAVIGNY (Louis) et fils............	Draperie...........................	R. m. d'or..	29	I
FLEULARD..........	Machine à broyer.................. Pétrin mécanique.................	M. bronze..	{185 183}	II
FLEURET............	Lits en fer........................	Ment. hon...	142	II
FLEURY (Bernard)....	Aiguilles..........................	M. d'argent.	82	II
FLORIS-DELAUNOY....	Laine filée........................	Ment. hon..	21	I
FLOTTE frères........	Draperie...........................	R. m. d'arg.	41	I
FONDERIE de Romilly..	Cuivre............................	R. m. d'or..	64	II
FONTAINE, PERRIER...	Tabatières.........................	M. bronze..	487	II
FONTENELLE.........	Toile métalliques pour cribles..... Cribles............................	Citation...	{87 480}	II
FOREST frères........	Batistes...........................	Citation...	146	I
FOUBERT............	Coutellerie........................	Citation...	125	II
FOULON.............	Serviettes blanches................	Ment. hon..	148	I
FOUQUE, AROUX et comp.	Briques............................ Faïence fine et terre de pipe.......	M. d'argent.	{370 376}	II
FOUQUET aîné........	Châles et écharpes de cachemire...	Ment. hon..	91	I
FOUQUET frères.......	Épingles........................... Roues d'angle...................... Tréfilerie.......................... Clous d'épingle....................	R. m. d'arg.	{17 30 66 188}	I
FOURNEL, BROCHAY...	Frocs, molletons...................	Citation...	58	I

NOMS des ARTISTES OU FABRICANTS.	DÉSIGNATION DES PRODUITS PRÉSENTÉS.	DISTINCTION obtenue.	PAGE du rapport.	PARTIE.
FOURNIER frères......	Cachemires français............	Ment. hon..	91	I
FOURNIER DE LEMPDES.	Instruments de chirurgie......	Ment. hon..	131	II
FOURNIER (Mlle).....	Bourrelets............	Citation..	468	II
FOURNIVAL père et fils.	Mérinos............	R. m. d'arg.	75	I
FRANCK (Alexandre)..	Tissus croisés............	M. bronze.	178	I
FRANÇOIS jeune......	Presses lithographiques........	Ment. hon.	430	II
FRANÇOIS jeune et BE-NOIT...........	Pressoir............ Presses lithographiques	M. bronze	(190 (244	II
FRAPPIER...........	Pendules............	Ment. hon..	274	I
FREDLY...........	Bas de soie brodés............	Ment. hon..	208	I
FRÈREJEAN...........	Cuivre............	R. m. d'or..	7	I
FRÉROT............	Cadres imitant le bois........	Citation..	453	I
FRESTEL...........	Coutellerie............	R. m. bronze	121	I
FRICHET veuve........	Reliures............	Ment. hon..	448	II
FRICHOT...........	Bijouteries............	R. m. d'or..	154	I
FRICHOU DE BRYE....	Aciers............ Limes............	M. bronze..	(56 (78	I
FRINDAL...........	Couvertures en zinc........	Citation..	21	I
FROID (Jacques).....	Limes............	Ment. hon..	79	I
FROMENT (Veuve)....	Blanchiment............	Ment. hon..	510	I
FRUICTIER...........	Dessin d'un système de broches, etc.	M. bronze.	220	I
FUZELIER...........	Portes d'écluse en fer........	Ment. hon..	207	I

G.

GABERT fils aîné et GE-NIN...........	Draperie............	M. bronze..	51	I
GACHE...........	Registres............	Citation..	450	I

NOMS des ARTISTES OU FABRICANTS.	DÉSIGNATION DES PRODUITS PRÉSENTÉS.	DISTINCTION obtenue.	PAGE du rapport.	PARTIE.
GAGNEAU...................	Lampes...................	R. m. bronze	305	II
GAGNON et CULHAT...	Châles en laine............	M. bronze..	90	I
GAIDAN...................	Cravates de soie et foulards.....	Ment. hon..	130	I
GAIDON jeune.........	Pianos...................	M. bronze..	290	II
GAIGNEAU frères.......	Laine filée............	M. bronze..	20	II
GAILLARD................	Toiles métalliques...........	R. m. d'arg.	87	II
GAILLARD................	Pompe à incendie............	M. bronze..	210	II
GALIBERT................	Lampes...................	Citation....	310	II
GADIFET (Marquis de).	Marbres...................	Ment. hon..	297	I
GALIGNANI...............	Typographie...............	M. bronze..	425	II
GALINIER................	Mosaïques.................	Ment. hon..	301	I
GALLAND et DUCAMP..	Châles...................	Ment. hon..	101	I
GALLE...................	Bronze...................	R. m. d'or..	142	II
GALLES...................	Chaines...................	M. d'argent.	202	II
GALY-CAZALAT.........	Appareil pour le gaz..........	M. bronze..	243	II
GAMOT frères et EGGÉNA	Gazes, fichus, etc. de soie........	M. d'argent.	122	I
GANDAIS................	Plaqué d'argent............	M. d'argent.	152	II
GANDILLOT frères.......	Fers creux................ Lits en fer................	M. d'argent.	(109) (111)	II
GANNERON...............	Laine...................	R. m. d'arg.	8	I
GANTILLON.............	Étoffes de soie brochées........	Ment. hon..	125	I
GARDET-HOYAU......	Pains à cacheter............	Ment. hon..	361	II
GARDIEN...............	Chapeaux.................	Citation....	215	I
GARDON................	Quincaillerie de cuivre.........	M. d'argent.	14	II
GARISSON..............	Draperie.................	R. m. bronze	49	I
GARITTE...............	Objets en marbre............	M. bronze..	299	I

NOMS des ARTISTES OU FABRICANTS.	DÉSIGNATION DES PRODUITS PRÉSENTÉS.	DISTINCTION obtenue.	PAGE du rapport.	PARTIE.
GARNACHE-BARTHOD (Lucien)	Outils	Citation	104	II
GARNACHE-BARTHOD (Pierre-Philippe)	Outils	Citation	104	II
GARNACHE-CREUILLOT	Outils	Citation	104	II
GARNIER	Pendules	R. m. d'arg.	269	II
GARNIER	Lampes	Ment. hon.	305	II
GARNIER	Caractères d'imprimerie	Ment. hon.	419	II
GARNIER et CHIROL	Perles fausses	M. bronze	161	II
GASTINE	Draperie	R. m. bronze	48	I
GAUDECHAUX frères	Draperie	M. bronze	51	I
GAUDECHAUX fils et PICARD	Draperie	Ment. hon.	55	I
GAUDIN et DUCLOS-BLERZI	Bronzage	Ment. hon.	405	II
GAUDY (Théodore)	Marbres	M. bronze	297	I
GAUSSEN	Châles	R. m. d'or	86	I
GAUTHIER	Outils	Citation	104	II
GAUZY	Cotte-palis	Citation	184	I
GAVARD	Diagraphe	M. d'argent	254	II
GAVEAUX	Presses d'imprimerie	M. d'argent	240	II
GAVET	Coutellerie	R. m. d'arg.	119	II
GEFFREY	Scarificateur aratoire	Ment. hon.	175	II
GENSE et LAJONKAIRE	Bougie	R. m. d'arg.	76	II
GÉRARD	Outils	Citation	310	II
GÉRARD et MIÉLOT	Limes	R. m. d'arg.	103	II
GÉRAUD	Lampes	M. bronze	306	II
GERDREZ	Pierres dites indéennes	Citation	308	I

NOMS des ARTISTES OU FABRICANTS.	DÉSIGNATION DES PRODUITS PRÉSENTÉS.	DISTINCTION obtenue.	PAGE du rapport.	PARTIE.
Gelly frères............	Mouchoirs gaze...............	Ment. hon...	130	I
Gelot et Ferrière...	Châles hindous.............	M. d'argent.	94	I
Geré-Racine........	Stores imprimés.............	Citation...	226	I
Germain............	Draps garance............	Ment. hon..	56	I
Germain (Pierre)....	Bonnets et bas de coton.........	M. bronze..	204	I
Germain, Petit et compagnie........	Draperie...............	M. d'argent.	43	I
Germain-Thibault et compagnie........	Gazes brochées.............	M. d'argent.	192	I
Geruzet............	Marbres...............	M. d'argent.	295	I
Gervais...........	Cotons filés............	M. bronze..	165	I
Gervais (Charles)....	Pilophiles...............	Citation...	490	II
Geslain...........	Charrue...............	Ment. hon.	175	II
Geslin (Benjamin)...	Tubes de tôle recouverts de cuivre. Rampes d'escalier en fer creux....	Ment. hon..	13 109	IV II
Gevaudan, Brugnière et compagnie.......	Châles................	Ment. hon.	101	I
Gibault...........	Pianos...............	Ment. hon.	290	II
Gibus............	Chapeaux de soie et de feutre.....	Ment. hon..	214	I
Gibès............	Pâtes d'Italie.............	Ment. hon..	511	II
Giganet d'Olincourt.	Lithographie............	Ment. hon..	430	II
Gignoux et compagnie.	Fers...............	R. m. bronze	40	II
Gilbert (Laurent)...	Creusets...............	R. m. bronze	373	II
Gille............	Échappement d'horloge........	Ment. hon.	274	II
Gille............	Poêle................	Ment. hon.	316	II
Gillet...........	Rasoirs...............	R. m. d'arg.	118	II
Gilquin...........	Pierres meulières...........	Ment. hon..	305	I
Girard...........	Châles imitant l'Indien..........	M. d'or....	86	I

NOMS des ARTISTES OU FABRICANTS.	DÉSIGNATION DES PRODUITS PRÉSENTÉS.	DISTINCTION obtenue.	PAGE du rapport.	PARTIE.
GIRAUD...............	Marbres......................	Ment. hon..	298	I
GIROUD père.........	Fers........................	M. d'argent.	38	II
GIROUX (Alphonse)...	Reliures, etc................	M. d'argent.	445	II
GISCLARD...........	Produits pharmaceutiques.......	Ment. hon..	349	II
GIVELET............	Fourrures....................	Ment. hon..	272	I
GLORIOD............	Outils......................	Citation...	104	II
GOBERT.............	Velours peints...............	Ment. hon..	227	I
GODARD............	Gravure sur bois.............	M. d'argent.	441	II
GODART............	Verrerie....................	R. m. d'or..	393	II
GODEAU............	Coffres-forts...............	Ment. hon..	92	II
GODEFROY..........	Flûtes, clarinettes...........	M. bronze..	299	II
GODET-HUCHARD....	Cardes......................	Ment. hon..	227	II
GODIN.............	Laine......................	M. d'argent.	10	I
GOMPERTZ..........	Gélatine...................	Ment. hon..	356	II
GONARD-ROSSE......	Quincaillerie...............	Citation...	107	II
GONFREVILLE.......	Cotons teints...............	Ment. hon..	239	I
GOREZ.............	Nécessaires.................	Ment. hon..	163	II
GORGU.............	Papier de fantaisie...........	Ment. hon..	291	I
GOSSET (Noël)......	Mousselines brochées.........	Citation...	175	I
GOTTEN............	Lampes.....................	R. m. bronze	305	II
GOUEL-PERRIN......	Cotonnades.................	M. bronze..	182	I
GOUET.............	Cisailles...................	Citation...	96	II
GOUILLARD.........	Objets en plastique...........	Ment. hon..	307	I
GOUPIL............	Quincaillerie...............	Ment. hon..	108	II
GOUPIL (Constant)....	Toiles ordinaires............	M. bronze..	147	I
GOURÉ (Jean-Baptiste).	Châles cachemires et hindous.....	M. bronze..	91	I

NOMS des ARTISTES OU FABRICANTS.	DÉSIGNATION DES PRODUITS PRÉSENTÉS.	DISTINCTION obtenue.	PAGE du rapport.	PARTIE.
GOURJON DE LA PLANCHE...........	Aciers......................	Ment. hon..	57	II
	Limes......................	M. bronze..	78	
GOURJU..................	Aciers......................	M. bronze..	55	II
GOURLIER...............	Briques.....................	M. bronze..	371	II
GOYON..................	Nettoyement d'ornements métalliques.................	Ment. hon..	346	II
GRAND frères...........	Soieries....................	Hors conc..	118	I
GRANDIN (Victor et Auguste).........	Draperie...................	M. d'or....	35	I
GRANGÉ.............	Charrue....................	M. d'or....	167	II
GRANGOIR.............	Serrurerie..................	M. bronze..	92	II
GRATZ-WOOG........	Sucre de bettéraves.........	M. bronze..	332	II
GRAUX (Louis).......	Laine......................	Ment. hon..	13	I
GRAVANT............	Régulateurs................	R. m. bronze	272	II
GRÉGOIRE...........	Velours chinés.............	R. m. d'arg.	227	I
GREILING...........	Instruments de chirurgie....	R. m. bronze	130	II
GREMAUD...........	Tresses et tissus de paille...	Citation...	139	I
GREMAUD-MAURY.....	Peaux d'oie pour sellerie.....	Citation...	263	I
GRENET.............	Colle, gélatine.............	M. d'argent.	355	II
GRILLET et TROTTON..	Châles.....................	M. d'argent.	94	I
GRIMES.............	Marbres....................	R. m. bronze	296	I
	Marquetterie...............		300	
GRIMPÉ (Émile).....	Mécanismes divers..........	M. d'or....	496	II
GRIOLET...........	Laine filée.................	M. d'or....	17	I
	Mérinos....................		66	
GRIVART et HEYSE....	Lampes....................	Citation...	309	II
GROHÉ.............	Ébénisterie................	Ment. hon..	412	II

NOMS des ARTISTES OU FABRICANTS.	DÉSIGNATION DES PRODUITS PRÉSENTÉS.	DISTINCTION obtenue.	PAGE du rapport.	PARTIE.
Grondart et Geslin..	Tubes en cuivre............ Moulures en cuivre...........	M. bronze.,	13 109	II
Gros-Jean-Kœchlin..	Impressions sur tissus...........	M. d'or....	250	I
Gros, Odier, Roman et compagnie......	Impressions sur tissus...........	R. m. d'or..	247	I
Guaita (De).......	Aciers................. Ressorts et scies............. Outils.................	M. d'argent.	54 80 99	II
Gudin...........	Souliers imperméables.........	Citation...	275	I
Guérin...........	Soie, gants et bas..........	Ment. hon..	113	I
Guérin...........	Machine pour découper.........	Citation...	199	II
Guérin........ ..	Pompes à incendie...........	M. bronze..	210	II
Guérin, Cardet et Bouchon...........	Meules..............	Ment. hon..	305	I
Guérin et Cartier...	Cuivre affiné.........	Citation...	13	II
Guérin et Fréminet..	Rouets et corbeilles......... ..	M. bronze..	413	II
Guibal-Anne-Veaute.	Draperie	R. m. d'or..	,30	I
Guibal (Julien).....	Draperie.............	M. d'or....	37	I
Guichard..........	Céruse.............	Ment. hon..	345	II
Guilbert..........	Peignes.....	M. bronze..	461	II
Guilhem (Veuve)....	Produits chimiques...........	Citation...	346	II
Guillaume.........	Moulin à farine.............	Ment. hon..	186	II
Guille (Auguste)....	Mousselines brodées..........	Citation...	175	I
Guillemet aîné......	Finettes de coton écrues........	M. d'argent.	185	I
Guillemin.........	Mécanismes.............	M. d'argent.	501	II
Guillemot.........	Galons de livrée...........	Citation...	134	I
Guiller-Chardon....	Toiles de chanvre...........	M. bronze..	147	I

NOMS des ARTISTES OU FABRICANTS.	DÉSIGNATION DES PRODUITS PRÉSENTÉS.	DISTINCTION obtenue.	PAGE du rapport.	PARTIE.
GUILLINY.............	Soies ouvrées.................	M. d'argent.	109	I
GUILLON (Michel)....	Sabots, souliers.............	Citation....	276	I
GUILLOT ainé, CHAPOT et compagnie......	Draperie..................	M. bronze..	55	I
GUIN...............	Étoffe commune.............	Citation. ..	59	I
GUINAUD (Veuve) et BERTHET.........	Flint glass................	M. d'argent.	396	II
GURIEC jeune........	Corroyerie...............	Citation. ...	263	I
GUYARDET..........	Coutellerie...............	Ment. hon..	125	II
GUYMET.	Outremer................	M. d'or....	338	II
GUYON frères........	Quincaillerie..............	Citation....	108	II
GUYON..	Perles fausses............	Ment. hon..	162	II
GUYON-DESMOULINS ...	Marbres.................	Ment. hon..	298	I

H

HACHE-BOURGEOIS....	Cardes......	R. m. d'or..	223	II
HACHETTE, HITTORF..	Couleurs vitrifiables..........	M. d'argent.	402	II
HAÏZE.............	Pétrin mécanique.............	M. bronze..	187	II
	Pompe à double injection.......	Ment. hon..	211	II
HAMARD..........	Plomb...............	R.m. bronze	4	II
HAMEL...........	Chapeaux vernis...........	Ment. hon..	215	I
HAMELIN.........	Soies à coudre...........	M. bronze..	111	I
HANRIOT.........	Horlogerie............	M. d'argent.	270	II
HAREL.	Cuir mâle...........	Ment. hon..	260	I
HAREL.	Appareil culinaire...........	R. m. d'arg.	313	II
HARNEPON........	Draps imprimés pour dessus de table.	Ment. hon..	225	I
HARTMANN (Jacques).	Fils de coton.............	M. d'or....	160	I

NOMS des ARTISTES OU FABRICANTS.	DÉSIGNATION DES PRODUITS PRÉSENTÉS.	DISTINCTION obtenue.	PAGE du rapport.	PARTIE.
HARTMANN-WEISS....	Calicots et percales..............	Ment. hon.,	179	I
HARTMANN père et fils..	Impressions sur tissus...........	M. d'or....	249	I
HAUSMANN frères.....	Fils de coton.................	R. m. d'or..	(159)	I
	Impressions sur tissus..........		(249)	
	Calicots, percalés.............		(176)	
HAUTENCOURT (D'), GARNIER.............	Châles en bourre de soie........	R. m. d'or.,	92	I
HEBERT (Frédéric)....	Châles...................	M. d'or....	87	I
HEILMANN...........	Cotons filés...............	R. m. d'arg.	161	I
HENNECART..........	Gazes brochés.............	M. bronze..	193	I
HENON fils (aîné).....	Peignes.................	M. d'argent.	460	II
HENON jeune........	Peignes.................	M. bronze..	461	II
HENRI jeune........	Marbres..............	Citation...	298	I
HENRI neveu........	Horloges.............	M. bronze..	267	II
HENRIOT...........	Marbres.............	Citation...	298	I
HENRIOT aîné et fils...	Flanelles, étoffes de fantaisie...	M. d'or...	73	I
HENRIOT fils........	Flanelle sèche, châlis........	M. d'argent.	74	I
HENRIOT frère et sœur.	Flanelles, mérinos, etc..	R. m. d'or..	73	I
HENRY............	Tapisserie en laine.........	R. m. d'arg.	66	I
HENRY............	Lits en fer.............	Citation...	112	II
HENRY............	Mécanicien.............	M. bronze..	508	II
HENRY, BARBET et comp.	Impressions sur tissus.........	Hors conc..	246	I
HÉRARD-DEVILLIERS..	Incrustations pour ébénisterie....	Ment. hon..	414	II
HERBAIN...........	Cire à cacheter.............	R. m. bron.	358	II
HERBELOT fils et GENET-DUFAY...........	Impressions sur tissus.........	Ment. hon..	244	I
HERLIN...........	Cylindres cannelés..........	Ment. hon..	116	II

NOMS des ARTISTES OU FABRICANTS.	DÉSIGNATION DES PRODUITS PRÉSENTÉS.	DISTINCTION obtenue.	PAGE du rapport.	PARTIE.
Herzog (Antoine)....	Cotons filés..................	M. d'argent.	163	I
Hesse (Mme)........	Colle, façon de Flandre.........	Citation...	357	II
Hildebrand........	Cloches, sonnettes............	R. M. bron.	25	II
Hindelang........	Fils et tissus de cachemire......	R. m. d'or..	79	I
Hiole.............	Queues de billard............	Citation...	492	II
Hoffmann.........	Charrue.................... Batteur de grains.............	M. d'argent.	(171) (181)	II
Holker...........	Procédé pour l'acide sulfurique....	R. m. d'or.	494	II
Holzbacher frères...	Portefeuilles, albums..........	M. bronze..	450	II
Honoré..........	Porcelaine dure...............	M. bronze..	386	II
Horner...........	Peintures imitant les marbres......	Ment. hon..	302	I
Hospice d'Avranches.	Blondes...................	Ment. hon..	190	I
Hottot (Marie)......	Robes et écharpes de blondes.....	M. bronze..	190	I
Houbloup..........	Lithographie................	Ment. hon..	429	II
Houdaille.........	Bijouterie dorée.............	Ment. hon..	157	II
Houtteville.......	Laine....................	M. bronze..	13	I
Houzeau-Muiron.....	Savons...................	M. d'argent.	351	II
Hoyau............	Machine à broyer le verre.......	M. bronze..	241	II
Hoyau............	Agraffes pour robes...........	Ment. hon..	469	II
Huard...........	Chronomètres...............	M. bronze..	265	II
Huault..........	Chapeaux..................	M. bronze..	213	I
Hudde..........	Serrurerie.................	Citation...	94	II
Hue.............	Acier..................... Filières...................	R. m. d'arg.	(53) (117)	II
Huet...........	Pompe....................	Citation...	212	II
Huet...........	Serrurerie.................	M. bronze..	92	II
Hugonnet........	Métier à la Jacquart...........	M. bronze..	221	II

NOMS des ARTISTES OU FABRICANTS.	DÉSIGNATION DES PRODUITS PRÉSENTÉS.	DISTINCTION obtenue.	PAGE du rapport.	PARTIE.
Hugues..............	Semoirs........................	M. d'argent.	178	II
Hulot..............	Produits chimiques............	Ment. hon...	345	II
Huot (Charles)......	Gilets, pantalons en tricot.......	Ment. hon..	208	I
Huret..............	Serrures........................	R. m. d'arg.	90	II
Hurez..............	Cheminées.....................	Citation...	317	II
Husson et Miston(Mlles)	Broderies.....................	Citation...	196	I
Hutin (Ambroise)....	Buffleterie.....................	M. bronze..	267	I
Hutin-Delatouche...	Buffleterie.....................	M. bronze..	267	I
Hutter et compagnie..	Verrerie.......................	M. bronze..	397	II
Huzard.............	Portefeuilles, album...........	M. bronze..	451	II

J

Jaccoud...........	Graissage des machines.........	M. bronze..	509	II
Jackson frères......	Acier........................	R. m. d'or..	48	II
Jacob.............	Montres marines...............	M. d'argent.	264	II
Jacob-Petit........	Porcelaine dure...............	Ment. hon..	387	II
Jacobs............	Souliers de femme.............	Ment. hon..	274	I
Jacotier..........	Reliures......................	M. bronze..	447	II
Jacoubet..........	Plan de Paris.................	M. d'argent.	438	II
Jacquemart........	Papiers peints................	R. m. d'arg.	232	I
Jacquet..........	Pendule......................	Ment. hon..	274	II
Jacquinet.........	Cheminées...................	Ment. hon..	315	II
Jaffard père et fils...	Papiers......................	Ment. hon..	288	I
Jaillet..........	Métier Jacquart..............	M. d'argent.	219	II
Janin............	Boutons en cuir..............	Citation...	468	II
Janin-Beatrix......	Écrous......................	M. bronze..	96	II
Jansen...........	Draperie....................	R. m. d'arg.	40	I

NOMS des ARTISTES OU FABRICANTS.	DÉSIGNATION DES PRODUITS PRÉSENTÉS.	DISTINCTION obtenue.	PAGE du rapport.	PARTIE.
JAPY frères..........	Fers étamés................. Outils................ Mouvements de montre..........	R. m. d'or..	60 98 276	II
JAQUEMET............	Toiles écrues................	M. bronze..	147	I
JAVAL..............	Draperie..............	M. bronze..	50	I
JAY...............	Chapeaux..............	M. d'argent.	212	I
JEAN-CASSE..........	Étoffes à gilets..............	M. d'argent.	70	I
JEANDET............	Bijouterie dorée.............	Citation....	158	II
JEANNEST............	Bronzes..............	M. d'argent.	143	II
JECKER.............	Instruments de mathématiques....	R. m. d'arg.	252	II
JESSAINT (Vicomte DE).	Laine...............	R. m. d'or..	7	I
JEUBERT............	Lampes...............	M. d'argent.	304	II
INGÉ et SOYEZ.......	Bronze................ Objets d'arts en bronze..........	M. d'argent.	24 140	II
JOANNARD...........	Mégisserie........	Ment. hon..	263	I
JOANNE frères........	Lampes................	M. bronze..	307	II
JODOT (Marc).......	Cartes géographiques..........	Ment. hon..	440	II
JOHANNOT (François)..	Papiers...............	R. m. d'or..	280	I
JOLIET.............	Tissus en crin.........	R. m. bron.	136	I
JOLY..............	Instruments de pêche..........	Ment. hon..	483	II
JOLY et GODARD......	Batistes...............	Ment. hon..	145	I
JONARD et MAGNIN....	Pâtes d'Italie............	M. bronze..	326	II
JOSSELIN, POUSSE et compagnie.........	Corsets...............	M. bronze..	463	II
JOSUÉ-HEILMANN.....	Grands mécanismes...........	M. d'argent.	502	II
JOUNAULT...........	Cisailles...............	Citation....	96	II
JOURDAN frères.......	Draperie..............	Ment. hon..	56	I

NOMS des ARTISTES OU FABRICANTS.	DESIGNATION DES PRODUITS PRÉSENTÉS.	DISTINCTION obtenue.	PAGE du rapport.	PARTIE.
JOURDAIN (Frédéric) et RIBOULEAU........	Draperie........................	R. m. d'or..	27	I
JOURNET............	Échafauds.....................	M. d'argent.	195	II
JOYEUX (Émile)......	Gants et fils d'Écosse............	Ment. hon..	206	I
JULIEN et compagnie. .	Produits chimiques............	R. m. bron.	343	II
JULLIEN (Veuve).....	Colles à vin..................	R. m. d'arg.	353	II
JULIENNE.	Peinture sur porcelaine.........	Ment. hon.	404	II
JUNOT.............	Châles cachemires et hindous......	M. bronze..	90	I

K

KAULECK...........	Horloges.....................	Ment. hon.	268	II
KAYSER (Xavier).....	Guimgams, etc.................	R. m. d'arg.	181	I
KELBRER...........	Montres.....................	Ment. hon..	280	II
KERMAREC.........	Appareil contre l'incendie.......	R. m. d'arg.	194	II
KESLER............	Produits chimiques............	Citation...	347	II
KETTEN-HOVEN......	Socques.....................	Ment. hon..	275	I
KETTINGER père et fils.	Impressions sur tissus...........	M. d'argent.	254	I
KIRSTEIN...........	Orfévrerie...................	M. d'argent.	148	II
KLEIN père et fils.....	Outils.....................	Ment. hon.	102	II
KŒCHLIN frères......	Impressions sur tissus..........	R. m. d'or..	247	I
KŒCHLIN-ZIEGLER....	Machines...................	M. d'argent.	238	II
KŒHLER...........	Reliures....................	M. d'argent.	444	II
KOSKA.............	Piano carré.................	Ment. hon.	291	II
KRESZ.............	Instruments de pêche et de chasse..	Ment. hon..	482	II
KRIEGELSTEIN et AR-MAND............	Pianos.....................	M. d'argent.	288	II
KRUINES...........	Microscopes.................	M. bronze..	256	II
KURTZ.............	Teinture de la soie............	Citation...	240	I

NOMS des ARTISTES OU FABRICANTS.	DÉSIGNATION DES PRODUITS PRÉSENTÉS.	DISTINCTION obtenue.	PAGE du rapport.	PARTIE.

L

NOMS	DÉSIGNATION	DISTINCTION	PAGE	PARTIE
LABBOYE.	Chaudronnerie.	Ment. hon.	16	II
LABROSSE-JOBERT.	Draperie.	M. d'argent.	44	I
LABOURIAUX.	Chaussure.	M. bronze.	274	I
LACARRIÈRE.	Cachemires et tissus hindous.	M. bronze.	68	I
LACARRIÈRE.	Cuivres pour moulures. / Cuivres étirés au ban.	Ment. hon.	14 / 110	II
LACAZES.	Charrue.	Ment. hon.	176	II
LA CHAUSSADE.	Câbles en fer.	H. concours.	201	II
LACOSTE.	Gravures sur bois.	M. bronze.	442	II
LACOUR.	Armes à main.	Ment. hon.	137	II
LACROIX fils.	Sucre de betterave.	Ment. hon.	332	II
LACROIX frères et LAROCHE.	Papiers.	R. m. bron.	286	I
LADREY.	Fers. / Essieux.	M. bronze. / Ment. hon.	42 / 115	II
LAFABREGUE.	Outils.	Ment. hon.	101	II
LAFON.	Horlogerie.	Ment. hon.	271	II
LAGRANGE.	Bougie.	Citation.	312	II
LAHAUSSE.	Taille-crayon.	Citation.	452	II
LAIGNEL.	Chemin de fer.	M. d'argent.	196	II
LAINÉ.	Cartons de bureau.	Citation.	451	II
LAINÉ (Pierre).	Gélatine.	M. bronze.	356	II
LALLÉ (DE).	Batteur.	Citation.	182	II
LALOYAUX-LACOT.	Cuirs.	Ment. hon.	260	I
LAMBERT.	Lacets.	Citation.	470	II

NOMS des ARTISTES OU FABRICANTS.	DÉSIGNATION DES PRODUITS PRÉSENTÉS.	DISTINCTION obtenue.	PAGE du rapport.	PARTIE.
LAMBERT.............	Finette, droguet.............	Citation. ..	58	I
LAMY.............	Objets en zinc.............	Ment. hon..	21	II
LAN.............	Appareil pour le gaz............	Ment. hon..	246	II
LANGE-DESMOULINS. ..	Couleurs.............	R. m. d'arg.	363	II
LANGLOIS (Veuve)....	Porcelaine dure.............	R. m. bron.	385	II
LANGLOIS.........	Cartes géographiques............	M. bronze..	439	II
LANIEL-FONTAINE.....	Toile écrue.............	Ment. hon..	148	I
LANNE.............	Coutellerie.............	Citation. ..	125	II
LAPLACE (DE).......	Papiers.............	R. m. d'or..	280	I
LAPORTE...........	Coutellerie.............	R. m. bron.	121	II
LAPORTE et compagnie.	Clous, vis, etc.............	Citation. ..	89	II
LAPREVOTTE........	Guitares.............	Ment. hon..	294	II
LARDIN frères........	Fil thibet.............	R. m. d'arg.	107	I
LARGUÈZE cadet.....	Cuirs.............	R. m. bron.	258	I
LARGUÈZE fils aîné....	Cuirs.............	Ment. hon..	260	I
LARNABÉ et VENTOUIL-LAC.............	Tour et fourneau pour l'étirage de la soie.............	Ment. hon..	222	II
LAROCHE (Mme)......	Appareils économiques pour les ménages.............	Ment. hon..	173	II
LAROCHEFOUCAULT(Duc DE).............	Cardes.............	M. d'argent.	225	II
LARUE.............	Noir animal.............	Citation ...	367	II
LASALLE et BELLOC...	Cheminées.............	M. bronze..	314	II
LATTE (Th.).......	Draperie.............	Citation ...	57	I
LATUNE et compagnie..	Papiers.............	M. d'argent.	286	I
LAUDAY.............	Piston de machine à vapeur.......	Ment. hon..	246	II
LAUGIER père et fils...	Savons.............	M. d'argent.	351	II
LAURENT...........	Tapis ras.............	M. d'argent.	222	I

NOMS des ARTISTES OU FABRICANTS.	DÉSIGNATION DES PRODUITS PRÉSENTÉS.	DISTINCTION obtenue.	PAGE du rapport.	PARTIE.
LAURENT...............	Espagnolettes.................	Ment. hon..	94	II
LAURENT...............	Régulateur......:..........	Ment. hon.	275	II
LAURENT...............	Boutons....................	Ment. hon..	468	II
LAURENT (Veuve)....	Duvet..................	Citation. ..	272	I
LAUZIN (Charles).....	Cuirs vernis..............	R. m. bron.	270	I
LAYERLE-CAPEL......	Marbres...................	R. m. d'arg.	294	I
LAZARE-ARON........	Couvertures...............	Ment. hon..	202	I
LEBAS...............	Grandes manœuvres d'architecture navale..................	M. d'or....	192	II
LÊBAUDY-BEAUGUILLOT.	Broderies.................	Citation. ..	197	I
LEBEC...............	Rouet..................	Ment. hon..	222	II
LEBLANC.............	Charrue..................	Ment. hon..	176	II
LÊBLANC.............	Perfectionnement dans la façon des châles..................	M. bronze..	506	II
LEBLOND.............	Toiles métalliques............	Ment. hon..	87	II
LEBLOND et LANGE....	Tulles................ Dentelles............	M. d'argent.	172 187	I
LEBŒUF et THIBAULT..	Faïence dure................	M. d'or....	381	II
LEBRIAT.............	Outils.................	Citation ...	104	II
LEBRUN.............	Orfévrerie................	R. m. d'arg.	147	II
LEBRUN.............	Règle à mesurer.............	Ment. hon..	259	II
LECLAIR (Jean-Baptiste)	Fils de lin................	M. bronze..	143	I
LECLERC.............	Cotons filés....'............	Citation ...	167	I
LECLERC.............	Impressions sur tissus...........	M. bronze..	238	I
LECLERC.............	Acier..................	R. m. d'or..	48	II
LECLERC.............	Armes à main................	M. bronze..	136	II
LECLERRE (Didier)...	Étoffes de coton...'...........	Citation ...	180	I

NOMS des ARTISTES OU FABRICANTS.	DÉSIGNATION DES PRODUITS PRÉSENTÉS.	DISTINCTION obtenue.	PAGE du rapport.	PARTIE.
LECLERRE (Jean-Pierre)	Étoffes de coton............	Citation ...	180	I
LECLUSE-BIARD.......	Coutils grande barre..........	M. bronze..	186	I
LECOIGNEUX........	Fers.................	Citation....	45	II
LECOMTE et CADINOT..	Services damassés...........	Citation....	152	I
LECOQ...........	Cartes géographiques........	Ment. hon..	440	II
LECOQ...........	Cuivres estampés...........	M. d'argent.	485	II
LECOUTURIER........	Draperie.............	M. d'argent.	42	I
LECUL...........	Machine à cintrer les cercles.....	Ment. hon..	245	II
LEDARD...........	Fourrures.............	Citation...	272	I
LEDRU...........	Bitume bisasphalte.......... / Laves émaillées.............	Citation....	312 / 403	I / II
LEDURE...........	Objets en bronze...........	R. m. d'arg.	142	II
LEFAUCHEUX.......	Armes à main...........	M. bronze..	134	II
LEFEBVRE..........	Chapeaux de soie..........	Ment. hon..	214	I
LEFEBVRE aîné......	Mérinos.............	M. bronze..	76	I
LEFEBVRE-BOITEL.....	Cardes.............	Ment. hon..	227	II
LEFEBVRE (Théophile) et compagnie......	Céruse.............	M. d'argent.	342	II
LEFÉBURE..........	Dentelles et blondes..........	M. bronze..	188	I
LEFÉBURE..........	Serrurerie.............	Citation....	93	II
LEFÉBURE..........	Colle et gélatine........	M. bronze..	356	II
LEFÈVRE..........	Flûtes, clarinettes..........	R. m. bron.	298	II
LEFÈVRE..........	Pâte pour afiler...........	Citation ...	490	II
LEFORT (Isid.-Théop.).	Étoffes en laine peignée........	Citation....	73	I
LEFORT...........	Tulles..............	M. d'argent.	171	I
LEFRANC (Alexandre).	Orfévrerie.............	M. bronze..	149	II
LEGENTIL frères......	Toiles bisonnes..........	Ment. hon..	149	I

NOMS des ARTISTES OU FABRICANTS.	DÉSIGNATION DES PRODUITS PRÉSENTÉS.	DISTINCTION obtenue.	PAGE du rapport.	PARTIE.
LEGEY.	Instruments de mathématiques.. . .	M. d'argent.	253	II
LEGRAND.	Gravure en caractères d'imprimerie.	Ment. hon..	417	II
LEGRAND père et fils. . .	{ Laine filée.	Citation. . . .	{ 21	I
	Cotons filés. . . . . }		167 }	
LEGRAND, DURUFLÉ et FOURÉ.	Draperie.	R. m. d'arg.	39	I
LEGROS D'ANIZY.	Couleurs vitrifiables.	R. m. d'arg.	403	II
LEIDIG.	Conservation des aliments.	M. bronze..	323	II
LEIGNADIER et DAUMAS	Gants de soie..	Ment. hon..	206	I
LELAURIN	Portes d'écluse en fer.	Ment. hon..	207	II
LELOGEAY.	Fontaines.	Citation.. .	475	II
LELONG.	Bijouterie dorée.	R. m. bron	157	II
LELOUTRE (Guillaume)	Serviettes blanches.	Ment. hon..	149	I
LELYON. . . . . ,	Armes à main.	M. bronze..	134	II
LEMAIRE et J. RANDOIN	Draperie.	M. d'or. . . .	36	I
LEMAIRE (Mlle).	Cuirs à rasoirs.	Ment. hon..	489	II
LEMANT frères.	Calicots.	Citation. . . .	179	I
LEMARCHAND.	Peaux tannées.	M. bronze..	261	I
LEMARCHAND.	Outils.	Ment. hon..	102	II
LEMARE.	Appareil pour cuire le pain.	R. m. d'arg.	313	II
LEMIRE.	Clous.	Ment. hon..	89	II
LEMIRE (MM.).	Brocard d'or et d'argent.	R. m. d'or..	120	I
LEMOINE.	Crayons.	Ment. hon..	364	II
LENEVÉ.	Étoffe commune.	Citation. . . .	59	I
LENORMAND.	Pendule.	Ment. hon..	274	II
LENSEIGNE.	Outils. . . . . :	Ment. hon..	102	II

NOMS des ARTISTES OU FABRICANTS.	DÉSIGNATION DES PRODUITS PRÉSENTÉS.	DISTINCTION obtenue.	PAGE du rapport.	PARTIE.
LÉONARD.............	Charrue....................	Citation....	177	II
	Batteur pour les grains..........		182	
LEPAGE.............	Armes à main................	R. m. d'arg.	133	II
LEPAUL.............	Serrurerie..................	R. m. bron.	91	II
LEPAUTE fils........	Horlogerie.................	R. m. d'arg.	266	II
LEQUIN.............	Serrurerie..................	Citation....	93	II
LEQUIN.............	Serrures à la Bramah..........	Ment. hon..	246	II
LEREBOURS.........	Instruments d'optique...........	M. d'or....	250	II
LEROLLE............	Objets en bronze.............	M. d'argent.	143	II
LEROUX............	Produits pharmaceutiques........	M. d'argent.	347	II
LEROUX-DUPIÉ......	Raffinerie de sucre.............	M. bronze..	330	II
LEROY.............	Rubans de coton.............	Ment. hon..	133	I
LEROY (Louis).......	Montres....................	M. bronze..	278	II
LEROY-PICARD......	Draperie...................	M. bronze,.	49	I
LESACHÉ...........	Gravure de cachets, etc.........	M. bronze.	419	II
LESAGE............	Tours et filières.............	M. bronze..	117	II
	Filières à tarauder............		245	
LESNÉ.............	Reliures....................	M. bronze.	446	II
LESOÜEF DE PÉTIGNY (Mlle).............	Cols cravates...............	Citation....	466	II
LESTY.............	Mégisserie..................	Ment. hon..	263	I
LETARD (Mme).......	Chapeau de paille fine..........	Ment. hon..	138	I
LETIXERAND........	Alènes.....................	M. bronze..	85	II
LETURC............	Calorifère..................	Ment. hon..	315	II
LEUTNER et compagnie.	Mousseline.................	R. m. d'or..	173	I
LEVAILLANT........	Produits pharmaceutiques........	R. m. bron.	348	II
LEVASSEUR.........	Outils.....................	Citation....	103	II

NOMS des ARTISTES OU FABRICANTS.	DÉSIGNATION DES PRODUITS PRÉSENTÉS.	DISTINCTION obtenue.	PAGE du rapport.	PARTIE.
Lévèque.	Pompes.	M. bronze.	209	II
Leysen.	Sculptures en bois.	Ment. hon..	164	II
Lhomond.	Tissus imperméables..	Ment. hon..	230	I
Lhomond.	Cheminées.	Ment. hon..	316	II
Lhote. . . . . !. . . .	Ciment lithoïde.	Citation....	306	I
Lhotel.	Tapis pour meubles.	M. bronze..	224	I
Liebach, Hartmann et compagnie.	Impressions sur tissus.	M. d'argent.	254	I
Liénard.	Colle-forte.	Ment. hon..	357	II
Lignères (Auguste). .	Cuirs.	Ment. hon..	260	I
Lignières.	Sucre de betteraves.	R. m. bron.	332	II
Lioche.	Agendas, portefeuilles.	Citation....	451	II
Lioud	Soies filées.	M. d'or....	106	I
Loddé.	Plumeaux.	Citation....	481	II
Lœuillet.	Gravure en caractères d'imprimerie.	Ment. hon..	418	II
Lombardot.	Outils pour la gravure. . . . . Poinçons pour la typographie.	Ment. hon..	101 418	II
Loquet et compagnie. .	Rubans de fil de coton.	Ment. hon..	134	I
Loubry.	Papiers.	Citation....	289	I
Louis (Mlle).	Fleurs artificielles..	Citation....	199	I
Lucian.	Tapis pour meubles.	M. bronze..	224	I
Luquin frères.	Châles.	M. bronze..	95	I
Lyss.	Marbreries. . . . . Mosaïques.	Ment. hon..	300 302	I

NOMS des ARTISTES OU FABRICANTS.	DÉSIGNATION DES PRODUITS PRÉSENTÉS.	DISTINCTION obtenue.	PAGE du rapport.	PARTIE.
	M			
MADER (Veuve)........	Papiers peints................	M. d'argent.	233	I
MADINIER fils........	Mousselines.................	M. d'argent.	174	I
MAGNIÈRE...........	Boulons à écrous............. Boulons clous..	M. bronze..	96 88	II
MAGNY............	Manége pour élever les eaux.....	Ment. hon..	211	II
MAILLARD-SALINS (Mme)	Limes...................... Scies circulaires..............	M. bronze..	77 81	II
MAILLY.............	Faux toupets................. Cuirs à rasoirs...............	Citation....	459 490	II
MAINOT............	Peignes à tisser..............	Ment. hon..	228	II
MAISON CENTRALE de détention, à Gaillon.	Tresses en paille pour chapeaux...	Ment. hon..	137	I
MAISON CENTRALE, à Nismes............	Bretelles nanquinettes...........	Ment. hon..	207	I
MAISON DE CHARITÉ de Saint-Louis........	Toile de ménage.	Ment. hon..	150	I
MAISON de détention de Loos.............	Toile de coton................	Citation....	180	I
MAÎTRE (Joseph).....	Laine......................	M. d'argent.	10	I
MALAR et BARRÉ......	Tapis.....................	R. m. bron.	223	I
MALESPINE.........	Étaux et enclumes.............	M. bronze..	112	II
MALÉZIEUX frères et Ro-BERT.............	Tulles.....................	M. d'argent.	171	I
MALIZARD..........	Plomb..................... Pompe borne................	Citation....	6 212	II
MALLAT............	Chronomètre................	Ment. hon..	265	II
MALMAZET.	Cardes....................	M. d'argent.	225	II

NOMS des ARTISTES OU FABRICANTS.	DÉSIGNATION DES PRODUITS PRÉSENTÉS.	DISTINCTION obtenue.	PAGE du rapport.	PARTIE.
MANDOUL............	Draps.....................	Ment. hon..	55	I
MANEVILLE..........	Machines..................	M. bronze..	243	II
MANTOUX...........	Pierres lithographiques......... / Encre lithographique............ / Lithographie..............	M. bronze..	303 / 365 / 428	I / / II
MANUEL et MACAIGNE..	Châles....................	M. bronze..	90	I
MARAINE...........	Outils...................	Citation....	104	II
MARCHAND.........	Bijouterie de deuil............	Citation....	156	II
MARCOT et MATHIEU...	Draperie..................	M. bronze..	52	I
MARÉCHAL..........	Joaillerie en strass...........	Ment. hon..	161	II
MARESCHAL.........	Cire à cacheter.............	R. m. bron.	358	II
MARG et TIREL.......	Reliures..................	Ment. hon..	447	II
MARGOZ père et fils....	Étaux.................. / Tours.................	M.. bronze. / Ment. hon..	113 / 245	II
MARIE-BOILVIN frères..	Alènes...................	R. m. d'arg.	84	II
MARIN et SCHMIDT....	Globes géographiques..........	M. bronze..	435	II
MARION.............	Tapisserie à relief............	Ment. hon..	225	I
MARION...........	Registres.................	Citation....	450	II
MARION-BOURGUIGNON.	Pierres précieuses factices........	R. m. bron.	160	II
MAROLLES (DE)......	Batteur mécanique............	M. d'argent.	180	II
MAROT.............	Parapluies................	Ment. hon..	482	II
MARTENOT..........	Transport sur pierres graphiques..	Ment. hon..	433	II
MARTIN.............	Flûtes, clarinettes, etc..........	M. bronze..	299	II
MARTIN (Émile).....	Fers..................... / Lits en fer................. / Portes d'écluse en fer..........	M. d'or....	36 / 111 / 206	II
MARTIN frères.......	Châles imprimés tissus de soie....	R. m. bron.	99	I

I.

d

NOMS des ARTISTES OU FABRICANTS.	DÉSIGNATION DES PRODUITS PRÉSENTÉS.	DISTINCTION obtenue.	PAGE du rapport.	PARTIE.
MARTIN et HORRER	Calicots..................	Citation....	180	I
MASQUILIER.........	Dendromètre............	Ment. hon..	259	II
MASSAT............	Coutellerie..............	Ment. hon..	124	II
MASSE.............	Peaux de veau tannées........	M. d'argent.	258	I
MASSELIN frères......	Rubans de fil.............	M. bronze..	133	I
MASSIN............	Laines..................	M. d'argent.	12	I
MATHÉVON et BOUVARD	Brocards d'or et d'argent........	M. d'or....	120	I
MATHEY-HUMBERT	Couverts en fer...........	Citation....	107	II
MATHIEU...........	Pendules.................	M. bronze..	272	II
MATHIEU DE DOMBASLE	Charrue..................	M. d'or....	169	II
MATHIEU-MIEG et fils..	Tapis pour meubles..........	M. bronze..	224	I
MATTLER...........	Maroquins...............	R. m. d'or..	268	I
MAUPRIVEZ.........	Calorifères, cheminées..........	Ment. hon..	315	II
MAUQUETTE.........	{ Outils divers.............. { Outils pour laminoirs...........	Citation....	{ 102 { 116	II
MAURICE-COLLIN.....	Dentelles brodées...........	Ment. hon..	191	I
MAURIN, BRÉNOT et MEILLONAS........	Pointes de Paris............	Citation....	89	II
MAYER.............	Cols cravates.............	Citation....	466	II
MENTZER...........	Quincaillerie.............	R. m. bron.	107	II
MÉNYER...........	Machine à pulvériser.........	M. d'argent.	183	II
MERCIER fils........	Soies gréges et organsins........	Ment. hon..	112	I
MERCOIRET.........	Rubans cordons............	M. bronze..	132	I
MÉRICANT..........	Coutellerie..............	Ment. hon..	125	II
MERKEL............	Allumettes et briquets..........	Ment. hon..	309	II
MERLE et MALARTIC...	Teinture de casimir...........	Ment. hon..	238	I
MERLEY-DUON	Armes à main.............	Ment. hon..	137	II

NOMS des ARTISTES OU FABRICANTS.	DÉSIGNATION DES PRODUITS PRÉSENTÉS.	DISTINCTION obtenue.	PAGE du rapport.	PARTIE.
MERLEY-TIVET.......	Armes à main................	Ment. hon..	137	II
MESMIN.............	Cuivre.....................	M. d'argent.	11	II
MESTRE et DURAND....	Peaux de mouton tannées.........	Ment. hon..	259	I
METCALFE..........	Cardes....................	M. d'argent.	224	II
MEUGIOT...........	Charrue...................	Ment. hon..	176	II
MEUNIER...........	Acier....................	Ment. hon..	57	II
MEYER.............	Impressions sur tissus...........	Citation....	244	I
MEYNADIER, VALLÉE et compagnie........	Étoffes imperméables...........	Ment. hon..	230	I
MEYNARD...........	Meubles....................	M. d'argent.	411	I
MEYNARD cadet.......	Gants de soie..........	R. m. d'arg.	203	II
MEYNARD (Hilarion)..	Soies doupions.........	M. d'argent.	109	I
MICHELEZ..........	Cotons filés.............	R. m. d'arg.	162	I
MICHELS (Marie).....	Chaussures............	M. bronze..	273	I
MICOLON-LEVANS.....	Rubans............	Citation....	134	I
MICOUD............	Vases en cuir...........	Citation....	477	II
MIEG (Charles)......	Calicots, percales........	M. d'argent.	178	I
MIEG (Mathieu)......	Draperie................	M. bronze..	52	I
MIGNARD-BILLINGE...	Tréfilerie............. Cordes en métal pour pianos......	R. m. d'arg.	66 298	II
MILAN.............	Lampes........ ..	Ment. hon..	308	II
MILET et CHEVEAU....	Conservation des aliments.......	M. bronze..	323	II
MILIUS............	Produits chimiques..........	Ment. hon..	345	II
MILLET...........	Cheminées économiques........	Ment. hon..	316	II
MILLON-MARQUANT....	Voile écru..................	Ment. hon..	72	I
MINES et fonderies de Clairac et Robiac....	Minerai de zinc............	M. bronze..	18	II

d.

NOMS des ARTISTES OU FABRICANTS.	DÉSIGNATION DES PRODUITS PRÉSENTÉS.	DISTINCTION obtenue.	PAGE du rapport.	PARTIE.
MIROUDE.............	Cardes...............	Ment. hon..	227	II
MOET................	Laine................	M. d'argent.	9	I
MOLHER frères......	Guingams.............	Citation....	184	I
MOLHER.............	Modèles pour étirer le fer.......	M. bronze..	242	II
MONBARDON.	Fleurs artificielles.............	Ment. hon..	198	I
MONGIN.............	Scies...............	M. bronze..	81	II
	Outils...............	Citation....	104	
MONMOUCEAU frères...	Acier...............	R. m. d'or..	47	II
MONNIER-JOBERT.....	Quincaillerie...........	Citation....	108	II
MONNOT-LE-ROY......	Laines...............	M. d'argent.	11	I
MONTAUDON.	Ressorts...............	Ment. hon..	81	II
MONTFORT...........	Peaux de veau parées..........	Citation....	263	I
MONTGOLFIER.......	Papiers...............	M. d'argent.	284	I
MONTMIREL et LANDRAY	Instruments de chirurgie.........	M. bronze..	130	II
MORAND et SOQUET....	Impressions en relief sur tissus....	Citation....	226	I
MOREAU.............	Virole brisée pour battre monnaie..	M. bronze..	241	II
MOREL (Mme)........	Corsets...............	Ment. hon..	464	II
MORET et compagnie...	Fils de lin	M. bronze..	143	I
MORIN..............	Fourneaux...............	Citation....	318	II
MORIZE.............	Coutellerie.............	Citation....	125	II
MORTELÈQUE.........	Couleurs vitrifiables..........	R. m. d'arg.	400	I
MOSSELMANN........	Zinc laminé.............	R. m. d'arg.	19	I
MOSSING frères et PAULY	Velours légers..........	Ment. hon..	125	I
MOTEL..............	Chronomètres.............	M. d'or...	263	I
MOTHES frères.......	Batteur mécanique...........	M. d'argent.	180	I
MOTTE..............	Lithographie.............	R. m. d'arg.	427	I
MOUCHEL fils........	Tréfilerie.............	R. m. d'or..	63	I

NOMS des ARTISTES OU FABRICANTS.	DÉSIGNATION DES PRODUITS PRÉSENTÉS.	DISTINCTION obtenue.	PAGE du rapport.	PARTIE.
Mouchot............	Pain de luxe................	Citation....	326	II
Mougenot-Berthier..	Bougies....................	Citation....	312	II
Mouisse............	Draperie...................	M. bronze..	53	I
Moulfarine.........	Grandes machines...........	M. d'or....	232	II
Mouret et Vello-Reille...........	Tréfilerie..................	R. m. d'arg.	67	II
Mourot et Gierken...	Peaux teintes..............	Ment. hon..	271	I
Mouton et Jossaume..	Broderies..................	M. bronze..	195	I
Muel-Doublat.......	Fers......................	R. m. bron.	40	II
Mugnier............	Tissus de crin.............	Ment. hon..	137	I
Mugnier............	Montre de luxe.............	M. bronze..	278	II
Muller.............	Orgue.....................	M. bronze..	301	II
Muller.............	Reliures...................	M. bronze..	446	II
Muller, Bouchard, Oudin et compagnie.	Papiers....................	M. bronze..	287	I
Mulot.............	Outils de sondage..........	M. d'argent.	240	II
Muret de Bort......	Draperie..................	R. m. d'arg.	39	I
Musseau et Roitin...	Limes.....................	R. m. d'or..	74	II

N

Nadal............	Souliers de femme...........	Ment. hon..	274	I
Nast.............	Porcelaine dure.............	R. m. d'or..	384	II
Nathan, Beer et Trefouse...........	Ganterie de peau...........	M. d'argent.	264	I
Nathan frères.......	Ganterie de peau...........	M. d'argent.	264	I
Navaron-Jury.......	Coutellerie...............	Ment. hon..	124	II
Naveau............	Cordes harmoniques.........	Ment. hon..	297	II
Néau.............	Ustensiles en zinc..........	Ment. hon..	21	II

NOMS des ARTISTES OU FABRICANTS.	DÉSIGNATION DES PRODUITS PRÉSENTÉS.	DISTINCTION obtenue.	PAGE du rapport.	PARTIE.
Nérée-Tellier.....	Rouages de voiture, etc.........	Ment. hon..	199	II
Néron jeune........	{ Impressions sur foulards de soie... { Impressions sur foulards de coton. }	R. m. d'arg.	(241) (252)	I
Neveux...........	Chaînes dorées.............	Ment. hon..	158	II
Nicod...........	Faux.............	R. m. bron..	71	II
Nicod (Claude-François)...........	Faux.............	M. bronze..	72	II
Nicolas...........	Violons, altos, etc.........	M. bronze..	295	II
Nillus..........	Fers.............	Citation....	45	II
Niot et Chapponel...	Horloges.............	R. m. bron..	267	II
Niquel aîné........	Cuirs.............	Ment. hon..	261	I
Nisson...........	Manganèse.............	Citation....	26	II
Noël...........	Or et argent en poudre........	Ment. hon..	150	II
Noël...........	Yeux artificiels...........	M. bronze..	456	II
Normandin frères....	Cheveux.............	Ment. hon..	458	II
Notta...........	Tapis peints et vernis.........	Ment. hon..	229	I
Noury frères........	Châles.............	Ment. hon..	101	I
Novion...........	Objets en marbre...........	Ment. hon..	300	I
Noyer frères........	Organsins.............	M. bronze..	111	I
Nozière aîné........	Filoselle-mérinos.............	Citation....	59	I
Nys et Longagne.....	Cuirs vernis.............	M. d'argent.	269	I

O

Odiot...........	Draperie.............	Ment. hon..	54	I
Odiot fils........	Orfévrerie.............	R. m. d'or.	145	II
Odoard-Falatieux...	Draperie.............	M. bronze..	51	I
Oger...........	Savons fins.............	R. m. d'arg.	350	II

NOMS des ARTISTES OU FABRICANTS.	DÉSIGNATION DES PRODUITS PRÉSENTÉS.	DISTINCTION obtenue.	PAGE du rapport.	PARTIE.
OLLAT et DESVERNAY..	Tissus de soie...............	R. m. d'or..	119	II
ORBELIN...........	Bijouterie dorée.............	R. m. bron.	156	II
ORIOL et compagnie...	Poteries en grès fins...........	Citation....	383	II
OSMOND...........	Sonnettes et grelots...........	M. bronze..	25	II
OSMOND (Comte D')...	Fers...................	Ment. hon..	44	II

P

PAGEOT...........	Archets..................	Ment. hon..	296	II
PAGERY et SERRE.....	Couvertures...............	Ment. hon..	202	I
PAGÈS (Charles).....	Châles pour l'exportation........	Ment. hon..	95	I
PAGÈS fils et compagnie	Gants de soie...............	Ment. hon..	206	I
PAIGNON (Charles)....	Fers...................	M. d'argent.	37	II
PAINCHAUT.........	Crémaillère à rider...........	Ment. hon..	204	II
PALISSARD..........	Tombereau mécanique..........	Ment. hon..	198	II
PALLU jeune et fils....	Céruse..................	M. bronze..	344	II
PALLUY............	Lampes.................	Citation...	310	II
PAMART...........	Velours.................	M. bronze..	126	I
PANIER...........	Couleurs fines....	M. bronze..	363	II
PANKOUCKE........	Typographie...............	M. d'argent.	424	II
PAPAVOINE.........	Rubans de cardes............	M. bronze..	226	II
PAPE.............	Pianos..................	M. d'or....	286	II
PARIS frères........	Tapis...................	M. bronze..	223	I
PARIS............	Perruques...............	Citation...	459	II
PARQUIN et PAUWELS..	Objets en cuivre bronzé.........	M. bronze..	16	II
PARQUIN (Théodore)...	Plaqué..................	R. m. d'arg.	152	II
PARRIZOT..........	Cuvettes inodores............	Ment. hon..	474	II
PATIN............	Papiers.................	Citation...	289	I

NOMS des ARTISTES OU FABRICANTS.	DÉSIGNATION DES PRODUITS PRÉSENTÉS.	DISTINCTION obtenue.	PAGE du rapport.	PARTIE.
PATURLE, LUPIN et compagnie..........	Étoffes en laine peignée..........	Hors conc..	63	I
PAULIN-DÉSORMAUX...	Serrurerie..............	M. d'argent.	91	II
PAVY..............	Tapis et cordages d'aloës........	M. bronze..	136	I
PAYEN et BURAN......	Dextrine gommeuse..........	Ment. hon..	325	II
	Borax..............	M. bronze..	344	
PAYEN et PERSOT.....	Sirop de fécule..........	M. d'argent.	502	II
PAYENNEVILLE et QUEVAL..............	Circassiennes, lastings..........	Citation. ...	69	I
PECHINAY..........	Quincaillerie..........	Citation. ...	103	II
	Garderobes..........	Ment. hon..	473	
PECQUEUR..........	Grandes machines..........	M. d'argent.	237	II
PEKELY, GRENOUILLET et CONSTANTIN.....	Faux..............	Ment. hon..	72	II
	Outils..............	Citation. ...	103	
PELIN, BERTRAND et comp..........	Tissus de soie..........	M. bronze..	124	I
PELLETIER.........	Aiguilles............	M. bronze..	83	II
PEPIN.............	Scorification de légumes..........	M. d'argent.	323	II
PEQUIN............	Laine filée..........	Citation. ...	23	I
PÉRÈS.............	Stores imprimés..........	Citation ...	226	I
PÉRIER............	Mérinos..........	M. bronze..	77	I
PÉRIER (Augustin) et comp..........	Impressions sur tissus..........	R. m. d'arg.	242	I
PÉRIEZ-FAVIER.......	Cotons filés..........	M. bronze..	105	I
PERIN-LEPAGE.......	Armes à feu..........	M. bronze..	135	II
PERNOT............	Tissus tressés en paille..........	Citation ...	138	I
PERNOT............	Guêtres..............	Citation ...	467	II
PEROT.............	Bijouterie..........	Ment. hon..	155	II

NOMS des ARTISTES OU FABRICANTS.	DÉSIGNATION DES PRODUITS PRÉSENTÉS.	DISTINCTION obtenue.	PAGE du rapport.	PARTIE.
PERRAULT DE JOTEMPS et GIROD (DE L'AIN).	Laine......................	Hors conc..	5	I
PERREGAUX..........	Impressions sur tissus..........	M. d'argent.	243	I
PERRELET père et fils..	Horlogerie............,......	R. m. d'or..	262	II
PERRIER-EDWARDS....	Machines..................	M. d'argent.	235	II
PERRIN.............	Espagnolettes..............	Ment. hon..	94	II
PERRIN.............	Typographie..............	Ment. hon..	425	II
PERROCHEL (Comte DE).	Toile extra-fine.............	Ment. hon..	150	I
PERROCHEL (Comte DE).	Marbres...................	Citation...	298	I
PERROT.............	Colle de gélatine............	R. m. d'arg.	354	II
PETIT.............	Perles fausses..............	Ment. hon..	162	II
PETIT.............	Thermopode ou bain de pieds....	Citation...	476	II
PETIT veuve........	Filifère...................	Citation...	470	II
PETITBON..........	Caractères d'imprimerie.........	Citation...	419	II
PETIT-MONSAINT......	Nappes...................	Ment. hon..	148	I
PÉTREMENT.........	Rivets....................	Citation...	90	II
PHÉLIPPON.........	Cuirs à rasoirs..............	Citation...	490	II
PHILIPPE..........	Teinture en bleu.............	Citation...	240	I
PHILIPPE..........	Modèles de machines..........	M. d'or....	234	II
PICARD............	Ferblanterie...............	Ment. hon..	63	II
PICARD jeune père et fils.............	Batistes d'Écosse, jaconas........	M. d'argent.	177	I
PICARD (LE)........	Siamoises.................	M. bronze..	183	I
PICHENOT jeune......	Tabletterie................	M. bronze..	163	II
PICHON............	Fleurets.................	Ment. hon..	102	II
PICNOT............	Objets en bronze............	M. bronze..	144	II
PICQUET..........	Cartes géographiques..........	M. d'argent.	438	II

NOMS des ARTISTES OU FABRICANTS.	DÉSIGNATION DES PRODUITS PRÉSENTÉS.	DISTINCTION obtenue.	PAGE du rapport.	PARTIE.
PIÉDANA.............	Châles, tissus ras.............	M. d'argent.	67	I
PIÉRÉ,.............	Compas.............	M. bronze..	258	II
PIERRON.............	Presses lithographiques.........	M. bronze..	430	II
PIERROT.............	Armes à main.............	Ment. hon..	137	II
PIERSON et THOMAS ...	Fers.............	M. bronze..	41	II
PIHET frères.........	Lits en fer............. Grandes machines.............	M. d'or....	110 231	II
PILET.............	Cuivres.............	Ment. hon..	13	II
PILLIOUD.........	Plaqué d'argent.............	R. m. d'arg.	152	II
PIMON jeune.........	Laine filée.............	Citation...	22	I
PIMONT aîné.........	Impressions sur tissus.........	M. d'argent.	255	I
PIMONT (Prosper)....	Impressions sur tissus.........	M. d'argent.	256	I
PINET.............	Draperie.............	M. bronze..	53	I
PINSONNIÈRE.........	Cuivres estampés.............	M. bronze..	485	II
PIOT et NONNON......	Draperie.............	M. d'argent.	44	I
PITAY.............	Produits chimiques.............	Citation...	346	II
PLANCHON.............	Charrue.............	Citation...	176	II
PLANTEVIGNE.........	Rail-voie dite *nautique*.........	Citation...	200	II
PLANTIER - BARRÉ et compagnie.............	Bas en bourre de soie.............	M. d'argent.	204	I
PLATAREL et PAYEN...	Peluche de soie.............	M. d'argent.	124	I
PLENDOUX.............	Pétrin mécanique.............	Ment. hon..	188	II
PLEYEL et compagnie..	Pianos.............	R. m. d'or..	285	II
PLEYEL et DIZI.......	Harpes.............	R. m. d'or..	292	II
PLUMMER père et fils, et CLOQET.............	Cuirs vernis.............	M. d'argent.	269	I
PLUQUET.............	Couvertures communes.........	Ment. hon..	202	I

NOMS des ARTISTES OU FABRICANTS.	DÉSIGNATION DES PRODUITS PRÉSENTÉS.	DISTINCTION obtenue.	PAGE du rapport.	PARTIE.
Pluvinet et compagnie	Produits chimiques................	R. m. d'arg.	340	II
Pochet Deroche.....	Couleurs vitrifiables...........	Ment. hon..	405	II
Poinsignon.........	Peignes......................	Ment. hon..	462	II
Poiré............	Pierres précieuses factices.......	Ment. hon..	307	I
Poirée...........	Portes d'écluses en fer..........	M. bronze..	207	II
Poisson et compagnie..	Toiles à voiles...............	M. d'argent.	153	II
Poitevin et fils.......	Draperie......................	M. d'argent.	42	I
Poittevin..........	Cotons filés.................	Ment. hon..	166	I
Polignac (Comte Hé-racle de).......	Laines......................	R. m. d'or..	7	I
Polino frères........	Fils et tissus de cachemire.......	R. m. d'arg.	80	II
Polle-Deviermes....	Tapis de table.................	Ment. hon..	225	II
Polliart...........	Ouvrages de tour.............	Ment. hon..	164	II
Poncelet..........	Roue hydraulique............	Hors conc..	208	II
Poncet frères.......	Florence, marceline...........	M. d'argent.	126	II
Pons de Paul.......	Pendules....................	R. m. d'or.	268	II
Pontgibaud (Comte de)	Plomb.....................	M. d'argent.	73	II
Porcheron..........	Farines de légumes...........	Ment. hon..	315	II
Porron............	Horlogerie de précision........	R. m. bron.	265	II
Portal............	Cadis, flanelles, etc...........	Citation...	58	I
Portal-Forget......	Toiles métalliques.............	Citation...	88	II
Possot............	Fils et tissus de cachemire.......	M. d'argent.	80	I
Pot.............	Enclumes, étaux.............	M. bronze..	113	II
Potalier...........	Bijouterie dorée.............	Citation...	158	II
Potel.............	Bas et gants en fil d'Écosse.......	M. bronze..	205	I
Potet.............	Armes à main................	M. bronze..	135	II

NOMS des ARTISTES OU FABRICANTS.	DÉSIGNATION DES PRODUITS PRÉSENTÉS.	DISTINCTION obtenue.	PAGE du rapport.	PARTIE.
POTHON, CROIZIER et compagnie.........	Tissus de soie.............	M. d'argent.	121	I
POUILLET (Charl.-Aug.)	Cheminées économiques..........	M. bronze..	314	II
POULAIN-DUBOY......	Toiles de Guinée.............	Ment. hon..	184	I
POULIGNOT père et fils.	Outils.............	M. d'argent.	99	II
POUPINEL...........	Couvertures.............	M. d'argent.	201	II
POURCHASSE........	Vis.............	Ment. hon..	97	II
PRADIER...........	Coutellerie.............	R. m. d'arg.	119	II
PRADIER-ARBOT......	Coutellerie.............	M. bronze.	122	II
PRAEGER et compagnie.	Rubans et galons.............	Citation...	134	I
PRAVART...........	Modèles de charrues.............	Citation...	176	II
PRÉLAT...........	Armes à main.............	M. bronze..	135	II
PRÉVOST (Alexandre-Louis)...........	Laine filée............. Tissus mérinos.............	M. d'argent.	19 67	I
PREYNAT...........	Modèle de battant de métier......	Ment. hon..	222	II
PRIGNET...........	Typographie.............	Ment. hon..	425	II
PRINSAC...........	Soies gréges.............	Ment. hon..	113	I
PROVENT...........	Bijouterie.............	R. m. d'arg.	155	II
PRUS-GRIMONPREZ....	Tissus damassés en laine......	M. bronze..	71	I
PUGET...........	Tissus de soie.............	R. m. bron.	128	I
PUYDT (DE)........	Bijouterie en fer.............	Ment. hon..	155	II

Q

QUENEDEY..........	Pains à cacheter.............	R. m. bron.	360	II
QUENTIN-DURAND....	Charrue............. Batteur mécanique............. Machine à moudre.............	M. bronze..	173 182 185	II

NOMS des ARTISTES OU FABRICANTS.	DÉSIGNATION DES PRODUITS PRÉSENTÉS.	DISTINCTION obtenue.	PAGE du rapport.	PARTIE.
QUESNEL............	Ardoises........................	Citation...	305	I
QUEST.............	Pain de pomme de terre.........	Ment. hon.	324	II
QUINET............	Marqueterie.....................	M. bronze.	301	I

R

NOMS des ARTISTES OU FABRICANTS.	DÉSIGNATION DES PRODUITS PRÉSENTÉS.	DISTINCTION obtenue.	PAGE du rapport.	PARTIE.
RAFFIN (DE)........	Chaînes-câbles..................	M. d'argent.	203	II
RAFFIN et ROZÉ......	Charrue........................ Machine à moudre............	R. m. d'arg.	{171} {183}	II
RAINGO frères......	Pendules.......................	Ment. hon.,	273	II
RATEL.............	Outils.........................	Citation...	103	II
RATTIER et GUIBAL...	Caoutchouc.....................	M. d'or...	210	I
RAULIN père et fils....	Draperie.......................	M. d'argent.	41	I
RAVOUX............	Échappements pour horloge......	Ment. hon..	279	II
RAY frères..........	Chapeaux en feutre.............	M. bronze..	214	I
RAY-ANQUETIL......	Cotons filés....................	Citation...	167	I
RAYBAUD..........	Savons.........................	M. bronze..	352	II
RAYOT............	Limes..........................	Ment. hon..	78	II
REBER............	Guingams.......................	R. m. bron.	181	I
REECH............	Machine pour cordage...........	M. d'argent.	200	II
REGAULT-MICHON.....	Cylindres de laminoirs..........	M. bronze..	116	II
RÉGIE des salines de l'Est............	Soude..........................	M. d'argent	341	II
REGNAULT (Mme).....	Corsets........................	Ment. hon..	465	II
REGNIER...........	Serrurerie......................	Ment. hon..	93	II
RÉGNIER...........	Achtomètres, etc................	M. bronze..	197	II
REGNIER...........	Perruques......................	Citation...	459	II
REMOND...........	Limes..........................	R. m. d'or..	74	II

NOMS des ARTISTES OU FABRICANTS.	DÉSIGNATION DES PRODUITS PRÉSENTÉS.	DISTINCTION obtenue.	PAGE du rapport.	PARTIE.
RENARD	Outils	Citation	103	II
RENAUD	Tulles	Citation	172	I
RENAULDOT	Couvertures et objets en zinc	Citation	21	II
RENETTE	Armes à main	Ment. hon.	137	II
RENODIER	Coutellerie	Ment. hon.	128	II
RENOU	Peaux de chats, etc., corroyées	Ment. hon.	262	I
RESAL aîné	Quincaillerie	Ment. hon.	105	II
REVEILLAC	Cuivre en feuille	M. bronze	12	II
REVERCHON (Paul)	Châles bourre de soie	M. d'or	93	I
RÉVOL	Grès fin	Ment. hon.	382	II
REY	Tissus de cachemire / Châles de cachemire	R. m. d'or	65 / 85	I
REYBAUD frères	Sucres raffinés	M. d'argent	329	II
RICHARD	Bijouterie dorée	R. m. bron.	157	II
RICHARD et compagnie	Papiers	M. d'argent	285	I
RICHARD et QUESNEL	Fonte en bronze	M. d'argent	139	II
RICHET	Coutellerie	Ment. hon.	123	II
RICHOND-PEYRET et VERGEAT	Rubans de gaze	Citation	134	I
RIDER	Mécanicien	M. d'argent	505	II
RIEUSSEC	Voiture-mesure-balance	Ment. hon.	199	II
RIEUTORT et LASSÈRE	Draperie	Ment. hon.	56	I
RIGNOUX	Caractères d'imprimerie	M. bronze	417	II
RIMBAUT aîné	Papiers peints	Ment. hon.	234	II
RIMBAUT jeune	Papiers peints	Ment. hon.	234	I
RINGE	Serrurerie	Citation	93	II
RISLER (Mathieu)	Calicots	Citation	180	I

NOMS des ARTISTES OU FABRICANTS.	DÉSIGNATION DES PRODUITS PRÉSENTÉS.	DISTINCTION obtenue.	PAGE du rapport.	PARTIE.
RISLER-REBER.......	Cravates et madras............	Citation...	184	I
RIVIÈRE...........	Canevas en fil.............	Citation...	151	I
ROBERT...........	Pendules.............	M. d'argent.	271	II
ROBERT...........	Registres.............	Ment. hon..	449	II
ROBERT...........	Armes à main............	M. d'or....	132	II
ROBICHON et compagnie	Rubans de gaze............	M. bronze..	132	I
ROBILLARD.........	Montre en cristal............	Ment. hon..	278	II
ROBIN...........	Serrures.............	R. m. d'arg.	90	II
ROBOUAM..........	Parapluies.............	Citation...	482	II
ROCHARD (Julien)....	Fils de lin.............	Citation...	144	I
ROCHE (Mme)........	Corsets.............	Ment. hon..	465	II
ROCLE...........	Marqueteries.............	M. bronze..	301	I
ROGER...........	Moulures et tubes en cuivre......	Citation...	14	II
ROGIER...........	Tapis genre turc............	R. m. d'arg.	220	I
ROGUES-ROUSSET......	Dentelles noires............	M. bronze..	189	I
ROISSY frères........	Lithographie.............	Ment. hon..	430	II
ROLLÉ et SCHWILGUÉ..	Machines diverses............	M. d'argent.	194	II
ROLLER et BLANCHET..	Pianos.............	M. d'or....	288	II
ROLLIN...........	Chapeaux de soie............	Ment. hon..	214	I
ROMAGNESI..........	Ornements moulés............	R. m. d'arg.	407	II
RONDEAU-POUCHET....	Impressions sur tissus..........	M. d'argent.	255	I
RONDET (Ve)........	Pompe laringienne............	M. bronze..	457	II
ROSEMBERG..........	Marbres pour tables rondes...... / Tabletterie de marbre..........	Ment. hon..	300 / 301	I
ROSSIGNOL frères.....	Aiguilles.............	M. bronze..	83	II
ROSWAG	Toiles métalliques............	R. m. d'or..	85	II

NOMS des ARTISTES OU FABRICANTS.	DÉSIGNATION DES PRODUITS PRÉSENTÉS.	DISTINCTION obtenue.	PAGE du rapport.	PARTIE.
ROTH et BAYVET......	Appareil de Roth.....	M. bronze..	242	II
	Appareil pour la fabrication du sucre...................	M. d'argent.	329	
ROTTÉE............	Machines à carder............	M. bronze..	226	II
ROUAIX, RABOTEAU et compagnie........	Marbres.................	Ment. hon..	297	I
ROUET et compagnie...	Cuirs...................	Ment. hon..	259	I
ROUFFET............	Outils.................	R. m. bron.	100	II
	Étaux, tours.............	Citation...	114	
ROUFFIER et CHARBONNEAU...........	Sucre de betteraves........	Citation...	332	II
ROUMESTAN.........	Registres..................	Citation...	450	II
ROUMESTAN jeune.....	Cire à cacheter............	Ment. hon.	359	II
ROUSSEAU-BRILLAND..	Toile blanche.............	Ment. hon.	150	I
ROUSSEL...........	Petit réveil.............	Ment. hon.	280	II
ROUSSELET (Antoine)..	Draperie................	M. bronze..	50	I
ROUSSIN...........	Coutellerie.............	R. m. bron.	122	II
ROUSTIC...........	Draperie................	M. d'argent.	48	I
ROUVIER et MICHEL...	Étoffes pour meubles........	Ment. hon.	129	I
ROUVIÈRE-CABANES...	Châles variés............	M. d'or..	97	I
ROUX cadet, RIGAUT et compagnie........	Châles de soie, tricot.......	R. m. d'arg.	97	I
	Soies filées.............	Ment. hon..	113	
ROUX (Mme)........	Broderies.............	Ment. hon..	106	I
ROUX, COMBET et comp.	Châles...............	M. d'argent.	93	I
ROUX frères........	Châles divers...........	M. d'argent.	98	I
ROUYER...........	Perles fausses..........	Ment. hon..	102	I
RUFFIÉ père........	Acier...............	R. m. d'or..	46	I
	Faux................		70	

NOMS des ARTISTES OU FABRICANTS.	DÉSIGNATION DES PRODUITS PRÉSENTÉS.	DISTINCTION obtenue.	PAGE du rapport.	PARTIE.
Ruffi-Jussel.........	Broderies..................	M. bronze..	195	I
Ruggieri	Pyrotechnie..............	Ment. hon.	312	II
Rupil..............	Limes..................	R. m. bron.	77	II

S

Sabathier..........	Coutellerie..............	M. bronze.	122	II
Sabran père et fils et Raynaud.........	Châles variés..........	R. m. d'or..	96	I
Saglio (Baptiste)....	Fils de lin..............	M. d'argent.	142	I
Saint-Acheulle......	Bas, gants, etc..........	Citation...	208	I
Saint-André, Poisat et compagnie........	Affinage d'argent........	M. d'or....	339	II
Saint-Bris (De).....	Acier.................	R. m. d'or..	50	II
	Limes.................		73	
Saint-Cricq-Cazeaux (De)...........	Faïence dure............	M. d'or....	381	II
Saint-Étienne......	Râpes à mécanique......	M. bronze.	184	II
Saint-Gobain, manufacture royale......	Étain en feuille.........	Ment. hon..	22	II
	Glaces..............	R. m. d'or..	391	
Saint-Marc (Ve), Portieu et Tetiot....	Toiles à voiles..........	M. d'argent.	153	I
Saint-Paul.........	Toiles métalliques........	R. m. d'arg.	86	II
Saint-Quirin (Fab. de)	Glaces..............	M. d'or....	392	II
Sallandrouze-Lamornais............	Tapis...............	M. d'or....	219	I
Salmon	Mousselines............	M. bronze.	174	I
Salmon, Payen et Buran............	Engrais..............	M. d'argent.	333	II
	Produits chimiques......	R. m. d'arg.	340	
Sambuc et Noyer....	Organsins............	R. m. bron.	110	I

I. c

NOMS des ARTISTES OU FABRICANTS.	DÉSIGNATION DES PRODUITS PRÉSENTÉS.	DISTINCTION obtenue.	PAGE du rapport.	PARTIE.
SAMSON............	Instruments de chirurgie........	M. bronze..	131	II
SANA (Mme)........	Fleurs artificielles............	Citation...	199	I
SANDOZ............	Montres....	Ment. hon..	279	II
SANGE............	Étain en feuille............	Citation...	23	II
SANSOT............	Chapeaux....................	Citation...	215	I
SARGENT............	Briques....................	Ment. hon..	372	II
SASSENAY (Comte DE)..	Mastics....................	M. bronze..	312	I
SAULNIER............	Machines..................	M. d'or....	233	II
SAULNIER (Jacques)...	Machines..................	M. d'argent.	236	II
SAUNIER............	Gravures..................	Ment. hon..	420	II
SAUNIER............	Pinceaux..................	M. bronze..	492	II
SAUTEL-CORONT......	Soies ouvrées..............	M. bronze..	111	I
SAUTIER...........	Paillons d'or et d'argent.........	Citation...	151	II
SAVARESSE, de Paris..	Cordes harmoniques...........	M. d'argent.	296	II
SAVARESSE, de Nevers.	Cordes harmoniques...........	R. m. bron.	297	II
SAVIAT DE BAZAC.....	Corroyerie.................	Citation...	262	I
SAVOIE............	Velours...................	Hors conc..	118	I
SAY-ARNAUD........	Étoffes pour meubles..........	Ment. hon..	129	I
SCHINDLER.........	Remise à neuf des habits........	Citation...	336	II
SCHLUMBERGER (N.)...	Fils de coton..............	R. m. d'or..	158	I
SCHLUMBERGER, STEINER et compagnie...	Cotons filés.................. / Calicots, percales..............	R. m. d'arg.	{ 162 / 177 }	I
SCHLUMBERGER jeune et compagnie.........	Impressions sur tissus..........	M. d'argent.	253	I
SCHLUMBERGER (Daniel)	Impressions sur tissus..........	M. d'argent.	254	I
SCHLUMBERGER, KŒCHLIN et compagnie...	Impressions sur tissus..........	M. d'or....	250	I

NOMS des ARTISTES OU FABRICANTS.	DÉSIGNATION DES PRODUITS PRÉSENTÉS.	DISTINCTION obtenue.	PAGE du rapport.	PARTIE.
SCHMIDBORN et comp..	Acier..........................	M. bronze..	55	II
SCHNECQ............	Chaux hydraulique............	Ment. hon.	306	I
SCHULTZ............	Fourrures....................	M. bronze..	271	I
SCRIVE frères........	Cardes........................	M. d'or....	223	II
SÉGUIN.............	Transport sur pierres graphiques..	Citation...	434	II
SEIB..............	Tapis cirés.................... Lithographie..................	M. bronze..	(229) (429)	I
SELLIÈRE et PROVENÇAL	Cotons filés..................	M. d'argent.	164	II
SELLIGUES..........	Grandes machines.............	M. bronze..	241	I
SELVES.............	Atlas géographique...........	Ment. hon..	443	II
SERRÉ (aîné).......	Espagnolettes et flanelles.......	Citation...	58	II
SERVANT et OGIER....	Tissus de soie.................	M. d'argent.	123	I
SEVAISTRE-TURGIS....	Draperie......................	M. d'argent.	46	I
SEYFFERT..........	Couverture en zinc...........	Citation...	21	I
SILVANT...........	Lampes......................	Ment. hon..	309	II
SILVESTRE-BARTHÉS...	Draperie.....................	M. bronze..	54	II
SIMIER............	Reliures......................	M. d'argent.	444	I
SIMON.............	Étoffe foulée.................	Ment. hon..	57	II
SIMON-ALBERT et comp.	Châles cachemire et hindous......	M. bronze..	90	I
SIMON et BESANÇON....	Céruse.......................	Ment. hon..	345	I
SIMONIN...........	Restauration des gravures......	M. bronze..	434	II
SIR-HENRY.........	Acier....................... Coutellerie.................. Instruments de chirurgie........	R. m. d'arg.	(53) (118) (129)	II
SOCIÉTÉ anonyme d'Epinal..............	Marbres......................	M. bronze..	296	II
SOCIÉTÉ anonyme, à Negreville..........	Cotons filés..................	Ment. hon..	167	I

NOMS des ARTISTES OU FABRICANTS.	DÉSIGNATION DES PRODUITS PRÉSENTÉS.	DISTINCTION obtenue.	PAGE du rapport.	PARTIE.
Société d'Imphy......	Cuivre........................	M. d'or....	8	II
	Bronze laminé................		23	
	Tôle.........................		59	
	Fers-blancs..................		61	
Société des mines de Bouxwiller........	Produits chimiques............	R. m. d'arg.	339	II
Société des papeteries du Marais et de Sainte-Marie............	Papiers.......................	M. d'or....	281	I
Société de Pont-Saint-Ours............	Tôles........................	R. m. d'or..	58	II
	Fers-blancs..................		61	
Société de Villefort et Vialas...........	Plomb........................	M. bronze..	4	II
Sœhnée.............	Laques et vernis.............	Ment. hon..	364	II
Soleil père.........	Appareil de phare............	R. m. d'arg.	252	II
Soleil fils.........	Instruments d'optique..........	Ment. hon..	258	II
Somont.............	Objet d'habillement en filaments végétaux..................	Citation....	139	I
Sompairac..........	Draperie.....................	M. bronze..	54	I
Sorel.............	Fourneaux....................	Ment. hon..	316	II
Souchon............	Teinture d'étoffes............	R. m. d'arg.	236	I
Soudry.............	Limes........................	Citation...	79	II
Souffleto..........	Pianos.......................	M. d'argent.	289	II
Souillard..........	Matière plastique.............	Ment. hon..	389	II
Soulas aîné........	Châles thibet et bourre de soie....	M. d'argent.	98	I
Soutain (Jean-Claude)	Cotons filés..................	Citation...	167	I
Soyez, Feuilloy et Desjardins.........	Alépine et satins noirs..........	M. d'argent.	71	I

NOMS des ARTISTES OU FABRICANTS.	DÉSIGNATION DES PRODUITS PRÉSENTÉS.	DISTINCTION obtenue.	PAGE du rapport.	PARTIE.
SPENDLER.	Serrurerie.	Citation...	93	II
SPENS.	Calligraphie.	Ment. hon..	443	II
SPIEGELHALTER.	Pantalons, guêtres, etc., de peau...	M. bronze..	266	I
SPINDLER.	Quincaillerie.	M. bronze.	105	II.
STAKLER.	Impressions sur tissus.	Ment. hon.	256	I
STEHELIN et HUBERT..	Fers.	M. bronze..	42	II
STEPHANN THYS.	Draperie.	R. m. d'arg.	39	I
STERLIN.	Serrurerie.	Ment. hon.	93	II.
STOLTZ.	Pompes.	Citation...	212	II.
SUDDS, ATKINS et BAKER.	Presses à huile. / Machine à vapeur.	M. d'or....	(189) / (232)	II
SYMIAN.	Instruments pour dessiner.	Ment. hon..	259	II.

T

TABOURET.	Phares.	M. bronze..	258	II.
TAFFIN.	Duvets.	Citation...	273	I.
TALABOT.	Acier. / Faux. / Limes.	M. d'or...,	(50) / 70 / (75)	II
TARDIEU.	Cartes géographiques.	M. bronze..	439	II
TARLAY.	Laminoirs. / Cylindres pour laminoirs.	M. bronze.. / Ment. hon.	115) / 245)	II
TASSAUD.	Écroux et vis. / Outils.	M. bronze..	(97) / (100)	II
TAUPIER.	Calligraphie.	Ment. hon..	443	II
TAYLOR.	Appareils à air chaud.	M. d'or....	28	II
TERNAUX aîné.	Laines.	Hors conc..	24	I

NOMS des ARTISTES OU FABRICANTS.	DÉSIGNATION DES PRODUITS PRÉSENTÉS.	DISTINCTION obtenue.	PAGE du rapport.	PARTIE.
TERTRAIS et JACQUEAU.	Castorine......................	Citation. ...	57	I
TERWAGNE - PAYEMANS (Ve) et FOURNIER..	Batistes......................	M. bronze..	145	I
TESSE-PETIT........	Cotons filés.................	M. d'argent.	163	I
TESSIER père et fils et ZETTER..........	Cotons filés................. Guingams, madras............. Tapis........................	M. bronze..	166 182 223	I
TESSON frères.......	Colles fortes.................	Ment. hon..	357	II
TEXIER...........	Pierres factices..............	Citation. ...	307	I
TEXIER (Victor)......	Gravure......................	Citation. ...	420	II
TEYSSIER-DUCROS.....	Soies filées..................	M. d'or....	105	I
TEZENAS-BALAY......	Rubans de gaze...............	Ment. hon..	133	I
THÉLU.............	Espagnolette.................	Ment. hon..	57	I
THIBAUDET.........	Tampons élastiques............	Citation. ...	452	II
THIBAULT..........	Cire à cacheter...............	Ment. hon..	359	II
THIERRY-MIEG.......	Impressions sur tissus.........	M. d'argent.	252	I
THILORIER et SERRU-ROT.............	Lampes......................	M. bronze..	306	II
THIRION............	Alènes.......................	R. m. bron.	84	II
THOMANN...........	Ressorts.....................	Ment. hon..	82	II
THOMAS frères.......	Tissus de soie................	M. d'or....	125	I
THOMAS et DECOUCHY..	Marbres......................	R. m. d'arg.	295	I
THOMIRE...........	Bronze.......................	R. m. d'or..	142	II
THOMPSON..........	Gravure sur bois..............	R. m. d'arg.	441	II
THONNELIER........	Grandes machines.............	M. d'argent.	236	II
THOURY et compagnie..	Fers.........................	Ment. hon..	44	II
THUILIER..........	Pompes sphériques............	Citation. ...	212	II

NOMS des ARTISTES OU FABRICANTS.	DÉSIGNATION DES PRODUITS PRÉSENTÉS.	DISTINCTION obtenue.	PAGE du rapport.	PARTIE.
THUILIER............	Horlogerie...................	Ment. hon..	271	II
TIÉBAULT............	Cartes géographiques...........	Ment. hon..	442	II
TIRARD.............	Ornements moulés..............	M. bronze..	408	II
TIREMARCHE.........	Garderobes................	Ment. hon..	472	.II
TIRET et compagnie...	Châles de laine et hindous.......	M. d'argent.	89	I
TISSERAND, QUILLER et TOUSSAINT.........	Mérinos..................	M. bronze..	76	I
TISSOT (Martin) et comp.	Verres de montres.............	Ment. hon..	398	II
TITOT, CHASTELLUX et compagnie.........	Cotons filés.................	M. d'argent.	164	I
TITOT et CHASTELLUX..	Calicots, percales.............	M. bronze..	178	I
TIXIER-GOYON........	Coutellerie.................	Ment. hon..	124	II
TOCHY.............	Affineur de métaux...........	M. bronze..	344	II
TOUBOULIC..........	Boussole, oscillomètre, etc.	Ment. hon..	198	II
TOURON.............	Coutellerie.................	R. m. bron.	121	II
TOUSSAINT père et fils..	Batistes..................	Ment. hon..	145	I
TOUSSAINT..........	Serrurerie.................	Ment. hon..	92	II
TRAVERS,..........	Outils..................	Ment. hon..	102	II
TRAXLER et BOURGEOIS.	Pressoir à huile.............	Ment. hon..	191	II
TRÉMEAU-SOULMÉ.....	Fonte de fer...............	M. d'argent.	30	II
TREMPÉ et CRUEL.....	Peaux teintes...............	R. m. bron.	270	I
TREMPÉ.............	Peaux teintes...............	M. bronze..	271	I
TREPPOZ...........	Coutellerie.................	R. m. bron.	120	II
TRIANON...........	Chapeaux.................	Citation...	216	I
TRIBOULET.........	Cols-gilet.................	Ment. hon..	466	II
TRIBOUILLET........	Porcelaine tendre............	Citation...	388	II
TRICOT jeune........	Pagnes de coton..............	Ment. hon..	183	I

NOMS des ARTISTES OU FABRICANTS.	DÉSIGNATION DES PRODUITS PRÉSENTÉS.	DISTINCTION obtenue.	PAGE du rapport.	PARTIE.
TRIÉBERT............	Cors, hautbois, etc............	M. bronze.	300	II
TROOST.............	Fils et tissus de cachemire.......	Ment. hon.	80	I
TROTOT père et fils....	Draperie................	M. bronze.	50	I
TROTRY-LATOUCHE....	Bonneterie orientale...........	R. m. d'arg.	209	I
TROUPEL............	Déchets de soie cardés......... / Bas, gants, bourre de soie......	Ment. hon.	114 / 207	I
TRUET et BIAREZ.....	Tissus de coton............	Ment. hon.	179	I
TRUON et AUDIBERT...	Papiers................	Citation...	289	I.
TULOU..............	Flûtes................	M. bronze.	299	II
TUR et compagnie....	Gants de soie............	M. d'argent.	203	I
TURBÉ..............	Velours pour gilets...........	Hors conc.	119	I.
TURION.............	Métier à châles...........	M. d'argent.	499	II
TURQUAN...........	Cardes................	Ment. hon.	227	II

U

UTZSCHNEIDER et FABRY............	Faïences fines............	R. m. d'or.	376	II

V

VALÈS.............	Perles fausses............	Ment. hon.	162	II
VALET-CORNIER......	Objets en bronze...........	M. bronze.	144	II
VALET et HUBERT.....	Ornements moulés...........	R. m. d'arg.	407	II
VALLAT.............	Draps pour la troupe.........	Ment. hon.	56	I
VALLAT-LE-ROND.....	Tissus de coton, cotonnade, etc...	M. bronze.	183	I
VALLERY............	Pulvérisation des bois de teinture.	M. d'argent.	342	II
VALLÈS.............	Draperie...............	Ment. hon.	54	I
VALLET fils..........	Basins, toiles de coton, etc.......	M. bronze.	186	I

NOMS des ARTISTES OU FABRICANTS.	DÉSIGNATION DES PRODUITS PRÉSENTÉS.	DISTINCTION obtenue.	PAGE du rapport.	PARTIE.
VALLIN père et fils....	Table de granit................	R. M. d'arg.	292	I
VALLON (Pierre).....	Coutellerie................	Ment. hon..	123	II
VALLON.............	Coutellerie................	R. m. bron.	121	II
VANTROYEN, CUVELIER et compagnie........	Cotons filés................	M. d'or....	161	I
VARLET.............	Fers étamés................	M. bronze..	62	II
VATIER aîné.........	Couvertures................	Ment. hon..	202	I
VAUCHELET (M. et Mlle).	Velours peints................	R. m. d'arg.	227	I
VAUTIER...........	Coutellerie................	Ment. hon..	124	II
VAUTIER...........	Bijouterie en acier..........	Ment. hon..	155	II
VAUTIER (Victor).....	Bas de femme..............	M. bronze..	205	I
VAYSON...........	Tapis....................	M. d'argent.	221	I
VÈNE, HOULER, CORMOULS et compagnie.	Espagnolettes................	M. bronze..	53	I
VERDET frères........	Soies filées................	M. d'argent.	108	I
VERDIER...........	Caoutchouc................	M. bronze..	211	I
VÉRITÉ...........	Tapis....................	R. m. d'arg.	220	I
VERNAY	Modèle de batteur mécanique.....	M. bronze..	181	II
VERSEPUY..........	Ciment lithoïde..............	Ment. hon..	306	I
VEYRAT...........	Plaqué d'argent..............	R. m. bron.	153	II
VIAL aîné...........	Fers....................	Citation...	45	II
	Aciers................	M. bronze..	56	
VICENTI	Pendules................	M. d'argent.	270	II
VIDALIN...........	Teinture d'étoffes............	M. d'argent.	237	I
VIDÉCOCQ et COURTOIS.	Voiles, écharpes en dentelle......	R. m. bron	188	I
VIDOCQ...........	Papiers de sureté............	Citation...	366	II
VIENNOT...........	Cheminées économiques	Citation...	317	II

NOMS des ARTISTES OU FABRICANTS.	DÉSIGNATION DES PRODUITS PRÉSENTÉS.	DISTINCTION obtenue.	PAGE du rapport.	PARTIE.
VIGIER frères........	Tapis de foyer................	Citation...	226	I
VIGNAL.............	Poterie commune.............	Citation...	374	II
VIGNAT-CHOVET......	Rubans...................	M. d'argent.	131	I
VIGRY.............	Bonnets de coton............	M. bronze..	205	I
VINAY-FAURE........	Dentelle en soie et fil.........	Ment. hon..	191	I
VINCENT............	Tabletterie................	Citation...	164	II
VINKEN.............	Chaudronnerie de cuivre bronzé..	Ment. hon..	16	II
VIOLAINE (DE) frères..	Verres à vitres, etc...........	R. m. bron.	397	II
VIOLARD............	Robes en blonde............	M. bronze..	189	I
VIOLET.............	Sabots-souliers.............	Citation...	276	I
VIOLET et JEUFFRAIN..	Draperie.................	M. d'argent.	42	I
VIOLET et MONPELAS..	Savons..................	Citation...	353	II
VIOLLE fils.........	Draperie.................	Ment. hon..	56	I
VIREBENT frères......	Briques.................	M. bronze.?	370	II
VIVIÈS.............	Draperie.................	M. bronze..	52	I
VIVIÈS.............	Bijouterie en jayet..........	Citation...	156	II
VOISIN et compagnie..	Plomb..................	M. bronze..	4	II
VOLAND............	Bas lacés...............	Ment. hon..	467	II
VOULAND (Louis)....	Creusets................	Ment. hon..	373	II
VRIGNAULT et DE-TROYAT...........	Plomb..................	Ment. hon..	5	II
VUILLAUME.........	Violons, etc..............	M. d'argent.	294	II
VUILLAMY	Laine filée..............	M. bronze..	20	I
VUILLIER	Poêles.................	M. bronze..	314	II

W

NOMS des ARTISTES OU FABRICANTS.	DÉSIGNATION DES PRODUITS PRÉSENTÉS.	DISTINCTION obtenue.	PAGE du rapport.	PARTIE.
WACRENIER - DELVIN - QUIER	Stoffs écrus brochés	M. bronze..	72	I
WACRENIER (Pierre)..	Cotons filés	M. bronze..	165	I
WAGNER	Horloges	R. m. d'arg.	267	II
WAGNER (Jean)	Horloges	Ment. hon..	268	II
WAGNER et MANSON	Orfévrerie	M. d'or....	146	II
WALKER	Cols, bretelles.	R. m. d'arg.	465	II
WANSBROUGH	Chapeaux	Ment. hon..	215	I
WARÉE	Balancier compensateur	Ment. hon..	275	II
WARINET-NANQUETTE..	Draperie	M. bronze..	49	I
WATTS, WRIGLET fils et compagnie	Fils bourre de soie	M. d'argent.	109	I
WEINEN	Plumes à écrire	Citation...	451	II
WERDET (Mlle)	Calligraphie	Citation...	443	II
WERLY	Corsets	Ment. hon..	463	II
WERNER	Meubles	R. m. d'arg.	410	II
WERNER-HOCHSTETTER	Globes en relief	M. bronze..	436	II
WERNET	Bougies	Ment. hon..	311	II
WETZELS	Pianos	R. m. bron.	290	II
WEY	Tapis	M. bronze..	224	I
WIDOWSON, BUSSEL et BAILEY	Tulle	M. bronze..	172	I
WIESEN	Peintures imitant le marbre	Ment. hon..	302	I
WILLEMSENS	Objets en bronze	M. bronze..	143	II
WILMS	Tabletterie	Citation...	164	II

NOMS des ARTISTES OU FABRICANTS.	DÉSIGNATION DES PRODUITS PRÉSENTÉS.	DISTINCTION obtenue.	PAGE du rapport.	PARTIE.
WINNEN...........	Hautbois et bassons...........	M. bronze..	300	II
WISNICK - DOMÈRE (Mme)...........	Broderies...................	Ment. hon..	196	I

Y

YVER (Prosper)......	Guingams..................	M. bronze..	182	I

Z

ZEGELAAR..........	Cire à cacheter..............	Citation...	360	II
ZUBER et compagnie...	Papiers peints,..............	M. d'or....	231	I

FIN DE LA LISTE ALPHABÉTIQUE.

RAPPORT
DU JURY CENTRAL

SUR LES PRODUITS

DE L'INDUSTRIE FRANÇAISE

EN 1834.

CHAPITRE PREMIER.

LAINES ET LAINAGES.

PREMIÈRE SECTION.

LAINES.

La variété du sol, des aspects et des climats permet à la France d'élever avec succès les espèces de bêtes à laine qui réclament les nourritures et les sites les plus différents. La France, à cet égard, est plus heureuse que beaucoup d'autres contrées où les agriculteurs les plus habiles n'ont pas pu naturaliser, dans toute sa pureté, la race des mérinos. Aujourd'hui cette race est parfaitement acclimatée dans l'ouest, le centre et l'est du royaume.

Dans un grand nombre de nos départements, surtout ceux où les mérinos prospèrent avec plus de difficultés, on peut propager avec succès la race des moutons à

laine longue, cet élément de richesse agricole si précieux pour la Grande-Bretagne et la Hollande.

Jusqu'à ce jour nous nous sommes bornés à des tentatives isolées, afin de propager et d'acclimater les moutons à longue laine, c'est-à-dire à laine lisse et lustrée,
propre au peignage, et telle que l'exige la fabrication
des étoffes qui ne doivent pas être feutrées.

Dès 1827, de très-beaux échantillons de laine lisse
française figuraient à l'exposition; ils étaient présentés
par Mme la comtesse du Cayla, MM. le vicomte de
Turenne, Hennet, le vicomte Sosthène de la Roche-
foucault, Bernard de Sussy et Sellière de Mello.

Le jury regrette vivement qu'en 1834, les riches propriétaires qui, par de nombreux sacrifices, ont multiplié
sur notre sol les bêtes à laine lisse et lustrée, n'aient pas
envoyé l'échantillon de ces laines à l'exposition.

La bergerie royale d'Alfort a seule exposé des échantillons de laines lisses; ils attestent le zèle du gouvernement pour accélérer une acclimatation que les amis de
l'agriculture et de l'industrie nationale appellent de tous
leurs vœux.

Espérons qu'à l'exposition de 1839, c'est-à-dire après
quinze ans d'essais, les résultats obtenus dans les départements à sol plantureux, humide et fort, seront tels qu'on
doit les attendre de nos riches propriétaires, et tels que
les réclament les besoins toujours croissants de nos fabriques de tissus à laines peignées.

Il a fallu cinquante ans d'efforts et de persévérance
pour acclimater et propager avec étendue les moutons
mérinos dans un nombre de départements qui par malheur est encore trop restreint, malgré les avantages immenses qu'offrait à l'agriculture l'éducation de cette espèce
d'animaux domestiques.

Deux espèces de progrès sont également à remarquer ; le premier, c'est la multiplication de grands troupeaux à laine mérinos superfine ; le second, c'est la multiplication des métis, dont la laine de finesse moyenne est obtenue par le croisement des plus beaux béliers mérinos avec les brebis indigènes. Déjà, dans le centre et vers le nord de la France, les espèces nationales sont presque complétement régénérées ; les premiers types, avec leurs défauts organiques et leurs laines grossières, ont disparu pour faire place à des générations mieux conformées et dont les toisons réunissent l'abondance à la beauté.

Cette amélioration s'est alliée à tous les perfectionnements de l'agriculture moderne, assolements savamment combinés, suppression des jachères, prairies artificielles, engrais abondants, produits végétaux plus variés et plus riches : tels ont été les résultats de cet ensemble d'innovations, pour tous les départements qui, dans un certain rayon, entourent la capitale.

Nous ferons comprendre à tous nos concitoyens l'importance des résultats obtenus dès à présent, lorsque nous leur dirons, d'après les plus habiles fabricants de Louviers et de Sédan, que nos bonnes laines intermédiaires offrent une réunion de qualités qui les rendent préférables aux plus belles laines d'Espagne ! Progrès immense, si l'on songe qu'il y a peu d'années on osait à peine placer, à côté des toisons de la Péninsule ibérique, les toisons superfines des mérinos naturalisés en France.

Il faut maintenant propager sur toutes les directions, et particulièrement du nord au midi, cette marche progressive dont les conquêtes seront à signaler dans les expositions prochaines.

Par ces développements graduels, les laines de finesse moyenne continueront à devenir plus abondantes et

I.   1.

moins chères; ce qui permettra d'offrir aux consommateurs des tissus plus doux, plus chauds, plus moelleux
et plus brillants, à des prix qui chaque année deviendront
moins élevés.

Pour ces laines moyennes, dont le produit est incomparablement plus grand que le produit total des laines
superfines, nous avons à manifester les mêmes regrets que
pour les laines lisses et lustrées; elles ne figurent plus à
l'exposition, malgré tout l'intérêt qu'aurait eu l'industrie
française de juger par leurs résultats les croisements
des plus beaux mérinos avec les races indigènes fortement caractérisées du Berri, de la Normandie, de la Provence, etc.

Espérons qu'à l'exposition de 1839, les agriculteurs
répondront à l'appel que nous leur faisons maintenant,
et qu'ils s'apprêteront dans l'intervalle à présenter des
produits remarquables à la fois par le bas prix et la bonté :
nous le demandons au nom des consommateurs de la classe
moyenne et des classes les moins aisées.

Par les progrès que nous signalons comme accomplis,
et par ceux que nous appelons de tous nos vœux, l'espèce
de moutons qui produit la laine commune ou grossière
doit diminuer et disparaître enfin du sol français; le commerce nous fournira ce qu'il nous faut de cette espèce de
laines pour des fabrications particulières; et ce produit,
que nous achèterons aux peuples dont l'industrie est dans
l'enfance, nous l'échangerons pour des tissus enrichis par
la main-d'œuvre d'une industrie perfectionnée.

D'après l'exposé qui précède, on voit que le jury n'a
pu prononcer que sur des échantillons de la seule espèce
de laine ondée ou mérinos superfine.

Avant 1823, aucun produit de toisons françaises ne
figurait à l'exposition : il y eut ensuite d'exposés,

En 1823. . . . . 8 échantillons ;
En 1827. . . . . 15 ;
En 1834. . . . . 18.

Ce dernier nombre est encore bien peu considérable pour l'importance d'une telle espèce de produits.

EXPOSANTS HORS DE CONCOURS.

MM. Perrault de Jotemps et Girod de l'Ain, directeurs de l'association de Naz.

Exposants hors de concours.

Deux fois, en 1823 et 1827, les jurys centraux ont décerné la médaille d'or aux directeurs et fondateurs de cette association.

Maintenant l'un des propriétaires du troupeau de Naz, le colonel Félix Girod, est membre du jury central. Pour ce motif, nous plaçons hors de concours une association qui, par la perfection toujours croissante de ses produits, s'est placée hors de comparaison avec ses concurrents. Nous devons en même temps rappeler à la reconnaissance nationale les services qu'elle a rendus depuis 1827.

Déjà le troupeau de Naz compte trente-cinq ans d'existence. Toujours reproduit par lui-même, il possède aujourd'hui cette ancienneté, cette constance de sang, si précieuse aux yeux des éleveurs les plus éclairés; il présente actuellement un des types d'amélioration les plus parfaits et les plus efficaces, non-seulement en France, mais dans les deux hémisphères. Les plus beaux produits nationaux, dont nous allons énumérer les droits et les récompenses, sont issus du troupeau de Naz, ou perfectionnés par son secours; il a fourni des colonies au Wur-

temberg, à l'Autriche, à la Suède, à la Crimée, et jusqu'aux possessions britanniques de la Nouvelle-Galles.

M. le vicomte Perrault de Jotemps et ses associés,
MM. Fabry fils et Girod de l'Ain, ont fait paraître un traité
sur la laine et les moutons. Ce livre résume toute l'expérience acquise par les auteurs; il offre une analyse pro-
fonde et neuve des propriétés de la laine, des rapports
qu'ont ces propriétés avec l'organisation de l'animal qui
la produit, avec les circonstances de sa vie ou de sa
diététique, et des rapports qu'ont ces mêmes propriétés avec les besoins de la fabrication; vient ensuite
l'examen des travaux qu'exigent les toisons, la tonte, le
lavage, le dégraissage, l'assortissage, le triage et la vente.
Cet ouvrage, traduit sept fois, en cinq langues étrangères, a fait apprécier aux éleveurs la haute importance
d'étudier les laines; l'avantage de perfectionner la toison
dans toutes ses parties, afin d'obtenir lors du triage, la
plus forte proportion possible de première qualité; la
nécessité de tenir un compte ouvert par animal, afin
qu'on distingue celui qui cause de la perte et celui qui
donne du bénéfice. Ces préceptes et ces exemples ont
également fait école.

Aujourd'hui le troupeau de Naz compte 2,500 têtes,
ses laines égalent en finesse les plus belles de la Saxe, et
l'emportent sur celles-ci par le nerf et la force. Les colonies de ce troupeau sont maintenant répandues dans
beaucoup de départements; elles peuvent fournir plus
de 1,000 béliers à la reproduction, ce qui suffit pour
féconder 100,000 brebis. On voit par là combien pourrait être rapide la propagation de l'espèce la plus perfectionnée : il ne manque plus que les efforts intelligents et
les sacrifices judicieux des propriétaires agricoles.

RAPPEL DE MÉDAILLES D'OR.

M. le vicomte DE JESSAINT; troupeau de Beaulieu (Marne).

M. le vicomte de Jessaint avait tiré son premier troupeau de la bergerie royale de Rambouillet, composée d'animaux de haute stature. Il avait ensuite extrait de Naz un second troupeau composé d'animaux à petite taille et à toisons superfines. Les toisons entières et en suint qu'expose M. de Jessaint proviennent en partie de la race de Naz, en partie du croisement de cette race avec celle de Rambouillet. Elles sont remarquables pour leur grande finesse et pour leur égalité.

Les béliers sortis chaque année des bergeries de Beaulieu ont amélioré notablement un grand nombre d'autres troupeaux dans le département de la Marne et les départements circonvoisins.

Les succès obtenus par M. de Jessaint, la direction excellente qu'il sait donner aux efforts des propriétaires qui réclament ses exemples et ses leçons, lui méritent, avec de nouveaux éloges, le rappel de la médaille d'or qu'il a reçue en 1827.

M. le comte HÉRACLE DE POLIGNAC, à Outrelaise, département du Calvados.

M. le comte H. de Polignac a reçu la médaille d'or en 1823, rappelée en 1827, et rappelée de nouveau en 1834, pour la constance et les soins avec lesquels il entretient sa vaste exploitation de troupeaux à laines superfines, dans une partie de la France où seul il présente au même degré ce genre de mérite.

RAPPEL DE MÉDAILLE D'ARGENT.

M. GANNERON; troupeau de Bussy-Saint-George, près Lagny, département de Seine-et-Marne.

Pour la seconde fois, M. Ganneron expose les toisons superfines du troupeau qu'il a créé par des extractions des bergeries de la Malmaison, de Perpignan, d'Arles et de Rambouillet. Le troupeau compte aujourd'hui 1,575 animaux, élevés avec un soin parfait, en des bergeries habilement disposées.

On doit à M. Ganneron un ratelier portatif, qu'on dresse sur des supports fixes et scellés, et qu'on peut employer double ou simple, en le posant au milieu de la bergerie ou contre les murs. Par le moyen de crémaillères, il s'élève ou s'abaisse à la portée des agneaux ou des grands animaux.

Les résultats obtenus par M. Ganneron le rendent plus digne encore de la médaille d'argent qu'il avait reçue en 1827.

NOUVELLES MÉDAILLES D'ARGENT.

M. DUPREUIL; troupeau de Pouy (Aube).

Ce troupeau, qui compte environ trente ans d'existence, s'élève à 3,400 bêtes; il n'est pas seulement à remarquer comme un des plus nombreux que la France possède.

Depuis plus de dix ans, M. Dupreuil s'occupe à l'améliorer par des soins assidus autant qu'éclairés : il a successivement tiré ses béliers améliorateurs de la bergerie royale de Rambouillet, de la bergerie saxonne, importée par le célèbre Ternaux, et de la bergerie de Naz. Dès à présent, il fournit au commerce une proportion considérable de belles primes.

Il a fait construire à Pouy d'immenses bergeries pour y tenir réuni son nombreux troupeau. C'est un établissement modèle, qui fournit aux propriétaires du pays d'alentour des exemples et des étalons d'une race perfectionnée.

De semblables titres auraient, aux expositions précédentes, valu certainement à leur auteur une récompense du premier ordre; mais le jury de 1834, désirant relever de plus en plus le prix de cette haute distinction, n'a cru devoir accorder que la première médaille d'argent à M. Dupreuil, qui, jusqu'à ce jour, ne s'était pas présenté dans les grands concours de l'industrie nationale.

M. MOET; troupeau de Romont, département de la Marne.

Le possesseur de ce troupeau marche sur les traces de M. le vicomte de Jessaint, établi dans son voisinage. Les animaux de choix qu'il élève avec des soins extrêmes proviennent originairement des bergeries de M. le duc de Montebello; il en a successivement amélioré la race avec des étalons tirés de Rambouillet et de Naz. Son troupeau se borne encore à 250 animaux.

Il expose plusieurs toisons très-remarquables pour leur finesse et pour leur égalité; elles sont accompagnées de quelques échantillons de laine dégraissée à fond, et même peignée, qui se font admirer pour leur beauté.

Nouvelles
médailles
d'argent.

C'est en triomphant d'une foule de difficultés locales que M. Moet a pu s'élever à ce degré de perfection. S'il avait obtenu de pareils résultats sur un troupeau plus important, le jury n'aurait pas hésité à lui décerner la médaille d'or; cette seule considération le détermine à voter seulement la médaille d'argent.

M. Joseph Maître; troupeau de la Villotte (Côte-d'Or).

M. Godin aîné; troupeau de Châtillon (Côte-d'Or).

Dans l'origine, ces deux troupeaux n'en formaient qu'un seul. Il y a près de six ans, celui-ci fut recruté par un nombre considérable de brebis et de béliers amenés de Saxe en France par MM. Maître et Godin, qui s'étaient associés afin d'opérer cette importante introduction. Quoique plus tard ces deux agronomes aient séparé leurs intérêts et divisé leur troupeau, le jury, qui leur reconnaît les mêmes droits pour des services identiques, n'a cru devoir faire à leur sujet qu'un seul rapport, en faisant toutefois remarquer que le troupeau de M. J. Maître s'élève à 1,500 têtes, et celui de M. Godin à 550 seulement.

Quoique la France possédât, dans les belles races rendues françaises depuis trente années, des qualités au moins égales à celles de la race si célèbre de la Saxe, une importation nombreuse de cette dernière espèce n'en était pas moins un service essentiel rendu à l'agriculture autant qu'à l'industrie française. Des comparaisons fructueuses sont toujours le résultat de l'éducation des variétés les plus précieuses d'animaux; elles font

naître de nouvelles idées et dissipent des préjugés per-
nicieux. Les exposants ont croisé la race saxonne avec la
plus belle race espagnole, léonaise; les toisons des métis
sont magnifiques.

On reconnaîtra le prix de semblables importations,
si l'on réfléchit que jusqu'à ce jour MM. Durbach de
Tarbes et Ternaux sont, avec les deux exposants que
nous signalons ici, les seuls qui aient encore introduit
en France la race électorale de Saxe. Le jury souhaite
vivement que leur exemple soit imité; mais il exprime
le vœu que le choix des animaux soit fait avec une
habileté soigneuse et sévère, en faisant constater authentiquement la constance des types.

Les toisons exposées par MM. J. Maître et Godin
sont remarquables par leur douceur et leur extrême
finesse. Il serait dès aujourd'hui difficile de reconnaître
si, depuis leur importation en France, les animaux
saxons de Châtillon et de la Villote se sont améliorés
par la reproduction. Rien ne peut faire douter que le
zèle et les soins éclairés des deux propriétaires ne répondent à leurs espérances sous ce point de vue.

Le jury décerne à chacun d'eux une médaille d'argent.

M. Monnot-le-Roy; troupeau de Pontru, département de l'Aisne.

Depuis plus de dix ans, M. Monnot-le-Roy s'occupe
avec zèle et constance d'améliorer son troupeau, qui
compte aujourd'hui 500 bêtes, croisées avec des béliers
de Naz.

Les toisons qu'il a présentées ont attesté les progrès
qu'il a faits; elles justifient l'estime dont ses produits
jouissent dans le commerce.

Le troupeau de M. Monnot-le-Roy présente une bergerie modèle aux agriculteurs du département de l'Aisne et de la Picardie en général. Il mérite la médaille d'argent.

M. MASSIN, chef d'institution, à Paris; troupeau de Vaudepont, département de l'Aube.

M. Massin expose de fort belles toisons, qui proviennent du croisement de ses brebis avec les béliers de Naz. Il apporte des soins éclairés et vigilants à l'éducation de ces animaux, ainsi qu'à la tenue de sa bergerie; il obtient des résultats de plus en plus remarquables. Depuis quatre années il a redoublé d'efforts, que le succès a couronnés : le jury le jugé digne de la médaille d'argent.

MÉDAILLES DE BRONZE.

M. CAILLE; troupeau de Varastre, département de Seine-et-Marne.

Les toisons en suint exposées par M. Caille, bien qu'elles n'atteignent pas les premiers degrés de finesse et d'égalité, montrent cependant une amélioration déjà remarquable. La laine est de très-bonne nature, elle mérite l'estime dont elle jouit dans le commerce; peu chargée et d'un rendement avantageux, elle atteste les soins que M. Caille apporte dans la tenue de ses bergeries. Le jury décerne à cet exposant la médaille de bronze.

M. HOUTTEVILLE; troupeau de Saint-Denis-d'Aclou, département de la Seine-Inférieure.

Ce troupeau, très-estimé, compte 700 têtes. Les toisons qu'il a fournies pour l'exposition se distinguent également par leur bonne nature et par leur finesse. Leur amélioration graduelle est due au croisement avec les béliers saxons. Ces premiers résultats, dignes d'encouragement, méritent la médaille de bronze. Que M. Houtteville persévère pour obtenir des produits de plus en plus remarquables, il est sur la voie, et des récompenses supérieures couronneront ses efforts aux expositions prochaines.

MENTION HONORABLE.

M. LOUIS GRAUX; troupeau de Mauchamp, département de l'Aisne.

Nous avons distingué les toisons en suint et les mèches lavées que M. Louis Graux a présentées, comme provenant d'une variété de production qu'il observe depuis peu d'années sur quelques individus de son troupeau, et dont il s'efforce de fixer le type. Il donne le nom de *laine-soie* à cette production, qui ne doit jusqu'à présent être considérée que comme accidentelle; elle présente, ainsi que son nom l'indique, un caractère soyeux, lisse et lustré fort remarquable, qui la rendrait éminemment propre au tissu des plus belles étoffes rases. Le jury forme des vœux pour que M. Graux parvienne à produire avec plus de constance et plus abondamment cette variété précieuse. On doit jusque là suspendre tout jugement définitif. Mais les efforts et l'esprit d'observation de M. Graux lui méritent dès à présent la mention la plus honorable.

SECTION II.

FILAGE DE LA LAINE.

Ici nous commençons l'examen des travaux de l'industrie manufacturière; ces travaux appliqués au filage de la laine offrent deux arts bien distincts par leurs procédés et par les difficultés qu'ils ont à vaincre.

L'objet du premier est de filer la laine qui doit être cardée; pour fabriquer des étoffes garnies et fortifiées ensuite par le feutrage.

L'objet de la seconde est de filer une laine qui doit être peignée, pour fabriquer des tissus ras, où la chaîne et la trame conserveront leur apparence.

Le filage des laines cardées, qui sont les laines ondées ou crépues, était beaucoup plus facile à pratiquer par des procédés mécaniques; c'est aussi le premier que Douglas et Cockerill aient introduit avec succès en 1803, dans les ateliers français et belges, par des moyens qui présentent beaucoup d'analogie avec le filage du coton.

Le filage des laines peignées réclamait des procédés entièrement nouveaux.

Lors de l'exposition de 1819, le jury central s'exprimait ainsi, page 6 du rapport général : « Il est exact de « dire qu'on ne connaît *quant à présent*, d'une manière « certaine, aucune machine qui ait exécuté le peignage en

« grand. La laine peignée est remise à des fileuses au rouet,
« qui la convertissent en fil. »

Cependant, dès 1811, M. Dobo mettait en activité
dans la fabrique de M. Ternaux, à Bazancourt, la machine
à filer la laine peignée qui a remporté le prix de la société d'encouragement en 1815, et la médaille d'argent
en 1819.

De 1819 à 1823, cet art fit des progrès sensibles. Des
médailles d'or furent obtenues par MM. Dautremont et
Doyen, qui présentaient déjà le n° 60 pour la chaîne, et
le n° 100 pour la trame, dans leur grande filature de
Villepreux (Seine-et-Oise); par MM. Lemoine-Desmares,
à Sédan, et Poupard de Neuflize, à Mouzon, Angecourt
et Neuflize, département des Ardennes.

En 1827, les établissements de M. Poupard de Neuflize offraient 9,000 broches pouvant filer par jour
145 kilogrammes de laine peignée; ces fils, formés de
laine mérinos, étaient pour le jury central un objet
d'admiration.

Il est en effet incomparablement plus difficile de filer
le mérinos peigné que la laine longue et lisse, telle que
la fournissent les beaux troupeaux d'Angleterre; mais,
comme on l'a vu dans la section précédente, le nombre
des animaux à longue laine, lisse et lustrée, est encore
chez nous extrêmement inférieur aux besoins de notre
agriculture.

Voilà ce qui contraint notre industrie à peigner la
laine mérinos, pour nos étoffes rases, telles que les tissus
appelés spécialement *mérinos*, les serges, etc.

C'est surtout de 1827 jusqu'à 1834 que les filateurs
français ont obtenu des résultats remarquables, avec les
laines peignées. Ces résultats assurent la supériorité de
nos tissus ras sur les tissus étrangers de même espèce.

Nous rendrons sensible ce progrès en comparant l'exportation de nos tissus de laine, pour 1827 et 1832.

TISSUS DE LAINE CARDÉE.

	1827.	1832.
Couvertures..................	640,920	1,459,360
Draps.....................	14,584,158	18,382,788
Bonneterie	1,398,124	1,792,206
	16,623,202	21,634,354

TISSUS DE LAINE RASE.

Casimirs de laine, tissus mérinos.	2,363,818	7,405,743

Pour une foule d'étoffes nouvelles on a mis en usage la laine peignée. Il faut citer au premier rang nos tissus mérinos, dont la supériorité sur les mérinos anglais est aujourd'hui bien constatée.

Aussi maintenant sur 157,569 kilogrammes de tissus mérinos exportés, la seule Angleterre en absorbe 52,743, qui se vendent avantageusement sur ses marchés (Tableau général du commerce de la France avec les puissances étrangères, pour 1832).

C'est avec les fils de laine peignée que nous fabriquons les cachemiriennes, les bombasines, les alépines, etc.; c'est encore à la laine peignée que nous devons les tissus appelés *thibet*, qui remplacent avec une extrême économie les fils de cachemire dans la fabrication des châles.

Pour exprimer en termes positifs les progrès du filage des laines peignées, nous dirons qu'en 1827, le n° 80 paraissait le plus haut degré de finesse auquel on pût at-

teindre, et qu'à l'exposition de 1834, l'industrie s'est élevée jusqu'aux nos 110 et 120, obtenus sans beaucoup de
difficultés. Une plus longue expérience, une aptitude plus
exercée, ont permis aux ouvriers de produire davantage
dans un temps donné; il en est résulté depuis sept ans
une baisse graduelle dans le prix de la main-d'œuvre; on
porte jusqu'à trente pour cent cette baisse, et cependant
la journée du fileur s'élève encore, suivant son habileté,
depuis trois francs jusqu'à dix francs!...

Nous craignons qu'on exagère en affirmant que depuis 1827 les progrès du filage ont décuplé la consommation des laines peignées en France; mais tout démontre
un très-grand accroissement dans cette consommation, et
dans la valeur nouvelle donnée à nos laines indigènes,
qu'à force d'art, aujourd'hui, l'on assujettit également
aux préparations du peigne et de la carde.

MÉDAILLE D'OR.

M. Eugène GRIOLET, filateur, à Paris, rue de Charonne, n° 151.

Médaille d'or.

Cet habile filateur a présenté les assortiments les
plus remarquables:

1° Une série de fils de laine peignée pour chaîne de
tissus mérinos, mousselines de laine, etc., depuis le
n° 30 jusqu'au n° 75, c'est-à-dire depuis 42,000 mètres
jusqu'à 106,000 mètres par kilogramme;

2° Une série de fils du mélange, 3 de laine et 2 de
soie, appelé *thibet*, pour trame et pour chaîne;

3° Des fils doublés et retors pour chaîne, d'une supé-

I.

2

riorité remarquable. Ces fils ont été le sujet de l'examen le plus scrupuleux; ils sont produits par des métiers de 320 broches, que M. Griolet a le premier adaptés à ce genre de filature.

Le développement des travaux de ce fabricant en atteste le succès, comme il en accroît l'importance. En 1827, M. Griolet, avec 20 ouvriers et des métiers pour 800 broches, ne livrait par jour à la consommation que 15 kilogrammes de fils; en 1834, il emploie 150 ouvriers, fait agir 10,030 broches, et file par jour 250 kilogrammes. Un fileur et deux rattacheurs lui suffisent pour conduire à la fois deux métiers, ayant chacun 320 broches.

Supérieur peut-être aux Anglais pour la filature de la laine fine, il livre journellement à la consommation des fils n° 80^m/$_m$; tandis que nos rivaux ne dépassent pas leur n° 60, qui correspond au 50^m/$_m$ français.

Ses fils thibet, laine et soie, ont un brillant et une netteté remarquables. Cette combinaison présentait des difficultés considérables vaincues avec tant d'art, qu'il est tout à fait impossible d'apercevoir qu'il y a mélange de matières premières essentiellement différentes.

M. Eugène Griolet a fondé plusieurs établissements qui complètent son industrie. A Sommières, département du Gard, il occupe 300 ouvriers au peignage de la laine; à Crevecœur, à Sarnois, deux cents métiers fabriquent pour son compte des mérinos et des mousselines de laine. En définitive, ce manufacturier, animé d'un vrai génie d'entreprise, occupe seul environ 1,500 ouvriers.

En 1827, M. Griolet avait obtenu la médaille d'argent. Depuis cette époque, il a fait faire des progrès immenses au filage de la laine peignée. La finesse, la

régularité, la beauté de ses produits sont incontestables. Médaille
d'or.
Pour de tels services et pour l'importance de ses établissements, le jury lui décerne la médaille d'or.

MÉDAILLES D'ARGENT.

M. **Louis-Alexandre Prévost**, filateur, Médailles
d'argent.
à Paris, avenue Parmentier, n° 9.

En 1825, ce filateur obtint la médaille de bronze
pour l'égalité de ses fils de laine peignée. Depuis cette
époque, il a fait beaucoup de progrès. Ses fils réunissent
maintenant la force à l'extrême finesse ; ils sont unis et
bien glacés, ils offrent au fabricant de tissus la garantie
d'une excellente confection.

Les qualités de ses produits et l'importance de son
établissement lui méritent la médaille d'argent.

MM. **Camu** fils et T. **Croutelle** neveu,
filateurs, à Pont-Givart, près Reims,
département de la Marne.

Ils ont exposé des fils de laine cardée, pour lesquels
ils ont atteint un degré de finesse d'autant plus digne
d'admiration que ces fils conservent, avec une grande
égalité, toute la force désirable pour la confection des tissus. La série qu'ils présentent va du n° 16 au kilogramme,
en gros, pour draperies, jusqu'au n° 120 pour étoffes
de fantaisie. Ce numéro pour la laine dégraissée égale-
rait le n° 150 au kilogramme. Le jury pense qu'on n'a
nulle part obtenu ce degré de finesse avec la laine cardée.

2.

Médailles
d'argent.

Un tel progrès a puissamment favorisé les développements de la fabrique de Reims, dont les étoffes légères ont pour première condition de succès et de préférence la perfection du filage.

L'établissement dont nous signalons les produits occupe 300 ouvriers; c'est un des plus grands de France: il a répandu l'aisance dans le pays pauvre où il est situé. A tous ces titres réunis, le jury décerne la médaille d'argent à l'association de MM. Camu fils et T. Croutelle neveu.

MÉDAILLES DE BRONZE.

Médailles
de bronze.

M. VULLIAMY, filateur, à Nonancourt, département de l'Eure,

A présenté des assortiments de fils confectionnés à la mécanique, avec la laine longue d'Angleterre, tandis que le peignage est encore fait à la main. Ses produits sont d'une grande finesse et son établissement est conduit avec habileté. Le jury lui décerne la médaille de bronze.

MM. GAIGNEAU frères, à Essonne (Seine-et-Oise).

Ces fabricants exposent un assortiment de diverses sortes de laines très-bien ouvrées; toutes ont été peignées à la main et filées à la mécanique, les unes pour les tapis et les lacets, les autres pour la passementerie.

Après beaucoup d'essais longs et dispendieux, ils sont parvenus à faire avec les laines longues anglaises, des fils retors et gazés propres aux *lisses de peigne*. C'est une conquête sur l'industrie de la Grande-Bretagne, qui nous fournissait exclusivement cette espèce de fils; conquête importante surtout parce que le cordonnet retors et gazé reçoit actuellement un emploi plus varié. Par ses combinaisons avec des fils de laine cardée, et même employé comme trame avec une chaîne en soie, ce cordonnet a produit des échantillons qui promettent beaucoup d'applications nouvelles et des succès futurs au tissage.

Le jury décerne à MM. Gaigneau la médaille de bronze.

—

MENTION HONORABLE.

M. Floris-Delaunoy, à Turcoing, département du Nord,

Expose deux paquets de laine longue peignée et filée aux n°s 50 et 60. Ces fils ont de la consistance et de la régularité.

CITATIONS FAVORABLES.

MM. Le Grand père et fils, à Fourmy, département du Nord.

Ces filateurs de laine peignée ont présenté plusieurs échantillons d'un grand degré de finesse.

—

MM. Dubois et compagnie, à Louviers, département de l'Eure.

Fils de laine cardée, les uns en blanc, les autres

teints en diverses couleurs; ils sont réguliers et d'une finesse convenable pour les étoffes drapées.

M. Pimon jeune, fabricant d'indienne, à Darnetal (Seine-Inférieure).

Il fabrique aussi des fils en laine cardée blanche. Ses procédés de filage, sans graisser la laine avec de l'huile, ont appelé l'attention du jury. M. Pimon prétend y suppléer en faisant subir à la laine une espèce de transsudation qui permet au corps gras intérieur de se répandre à l'extérieur des brins de laine. Ce procédé ne serait applicable qu'aux laines blanches ordinaires; les laines fines et les laines de couleur soumises à cette transsudation devraient encore être graissées. M. Pimon affirme qu'il en résulterait toujours une économie de moitié sur la consommation de l'huile. L'expérience réitérée de cette innovation pourra seule en faire apprécier l'avantage.

Les fils de M. Pimon sont d'un numéro fort bas, qu'exige la fabrication des draps écrus destinés à l'impression. Ces fils sont bien confectionnés.

M. Pimon sera récompensé d'une médaille d'argent pour l'ensemble de ses produits, et surtout pour ses fabrications d'indienne.

M. Desvignes-Duquesnay, à Roubaix, (Nord),

Expose deux paquets de fils teints, mi-partie de laine et de coton. Ces fils ont paru dignes d'être cités avec éloge.

M. Pequin, à Hacheloup (Vendée).

Deux écheveaux de laine teinte bien filés, quoiqu'à bas numéro.

SECTION III.

TISSUS DE LAINE, FOULÉS ET DRAPÉS.

Les progrès d'une riche industrie, désirables dans tous les temps, sont surtout remarquables lorsqu'elle a depuis beaucoup d'années atteint un haut degré de perfection; tels sont les progrès que nous avons à signaler dans la fabrication des draps français, depuis la dernière exposition.

A qualités égales, ces draps sont généralement à meilleur marché qu'en 1827; cette réduction de prix a d'autant plus de mérite, qu'à l'époque de la dernière exposition, les matières premières coûtaient moitié moins qu'aujourd'hui[1]. Nous sommes heureux de pouvoir dire en même temps qu'on n'a pas opéré la baisse des produits en réduisant les salaires des ouvriers. On a respecté ce salaire.

Pour obtenir de pareils résultats, il a fallu réunir un emploi très-intelligent des forces motrices, à l'adoption de machines mieux conçues et moins dispendieuses, manœuvrées avec plus d'habileté, adaptées en plus grand nombre à des usages plus variés; ajoutez l'application de

---

[1] En 1826 et 1827 les laines mérinos avaient éprouvé une baisse considérable; elles coûtaient en suint 2 francs le kilogramme; en 1833, la même laine se vendait 3 francs 40 centimes.

la vapeur dans les différents apprêts; ajoutez une production plus considérable, laquelle diminue la proportion relative des frais généraux; enfin, cette production augmentée, opérant sur les marchés une concurrence plus active et réduisant les bénéfices du fabricant aux moindres termes possibles.

Aujourd'hui l'on évalue à plus de 400 millions[1] le prix des lainages de toute sorte. Dans l'immense mouvement de ce vaste capital, malgré les secousses éprouvées par le commerce après 1830, les difficultés que nous venons de signaler, et les efforts qui les ont surmontées, ont eu lieu sans que l'industrie ait à déplorer beaucoup de catastrophes importantes.

INDUSTRIELS HORS DE CONCOURS.

M. TERNAUX, aîné.

Industriels hors de concours.

Nous manquerions à nos devoirs si nous ne rendions pas un légitime hommage à la mémoire d'un fabricant, célèbre par ses travaux, et l'un des bienfaiteurs de l'industrie française.

M. Ternaux a reçu la médaille d'or aux expositions de l'an IX, de l'an X et de 1806;

Il était membre du jury central à l'exposition de 1819;

Il obtint de nouveau la médaille d'or aux expositions de 1823, de 1827.

[1] En évaluant approximativement à 35 millions le nombre de bêtes à laine et leur toison à 6 francs, valeur moyenne, le prix total des toisons sera de.............................. 210,000,000f
Capitaux employés à la fabrication............. 170,000,000
Importation de laines étrangères.............. 20,000,000
TOTAL............. 400,000,000f

Ainsi, durant un intervalle de 35 années, dans six Industriels hors d' concours. expositions consécutives, M. Ternaux a mérité six fois la récompense du premier ordre. Il n'est aucune partie des fabrications dont la laine ou le duvet de cachemire sont la matière première, qu'il n'ait plus ou moins perfectionnée. Son nom même est devenu celui de plusieurs genres de tissus dont il était l'inventeur. Il se plaçait à la tête des manufacturiers promoteurs de toutes les améliorations industrielles, dans ses importantes fabriques de Louviers, de Sédan, de Reims et de Verviers; dans ses ateliers de Saint-Ouen, etc.

Lorsque Napoléon visita les villes industrieuses de l'ouest et du nord de son vaste empire, surpris de se trouver en tous lieux au milieu des fabriques fondées par Ternaux, Napoléon, s'écrie avec admiration : « Mais je « vous trouve donc partout avec vos travaux! » et soudain il attache lui-même sa croix d'honneur sur la poitrine du grand manufacturier.

M. Ternaux concevait le commerce avec la même étendue que la production. Il avait fondé des comptoirs dépendants de sa maison centrale, à Cadix, à Livourne, à Naples, à Saint-Pétersbourg; il envoyait jusque dans l'Inde des navires chargés des produits de ses ateliers; il envoyait en Asie chercher la race précieuse des chèvres du Thibet, pour la naturaliser en France.

Les deux fabrications qu'il a contribué le plus à perfectionner, les tissus mérinos et les châles français, ont obtenu la supériorité sur les produits du même genre chez tous les peuples européens, même chez les Anglais. L'exportation de ces produits surpasse aujourd'hui la valeur de dix millions, et comptait à peine pour un million il y a vingt ans.

La production pour les usages nationaux, et surtout

Industriels
hors
de
concours.

pour la consommation des classes inférieures, doit à M. Ternaux des résultats bien plus considérables.

Cet homme, que la patrie a sans cesse trouvé fidèle à l'accomplissement de tous les devoirs publics et privés, l'un des généreux promoteurs de l'enseignement populaire, celui de tous les industriels qui, par l'ensemble de ses travaux, a le plus augmenté la richesse nationale, le bien-être des classes inférieures et le revenu du trésor public, qui perçoit chaque année plusieurs millions sur la partie des arts dont on lui doit la création ou le développement, cet homme, atteint par le malheur dans sa vieillesse, stoïque avec modestie, a voulu vivre sans aucun faste dans ses derniers jours, afin de laisser une mémoire irréprochable. C'est à la patrie qu'il appartient de rendre aux enfants de l'illustre manufacturier une parcelle des richesses qu'il a fécondées sur notre sol; la reconnaissance nationale serait heureuse de voir un tel devoir accompli par le gouvernement et par la législature. Cet acte de gratitude serait le noble complément des récompenses décernées en 1834 aux bienfaiteurs de l'industrie française.

L. CUNIN-GRIDAINE et J.-B. BERNARD, à Sédan (Ardennes).

Après avoir obtenu la médaille d'or en 1823, et le rappel le plus honorable de la même médaille en 1827, cette maison se retire aujourd'hui du concours, parce que son chef, M. Cunin-Gridaine, est membre du jury central.

Le jury de 1823 plaçait dès cette époque au premier rang la fabrique alors connue sous la raison Laurent, Cunin-Gridaine et Bernard.

Ces manufacturiers ont créé deux établissements, dont

tous les mécanismes sont mus par des machines à vapeur; l'importance et la perfection de leurs produits leur
conserve le plus haut rang dans l'industrie de Sédan.

Ils produisent annuellement près de 100,000 aunes
d'étoffes, dont les prix s'élèvent, pour les draps, de 19
à 70 francs, et pour les casimirs, de 11 à 14 francs :
ils approvisionnent à la fois la France, l'Allemagne et
l'Italie; ils font vivre 1,200 ouvriers.

On doit surtout des éloges à MM. Cunin-Gridaine et
Bernard, pour le zèle patriotique qu'ils ont mis à dé-
montrer l'excellence des laines surfines, produites par
les troupeaux français de Naz, de Beaulieu, etc. Leur
fabrication savante a mis de pair les toisons de ces troupeaux, avec les plus beaux produits des bergeries électo-
rales de la Saxe.

MM. Cunin-Gridaine et Bernard ont exposé deux
pièces de casimir bleu-clair et bleu-foncé, dont le reflet
est d'une extrême richesse. Cette couleur a cela de remarquable qu'elle est obtenue sans indigo, par un procédé nouveau qu'on doit à MM. Merle et Malartic. Un
tel résultat est d'autant plus admirable, qu'on a fait
choix de casimirs très-forts et d'un tissu très-serré, pour
qu'il y eût à vaincre les plus grandes difficultés de
teinture, relativement à la parfaite égalité de la tranche :
ces difficultés ont été surmontées avec un succès complet.

RAPPEL DE MÉDAILLES D'OR.

MM. Frédéric JOURDAIN et RIBOULLEAU, à Louviers, département de l'Eure.

Dès 1819, M. Riboulleau père a fondé la première

Rappel
de médailles
d'or.

fabrique à laquelle vint s'associer, en 1814, M. F. Jourdain, son gendre. Ils obtinrent ensemble la médaille
d'or en 1819, et la croix d'honneur pour M. Riboulleau.
En 1823, M. F. Jourdain, devenu seul titulaire de la
maison qui lui devait un nouvel et grand essor, obtint
la confirmation de la médaille d'or pour sa fabrique, et
pour lui la croix d'honneur. En 1827, il mérita la même
confirmation de la médaille d'or, que le jury de 1834
lui confère à l'unanimité. M. F. Jourdain, qui s'est associé ses beaux-frères, MM. Riboulleau, pour sa fabrique, mue par la machine à vapeur, possède trois grands
établissements hydrauliques réunissant une force de cent
chevaux; il en fonde un quatrième plus vaste encore.
Il occupe déjà plus de mille ouvriers; lors des crises
commerciales, il a fait de courageux efforts pour leur
conserver du travail. M. F. Jourdain réunit à la fois la
perfection des procédés pour obtenir les tissus de la plus
grande beauté, et l'étendue des opérations qui constitue
en définitive l'importance commerciale. Il livre annuellement à la consommation 40 à 50,000 aunes de draps
d'espèces très-variées, draps proprement dits, cuirs de
laine, étoffes de goût, établis à des prix gradués, suivant
les qualités, de 22 à 60 francs. Il a mis ses soins cons-
tants à suivre les perfectionnements de la fabrication
des draps. Aucun manufacturier n'a contribué au même
degré à reconquérir, pour la ville de Louviers, la haute
réputation dont elle jouissait autrefois sans partage.

Parmi les plus beaux produits exposés cette année
par MM. F. Jourdain et Riboulleau, nous avons surtout
admiré leurs draps bleus extrafins, fabriqués les uns en
laine électorale de Saxe, les autres en laine de Naz. Ces
derniers donnent des résultats au moins aussi satisfaisants
que les premiers. Le rappel de la première médaille d'or

appartient de toute justice à MM. Jourdain et Riboulleau.

MM. Bacot, père et fils, à Sédan, départe-
ment des Ardennes.

Ces manufacturiers ont obtenu les mêmes récompenses aux mêmes expositions que MM. F. Jourdain et
Riboulleau ; seuls, à Sédan, ils ont obtenu la médaille d'or
en 1819, et deux rappels de la récompense du premier
ordre, en 1823 et 1827 ; enfin, MM. Bacot, Jourdain
et Riboulleau ont obtenu la croix de la légion d'honneur, pour avoir poussé le plus loin vers la perfection les
industries respectives de Sédan et de Louviers.

L'établissement de MM. Bacot a pris des développements de plus en plus étendus ; il occupe aujourd'hui
près de 700 ouvriers. Les draps et les casimirs qui sor-
tent de cet établissement méritent tous les éloges que
peuvent comporter ces deux genres de fabrication : ils
justifient un nouveau rappel de la médaille d'or.

MM. Louis-Robert Flavigny et fils, à
Elbeuf.

On voit des manufactures s'élever comme par enchan-
tement, acquérir tout à coup une grande renommée, et
disparaître ensuite avec la même promptitude, en ne
laissant qu'un souvenir éphémère.

D'autres fabriques, au contraire, fondées sur des bases
modestes, mais solides, se développent par degrés sage-
ment calculés, améliorent à la fois leurs procédés et leurs
produits, obtiennent de plus en plus la vogue et l'estime,

pour conserver longtemps ce qu'elles ont été longtemps à conquérir.

Tel est le caractère des progrès de la fabrique de draps établie par MM. Flavigny. Dès 1801, ils obtenaient une première médaille de bronze.

Pour leurs draps communs, la mention honorable, en 1802, et pour leurs draps fins, la médaille de bronze ; nouvelle médaille du même ordre en 1819 ; au milieu d'un concours tout autrement difficile, en 1827, ils recevaient la médaille d'or, pour la beauté de leurs draps superfins confectionnés avec nos laines françaises les plus parfaites ; et pour le mérite d'avoir, des premiers avec M. Turgis, fait usage des machines d'Angleterre et de Belgique, destinées à la préparation des laines ainsi qu'à l'apprêt des étoffes.

Le jury de 1834, prenant en considération et la vaste étendue des opérations de MM. Flavigny et la perfection croissante de leurs produits, accorde à leur maison le rappel de la médaille d'or.

M. Guibal-Anne-Veaute, à Castres, département du Tarn.

La famille des Guibal est, pour la ville de Castres, comme celle des Kœchlin pour la ville de Mulhouse ; c'est elle qui représente en quelque sorte toutes les supériorités qui caractérisent la fabrique de leur cité. A toutes les expositions, depuis l'an X (1801) jusqu'à 1827, nous voyons des médailles d'argent ou des médailles d'or accordées à quelque maison Guibal.

Celle d'Anne-Veaute obtint, pour la première fois, une médaille d'argent en 1819, la médaille d'or en 1823, et le rappel de cette médaille en 1827.

Ces distinctions sont méritées à deux titres : d'abord pour la grandeur de l'établissement qui les a reçues, et qui, développé par degrés, n'occupe pas moins de 1,000 ouvriers ; ensuite pour avoir transporté dans le midi de la France les procédés et les perfectionnements des fabriques du nord, appliqués aux laines produites par nos départements méridionaux.

M. Guibal-Anne-Veaute s'est fait une réputation spéciale par sa fabrication des cuirs de laine, dont il est en quelque sorte le créateur ; les draps amazone, et les casimirs garance qu'il expose en 1834 ont réuni tous les suffrages.

MM. CHAYAUX frères, à Sédan, département des Ardennes.

MM. Chayaux frères ont obtenu successivement, la médaille d'argent en 1819, la médaille d'or en 1823, et le rappel de la même médaille en 1827. Ils possèdent une des manufactures les plus considérables de Sédan, dans laquelle ils emploient plus de 400 ouvriers, à fabriquer des draps de qualités variées, comprises entre les prix de 22 à 48 francs. Les premiers, pour confectionner des draps aux moindres prix, ils ont eu l'heureuse idée d'employer la laine ordinaire de France et les bouts de laine appelés *corons*, bouts qu'on n'employait pas autrefois en France, et qu'on vendait aux Belges à vil prix.

Les fabrications de MM. Chayaux ne laissent rien à désirer pour les qualités solides et pour la beauté ; elles méritent toujours le rappel des distinctions du premier ordre accordées en 1823 et 1827.

Rappel
de médailles
d'or.

MM. Dannet père et frères, à Beaumont-le-Roger, département de l'Eure.

Le père de MM. Dannet a fondé, vers 1812, la superbe fabrique de Beaumont-le-Roger; il a mérité successivement par la beauté de ses produits, obtenus avec le mode de fabrication qu'on suit à Louviers, la médaille d'argent en 1819, et la médaille d'or en 1823.

Formés à cette excellente école, MM. Dannet frères ont transporté leur industrie à Louviers, en restant associés de la maison fondée par leur père. Les draps qu'ils ont exposés justifient à tous égards la réputation qu'avaient acquise les produits de Beaumont-le-Roger : le jury central confirme, pour l'exposition de 1834, la médaille d'or accordée dès 1823 aux produits de la maison Dannet.

MM. Aubé frères et compagnie, à Beaumont-le-Roger (Eure).

En 1827, MM. Aubé, nouveaux possesseurs de la manufacture fondée par M. Dannet père, reçurent la confirmation de la médaille d'or, accordée au fondateur de cet établissement en 1823. Ils ont exposé cette année des draps bleus dont la perfection a fait juger que leurs auteurs méritent encore le rappel de la récompense du premier ordre.

NOUVELLES MÉDAILLES D'OR.

Nouvelles
médailles
d'or.

MM. Bertèche Lambquin et fils, à Sédan, département des Ardennes.

Nous avons maintenant à rendre compte des produits

exposés par des fabricants qui, s'élevant par degrés au-dessus d'eux-mêmes, méritent aujourd'hui de prendre place au premier rang et d'obtenir pour la première fois la médaille d'or.

Dès 1827, en accordant à MM. Bertèche-Lambquin la médaille d'argent, le jury prédisait les progrès futurs de leur maison, laquelle occupait déjà 300 ouvriers, et présentait avec des draps fort remarquables, de la laine filée à un degré de finesse qu'à cette époque on n'avait pas encore surpassé.

Aujourd'hui, MM. Bertèche-Lambquin réalisent les espérances que leurs premiers succès avaient fait naître; ils ne se sont pas contentés de produire avec perfection dans un seul genre, ils ont diversifié les espèces d'étoffes qu'ils ont imitées de la France et de l'étranger. C'est par là qu'ils ont pu présenter cette année l'une des expositions les plus variées et les plus riches qu'ait offertes la draperie. Parmi leurs produits les plus admirés, il faut citer : un drap couleur de grenat, teint en laine; des draps bleus, pareillement teints en laine et fabriqués avec les toisons superfines de Naz et de Saxe; enfin, des casimirs teints en laine et d'une beauté parfaite.

En donnant aux genres de leur fabrique une extension nouvelle, MM. Bertèche-Lambquin n'ont pas abandonné l'ancienne fabrication qui fait la renommée de Sédan, celle des draps et des casimirs noirs; à cet égard encore ils soutiennent le parallèle avec les fabricants du premier ordre. Tels sont les titres sur lesquels le jury s'est fondé pour voter à ces habiles fabricants la première des nouvelles médailles d'or qu'il accorde en 1834.

Nouvelles
médailles
d'or.

MM. Chefdrue et Chauvreulx, à Elbeuf, département de la Seine-Inférieure.

Nous aimons toujours à signaler les progrès et les honneurs successivement obtenus par ces maisons sages et solides, dont la fortune est fondée sur des bases qui leur permettent de s'élever jusqu'au plus haut degré. Telle est celle de MM. Chefdrue et Chauvreulx qui, dès 1823, obtenaient la médaille de bronze, en 1827 la médaille d'argent, et qui conquièrent aujourd'hui la médaille d'or.

Une activité rare, une fabrication variée dans ses produits et soigneuse dans l'exécution, une vive ardeur pour rechercher et mettre en pratique les inventions et les perfectionnements dans les procédés; tels sont les éléments de succès des fabricants dont nous attestons la supériorité. Ils ont fabriqué tour à tour les articles de nouveautés, les draps fins unis ou mélangés; enfin, depuis plusieurs années, ils sont arrivés à ce degré d'éminence, que leurs produits égalent en beauté, quand ils ne les surpassent pas, ceux qui, dans les expositions précédentes, ont fait décerner la médaille d'or à leurs auteurs.

Aussi l'exposition de MM. Chefdrue et Chauvreulx est en même temps une des plus complètes et des plus belles. Elle réunit des draps depuis 16 francs jusqu'à 48 francs l'aune, avec un grand nombre de qualités extraordinaires, toutes remarquables par leur réussite, et consciencieusement proportionnées à leur prix. Qu'on ajoute à ces tissus le drap zéphyr et le cuir de laine, le casimir et l'imperméable, alors on concevra dans leur ensemble les produits d'une de ces maisons que caractérisent l'activité, l'esprit inventif, l'amour des progrès et le courage entreprenant de la fabrique d'Elbeuf.

MM. Victor et Auguste GRANDIN, à Elbeuf, département de la Seine-Inférieure.

Nouvelles médailles d'or.

Cette maison, fondée dès 1814, paraît pour la première fois aux expositions; elle y prend une place du premier ordre.

Ce qui concourt à justifier cette récompense, c'est le talent commercial de MM. Grandin, c'est l'importance de leurs établissements et l'étendue de leurs spéculations, qui en font aujourd'hui la maison la plus considérable d'Elbeuf.

Leur manufacture a pour force motrice celle de trois machines à vapeur, équivalentes ensemble à l'action de soixante chevaux. Ces machines servent en même temps à chauffer dix chaudières et vingt cuves; elles donnent encore le mouvement à 80 métiers pour le tissage. Il y faut joindre 150 métiers ordinaires de tisserands; enfin la fabrique entière occupe annuellement 1,000 ouvriers. Pour correspondre à cet ensemble de moyens, MM. Grandin possèdent tous les procédés de fabrication économique usités en Angleterre, où M. Victor Grandin est allé les étudier afin d'en gratifier la France. Tels sont les nouveaux métiers pour préparer et filer la laine, une foulerie perfectionnée, de meilleurs moyens de dégraissage, un appareil de chauffage à vapeur pour la teinturerie, etc.

Quant aux spéculations commerciales, MM. Grandin ont, en 1826, expédié pour la Chine 5,000 pièces de drap; en 1828 et 1829 ils ont renouvelé leurs exportations, dont ils ont été payés, à Calcutta, par des retours de thés et d'indigo. L'un deux, en 1829, accompagna dans l'Amérique du Sud une expédition de draps, qui provenaient de leur fabrique, et montait à 500,000 fr.,

I.   3.

pour commencer, avec ces pays, des relations qui, depuis, n'ont pas été discontinuées. En 1833, ils ont fait
une expédition pour l'Amérique du Nord, où la draperie
anglaise obtient des bénéfices immenses, et jusqu'à ce
jour exclusifs.

MM. Grandin embrassent toutes les fabrications de
draps. Ils ont exposé 32 pièces qui diffèrent de prix
comme de qualités ; les unes comme étoffes de luxe ; les
autres, comme très-apparentes, seront recherchées pour
la consommation de tous les rangs, depuis les classes
opulentes jusqu'aux classes les moins aisées. Variété nécessaire surtout pour satisfaire aux goûts, aux besoins si
divers des nations et des climats étrangers.

MM. LEMAIRE et J. RANDOING, à Abbe-ville, département de la Somme.

Ces honorables fabricants sont, à titre de successeurs,
les propriétaires de l'ancienne et grande manufacture
fondée, en 1665, par le Hollandais Van Robais, appelé
par Colbert pour donner à la France la fabrication des
draps fins, *façon de Hollande*. Les possesseurs de ce
magnifique établissement sont en même temps filateurs,
tisserands, foulonniers et teinturiers. Ils occupent 700 ouvriers, consomment annuellement 55,000 kilogrammes
de laines, et produisent à peu près autant d'aunes de
draps, dont la valeur varie dans tous les prix intermédiaires entre 18 et 35 francs l'aune, suivant les degrés
relatifs, soit de force, soit de finesse. Cette variété se
retrouve dans les pièces présentées par eux à l'exposition,
et toutes sont remarquables par une excellente fabrication. Leurs cuirs de laine à 5/4 de large, leurs draps
lisses, les uns en bleu de roi, les autres en couleurs de

modes, et leurs imperméables, soutiennent honorablement la concurrence avec les meilleurs produits d'Elbeuf
et de Louviers.

MM. Lemaire et Randoing, comme ayant suivi tous
les progrès qui caractérisent aujourd'hui les fabriques
françaises du premier ordre, méritent d'obtenir, de pair
avec celles-ci, la médaille d'or.

MM. JULIEN, GUIBAL le jeune, et compagnie, à Castres, département du Tarn.

Voici l'une des plus anciennes maisons prospères de
la ville de Castres et la seconde des Guibal qui se rend
digne de la récompense du premier ordre, après avoir
obtenu la récompense du second ordre aux expositions
de 1801, de 1806 et de 1819. Durant un laps de
quinze années, ils s'éloignèrent ensuite des expositions,
mais sans ralentir leurs efforts pour vaincre les difficultés
de leur époque et de leur art : ils reparaissent maintenant avec des titres nouveaux. Ils consacrent tous leurs
soins à la fabrication exclusive des draps amazone et
cuir de laine, dans les prix de 22 à 24 francs. Ils en
livrent annuellement 1,500 demi-pièces au commerce.

Leurs cuirs de laine réunissent la force à la souplesse,
et joignent au mérite d'un drap croisé le glacé brillant
d'un drap lisse; ainsi la finesse de la croisure de ce drap
est parfaitement indiquée, sans néanmoins être saillante.
Des produits aussi remarquables sont très-recherchés du
commerce.

Cette nouvelle récompense du premier ordre accordée
à la ville de Castres doit être un encouragement pour le
midi de la France, dont les ressources manufacturières,

Nouvelles
médailles
d'or.

si grandes en elles-mêmes, peuvent recevoir de vastes développements et reconquérir l'opulence qu'eut jadis le commerce de cette partie du royaume avec les pays du Levant.

Ces faits et ces expériences montrent en même temps tout ce qu'il y a d'erreur dans la pensée que le nord de la France peut avoir des intérêts de fabrication dont le midi serait privé. La liberté du travail et l'égalité des droits entre tous les départements comme entre tous les citoyens doit conduire, dans un temps prochain, au nivellement des grandes industries entre les principales régions de notre pays, et présenter des motifs de rapprochement et de concorde, au lieu de sujets de scission et d'anarchie.

RAPPEL DE MÉDAILLES D'ARGENT.

Rappel
de médailles
d'argent.

M. CHENEVIÈRE, à Louviers, département de l'Eure.

Ce fabricant distingué se livre avec succès à la confection des étoffes de goût, jaspées, mille-raies, à côtes saillantes, etc. Il a présenté des draps bleu de roi, cotés à 50 fr. et fort bien faits. Le jury confirme, pour 1834, la médaille d'argent donnée à M. Chenevière en 1827.

MM. DESFRESCHES père et fils, à Elbeuf (Seine-Inférieure).

Ils fabriquent exclusivement des draps destinés aux officiers de toutes armes. Leur exposition offre une variété de draps et de couleurs, remarquables pour leur bonne exécution et leur solide teinture; qualités qui justifient la préférence accordée, pour ce genre de draperie, à ces fabricants distingués. Ils avaient obtenu la médaille d'argent dès 1823, rappelée en 1827; ils méritent qu'elle leur soit confirmée pour 1834.

MM. Legrand, Duruflé et Fouré, d'El-beuf (Seine-Inférieure).

Ils ont présenté cinq pièces de drap ordinaire, une de cuir de laine, une de drap zéphyr, une de casimir à côtes. Par ces produits, d'une bonne qualité, établis à des prix modérés, les exposants prouvent qu'ils fabriquent avec un égal succès les divers genres de draperie, et qu'ils continuent à mériter la médaille d'argent que leur avait donnée le jury de 1827.

M. Muret de Bort, à Châteauroux (Indre).

La grande manufacture de M. Muret de Bort fabrique, à peu de chose près, exclusivement pour les officiers et les sous-officiers de toutes armes, ainsi que pour les employés des douanes. Ses draps et ses cuirs de laine jouissent d'une estime très-méritée; ses draps garance, vert et bleu, sont en bonne laine, d'un tissus serré, forts et d'une fabrication qui garantit un long usage. Nous ne pensons pas qu'il soit possible de mieux faire en ce genre. M. Muret de Bort mérite plus que jamais la médaille d'argent décernée en 1823, et rappelée honorablement en 1827.

MM. Stephann Thys et compagnie, à Bulh (Haut-Rhin).

Leur établissement est considérable : il réunit toutes

les machines nouvelles propres à la fabrication économique du drap, et produit annuellement 2,500 à 3,000
demi-pièces de drap, cuir de laine, zéphyr ou double-
broche, à des prix gradués depuis 15 jusqu'à 40 francs.
Les produits qu'ils ont exposés, faits avec une laine
choisie, sont d'une fabrication consciencieuse et procurent un long usage aux consommateurs. Le jury confirme à MM. Stephann Thys et compagnie la médaille
d'argent obtenue en 1823 et 1827 par M. Martin Thys,
dont ils sont les successeurs.

MM. BADIN père et fils, et LAMBERT, à Vienne (Isère).

Ils ont exposé des cuirs de laine et des castorines de
14 à 21 francs, parfaitement confectionnés. Les mélanges, les couleurs et les apprêts en sont faits avec un
soin remarquable. Ils sont les fabricants les plus considérables de Vienne, et leur manufacture réunit les meilleures machines connues pour ce genre d'industrie. Le
jury leur confirme la médaille d'argent, accordée en 1823
et rappelée en 1827.

M. JANSEN, à Sédan (Ardennes).

M. Jansen est un habile fabricant, dont les casimirs
blancs et les casimirs de couleur sont d'une grande finesse, d'un tissu régulier et serré. Ses couleurs sont
égales et vives. « Les casimirs qu'il a présentés en 1827,
« disait le jury de cette époque, surpassent par leur
« perfection tous ceux que l'on a faits en France jusqu'à
« cette époque. »

Le jury de 1834 le juge toujours digne de la médaille
d'argent qu'il a reçue en 1827.

MM. FLOTTE frères, à Saint-Chinian, département de l'Hérault,

Rappel de médailles d'argent.

Ont exposé des draps écarlate, des draps vert de Saxe, des draps du sérail (mahout) qu'ils expédient dans le Levant. Leur manufacture, très-ancienne, occupe 300 ouvriers; leur fabrication est belle, et leur teinture ne laisse rien à désirer. Le jury leur confirme la médaille d'argent qu'ils ont obtenue dès 1819.

NOUVELLES MÉDAILLES D'ARGENT.

MM. RAULIN père et fils, et DUROTOIRE, à Sédan (Ardennes).

Médailles d'argent.

Leur manufacture, une des plus anciennes et des plus renommées de Sédan, fait travailler 300 ouvriers; la fabrication de leurs draps noirs, écarlate et cuir de laine, est excellente. Ils emploient avec talent la matière première, et comme ils donnent à chaque nuance de laine une destination spéciale, ils obtiennent dans leurs tissus une régularité constante. Ils fabriquent annuellement de 600 à 700 pièces, estimées à l'égal des produits les plus renommés. Le jury de 1834 pense qu'ils font pour le moins aussi bien que les fabricants du même genre, précédemment récompensés par la médaille d'or. Néanmoins, obligé d'être plus difficile à proportion des progrès de l'art, le jury de 1834 se borne à décerner la première médaille d'argent à MM. Raulin et Durotoire, qui, dès 1827, avaient obtenu une distinction du même ordre.

MM. VIOLET et JEUFFRAIN, à Louviers, département de l'Eure.

Ils ont exposé des draps bleu de roi, des draps verts en laine, d'une fabrication remarquable ; comparés avec d'autres draps d'un prix égal et du même genre, ils sont mieux glacés, ils offrent un grain plus serré, ils ont un degré marqué de supériorité. Les produits de MM. Violet et Jeuffrain se distinguent par une régularité parfaite. Leur établissement n'occupant que 300 ouvriers, et ne produisant par an que 20 à 24,000 aunes dans un seul genre, n'est placé qu'au second rang, à Louviers. Le jury leur décerne la médaille d'argent.

MM. POITEVIN et fils, à Louviers, département de l'Eure.

Ils occupent 120 ouvriers et fabriquent annuellement 12,000 aunes de draps, entre les prix de 24 à 50 francs. Ceux qu'ils ont exposés étaient remarquables par leur belle fabrication et leur bonne qualité ; la teinture en est riche et bien nourrie ; ils sont destinés généralement pour la consommation de la capitale, ce qui démontre l'estime dont ils jouissent aux yeux des consommateurs éclairés. Le jury décerne la médaille d'argent à MM. Poitevin.

M. LECOUTURIER, à Louviers, département de l'Eure.

Cet habile fabricant a présenté, dans les prix de 16 à 18 francs, des draps bleu de roi, et des draps verts parfaitement teints en laine, et qui sont d'une beauté remarquable pour des prix aussi modérés. Faire aussi bien, et surtout à si bas prix; livrer chaque année 24,000 aunes à la consommation des classes moyennes, c'est un vrai service national. Le jury le récompense par la médaille d'argent.

MM. Germain, Petit et compagnie, à Louviers, département de l'Eure.

Ces manufacturiers occupent 500 ouvriers; ils exportent à l'étranger une partie de leur vaste fabrication, et soutiennent au dehors avec avantage la concurrence avec nos rivaux de Belgique et d'Angleterre. Afin d'atteindre ce but, ils ont fait tous leurs efforts pour perfectionner les qualités d'un emploi général, et les mettre à la portée du plus grand nombre des consommateurs, par la modération des prix : il est impossible de faire mieux et moins cher. Le jury regrette que d'aussi habiles fabricants n'aient exposé que des draps destinés à l'exportation ou à l'impression. Ces draps, teints en pièce, sont éminemment distingués par la beauté des nuances, la fermeté du tissu, la supériorité des apprêts, et surtout par les prix, puisque les draps écarlate et les cramoisis n'excèdent pas les prix de 16 francs l'aune, à 5/4 de large. Cette fabrication, quoique spéciale, est fort importante; plusieurs parties des salles de l'exposition sont ornées de tapis et de meubles imprimés sur les étoffes que nous signalons. Ce sont MM. Germain et Petit qui en ont introduit la confection, à Louviers, dont ils ont accru par là les moyens de prospérité. Le jury décerne la médaille d'argent à ces habiles manufacturiers.

M. LABROSSE-JOBERT, à Sédan, département des Ardennes.

Il fabrique spécialement les étoffes lisses et croisées, connues sous le nom de coatings, castorines, vigonlines, azorines, alpagas, etc. Ces tissus, d'une grande souplesse, d'une exécution qui ne laisse rien à désirer, variés par leurs qualités, et d'un prix modéré, sont faits en laine de mérinos, en belouze de cachemire, et duvet de cachemire, matières que M. Labrosse-Jobert mélange avec beaucoup de talent. L'azorine est une excellente étoffe 5/4, croisée, à longs poils, faite avec les jarres ou débris de cachemires, dont l'industrie ne tirait aucun parti avant que Ternaux eût imaginé cette étoffe solide et très-chaude, à très-bon marché, perfectionnée par M. Labrosse-Jobert. Ce dernier a conduit pendant 15 ans les fabriques de ce grand industriel, son oncle, dont il fut successivement l'élève et l'associé. Le jury lui décerne la médaille d'argent.

MM. PIOT et NONNON, à Sédan, département des Ardennes.

Ils exposent pour la première fois, et prennent rang parmi les producteurs distingués de cette fabrique célèbre. Leurs draps noirs, d'une bonne qualité, sont recherchés dans le commerce. Le jury central a remarqué, dans l'exposition de MM. Piot et Nonnon, un drap zéphir bleu, teint en laine, et un zéphir noir à 4/3 de large, d'un tissu d'une extrême finesse. Ces deux pièces, ayant chacune 7,000 fils de chaîne, présentaient des difficultés heureusement surmontées. Il est impossible de produire une étoffe plus soyeuse, plus souple et plus agréable; quoique très-légère, elle est d'un excellent usage, garanti par le nombre extraordinaire des fils de sa chaîne? un pareil succès assure à ce genre de produits une grande consommation. Le jury décerne la médaille d'argent à MM. Piot et Nonnon.

MM. BRIDIER-CHAYAUX, père et fils, à Sédan, département des Ardennes.

Ils possèdent un grand et magnifique établissement hydraulique, dans lequel ils ont réuni tous les moyens d'économiser sur la fabrication. On a surtout distingué les draps, les casimirs et les alpagas qu'ils ont exposés. Ces tissus, d'un prix modéré, sont remarquables par leur apprêt brillant et très-soyeux. En 1823, MM. Bridier-Chayaux avaient obtenu la médaille de bronze; ils méritent aujourd'hui la médaille d'argent.

M. AROUX, à Elbeuf, département de la Seine-Inférieure.

Ce fabricant paraît pour la première fois aux expositions. Ses tissus, faits en laines de France ou de Saxe, première qualité, sont d'une beauté remarquable, et jouissent d'une grande faveur dans le commerce. Le drap grenat et le drap bleu qu'il a présentés peuvent soutenir la concurrence avec les meilleurs produits du même genre; néanmoins les prix de M. Aroux sont modérés: son début dans le concours général est digne de la médaille d'argent.

Médailles
d'argent.

M. SEVAISTRE-TURGIS, à Elbeuf, département de la Seine-Inférieure.

Il expose une série de draps lisses et d'étoffes nouvelles d'une fabrication régulière et belle. Dans ces tissus, le coton et la soie, mélangés avec goût, se marient agréablement et donnent des produits d'un prix très-bas : ses étoffes à côtes et ses étoffes jaspées resteront dans la consommation. Il occupe déjà près de deux cents ouvriers, et son talent industriel lui promet un grand avenir. Dès à présent, le jury lui décerne la médaille d'argent.

M. CHENEVIÈRES, à Elbeuf, département de la Seine-Inférieure.

D'abord associé de MM. Desfrèches, il est fondateur d'une manufacture qui, depuis trois ans, a pris beaucoup d'extension. Il fabrique plusieurs genres de draperies, les cuirs de laine, les draps lisses et les étoffes pour pantalons; la variété, le bon goût de ses étoffes, leur assurent un placement facile. Les innovations qu'on doit à M. Chenevières ont donné la plus heureuse impulsion à d'autres manufacturiers, et développé sa belle réputation : il mérite la médaille d'argent.

M. CHARVET, à Elbeuf, département de la Seine-Inférieure.

Ses draps lisses sont bien confectionnés et d'un prix modéré. M. Charvet s'adonne spécialement à fabriquer des étoffes de fantaisie. Celles qu'il a présentées sont remarquables pour le goût des dessins, la pureté du tissu, la variété des dispositions. Comme imitateur et comme inventeur, il est également distingué; son talent s'élévera bientôt aux premiers rangs. Le jury lui décerne la médaille d'argent.

MM. Auguste DELARUE frères, à Elbeuf, département de la Seine-Inférieure.

Ils ont exposé des cuirs de laine 5/4, très-forts, au prix de 15 francs l'aune, et d'une excellente qualité. On a remarqué surtout des draps de billard, dont la fabrication les occupe spécialement. Ils livrent à 34 francs l'aune ces draps, larges de 7/4, d'une grande finesse et d'une exécution parfaite; ceux qu'ils cotent à 60 et 70 fr. réunissent tous les genres de mérite. Le jury décerne la médaille d'argent à MM. Delarue.

MM. DASTIS et fils, à Savelanet, département de l'Ariége.

Ils sont au petit nombre des fabricants du Midi qui depuis peu d'années ont fait de grands progrès. L'établissement hydraulique qu'ils ont créé présente toutes les machines avec lesquelles un fabricant habile peut réunir au bon marché la solidité des produits. Ils livrent à Paris des cuirs-de-laine et des casimirs larges de 5/4, aux prix de 16 à 23 francs. Ces produits, très-recherchés, soutiennent avantageusement la concurrence avec ceux que fournit le nord de la France. En 1819, MM. Dastis ont obtenu la médaille de bronze; leurs progrès depuis cette époque méritent celle d'argent.

Médailles
d'argent.

M. ROUSTIC, à Carcassonne, département de l'Aude.

M. Roustic a présenté des draps et des cuirs de laine noirs, larges de 5/4 et d'une excellente confection : ils réunissent à la bonté de la matière première le mérite de la teinture et la beauté des apprêts. Cette fabrique, une des meilleures du midi de la France, est, par l'étendue de ses travaux, au rang des plus importantes. Le jury décerne la médaille d'argent à M. Roustic.

MM. ARMINGAND, MINGAUD et compagnie, à Saint-Pons, département de l'Hérault.

Ces manufacturiers font des exportations considérables dans les échelles du Levant, pour lesquelles sont destinés leurs produits, qui s'élèvent annuellement de 45 à 50,000 aunes. Ils ont exposé des draps vert-émeraude, jonquille, écarlate; tous sont teints en pièce, riches en couleur, légers, d'une habile confection, et très-recherchés des Orientaux. Les prix des draps 5/4 sont fort modérés : ils commencent à 8 fr. 50 cent., et n'excèdent pas 13 francs l'aune. Cette industrie est faite pour exciter un grand intérêt. Le jury la récompense par la médaille d'argent.

RAPPEL DE MÉDAILLES DE BRONZE.

Rappel
de médailles
de bronze.

M. GASTINE, à Louviers, département de l'Eure.

Les draps qu'il expose font regretter qu'il ne veuille

pas donner plus d'extension à sa fabrique. Le jury lui rappelle la médaille de bronze, qu'il a reçue en 1827.

MM. GARISSON, oncle et neveu, à Montauban (Tarn-et-Garonne),

Ont exposé des espagnolettes et flanelles ayant 5/8 de large, aux prix de 3 fr. et de 5 fr. 50 cent. l'aune. Ces prix modérés et la bonne qualité des tissus attestent que MM. Garisson méritent toujours la médaille qu'ils ont obtenue en 1819 pour leurs draps unis et croisés.

NOUVELLES MÉDAILLES DE BRONZE.

M. LEROY-PICARD, à Sédan (Ardennes),

Fabrique des draps de fort bonne qualité, aux prix de 18 à 26 francs l'aune.

Le jury lui décerne la médaille de bronze.

M. WARINET-NANQUETTE, à Sédan (Ardennes).

Ses draps noirs sont bien confectionnés, et ses casimirs légers, de diverses couleurs, sont bien réussis.

Le jury lui décerne la médaille de bronze.

M. FAYARD, à Sédan, département des Ardennes,

Expose pour la première fois. Sa draperie est faite avec soin, en bonne matière, et ses prix sont modérés.

M. Javal, à Elbeuf, département de la Seine-Inférieure,

Expose des cuirs de laine 5/4 d'une fabrication fort soignée, d'un tissu remarquable pour la finesse du croisé et la modération des prix. M. Javal est appelé à prendre un rang distingué dans l'industrie qu'il exerce.

MM. Trotot père et fils, à Sédan, département des Ardennes.

Draps noirs, cuirs de laine et casimirs de fantaisie, fabriqués avec habileté.

M. Antoine Rousselet, à Sédan, département des Ardennes.

Il a beaucoup agrandi le cercle de ses travaux depuis quelques années. Ses draps noirs sont très-déliés, fort apparents, et presque tous destinés à l'exportation, qu'on ne peut trop encourager.

M. Barbier, à Elbeuf, département de la Seine-Inférieure.

Ses draps, en laine de France et d'Allemagne, sont fabriqués avec soin. Il a présenté un drap granite, d'un beau tissu, d'une grande fermeté, quoique fait avec les bouts de fil ou déchets, et ne coûtant que 14 fr. l'aune. Cet utile emploi des déchets trouvera des imitateurs.

MM. Gaudechaux frères, à Nancy, département de la Meurthe.

Nouvelles médailles de bronze.

Cette fabrique fait annuellement 500 pièces entières, dans les prix de 10 à 18 francs l'aune, et de bonne qualité pour ces prix modérés. MM. Gaudechaux possèdent une autre fabrique à Elbeuf.

M. Baux aîné, à Mazamet, département du Tarn.

Flanelles croisées lisses en 5/8 et 5/4, à 3 fr. 50 cent. et à 12 francs l'aune. Elles sont en belle matière et d'une excellente fabrication.

M. Odoard-Falatieux, à Vienne, département de l'Isère.

Cuirs de laine 3/4, depuis 13 jusqu'à 22 francs l'aune, et d'une bonne qualité, relativement à leur prix.

MM. Gabert fils aîné et Genin, à Vienne, département de l'Isère.

Leur fabrique est récente. Ils ont exposé des cuirs de laine à 16 et 17 francs l'aune, dont la bonne fabrication promet des succès rapides à cette maison.

M. Jules Desmares, à Vire, département du Calvados.

Draps teints en laine 5/4, bien fabriqués, d'une riche

4.

Nouvelles
médailles
d'argent.

nuance, d'une fort belle matière et d'un bon marché remarquable.

MM. Mathieu MIEG et fils, à Mulhouse, (Haut-Rhin).

Draps écrus surfoulés pour rouleaux et tables d'impression. Ils sont excellents, d'une parfaite égalité de force et de largeur, bien glacés à la surface, et d'un tissu d'une extrême fermeté. Larges d'un peu plus d'une aune, ils coûtent de 20 à 24 francs, suivant leur degré de force.

MM. MARCOT et MATHIEU, à Nancy, département de la Meurthe.

Draps noirs à 12 francs 50 centimes l'aune, draps bleus et cuirs de laine aux prix de 15 et 16 francs 75 cent., en bonne laine et bien fabriqués.

MM. BARBET et FOURNIER, à Lodève, département de l'Hérault.

Ils fabriquent annuellement 70,000 mètres de draps aux prix de 6 francs 50 centimes à 8 francs 50 centimes le mètre; ils emploient 350 ouvriers. Leurs draps de troupe sont d'un tissu serré, bien foulé, et garantissant un excellent usage. MM. Barbet et Fournier font aussi de bons cuirs de laine 5/4.

M. VIVIÈS, à Sainte-Colombe, sur l'Héry, département de l'Aude.

Cuirs de laine d'une fabrication régulière, avec emploi de matières d'excellente qualité ; les mélanges sont bien fondus, et les nuances bien exécutées.

MM. Mouisse et compagnie, à Limoux, département de l'Aude.

Cuirs de laine 5/4 d'une fabrication remarquable et d'un prix modéré. Les mélanges et les couleurs attestent autant de goût que d'ihtelligence.

M. Pinet, à Quillan, département de l'Aude.

Cuirs de laine 5/4 à 20 francs, bien fabriqués et montrant des progrès dans un endroit où jadis on employait très-mal la laine.

MM. Vène, Houler, Cormouls et compagnie, à Mazamet, département du Tarn.

Espagnolettes 5/8 et 5/4 en bonne qualité, pour des prix modérés. Ces étoffes, d'une grande consommation pour la classe la moins aisée, ont reçu des perfectionnements.

M. Courtejairé, à Carcassonne, département de l'Aude.

Draps de billard 7/4 à des prix peu élevés ; ils sont d'une excellente qualité, d'une nuance belle et régulière ; 150 ouvriers fabriquent annuellement 350 pièces entières de ces draps.

Nouvelles
médailles
de bronze.

M. Sompairac, à Cenne-Monestiers,

A produit un cuir de laine 5/8 à 4 francs l'aune; ce drap, fait avec des déchets, est bien corsé, promet un bon usage, et prouve l'intelligence du fabricant.

Drap lisse 5/4 à 7 francs, et cuir de laine à 10 francs, d'une bonne fabrication et dignes d'être encouragés dans l'intérêt des classes inférieures.

M. Silvestre-Barthés, à Saint-Pons, département de l'Hérault.

Draps légers, d'une filature fine, en violet, écarlate et diverses autres nuances. Ces draps, destinés à l'exportation, sont teints en pièce, et cotés à des prix très-bas; de 8 francs à 12 francs. A ce dernier prix, on remarquait un drap bleu d'une belle fabrication.

MENTIONS HONORABLES.

Mentions
honorables.

M. Odiot, à Louviers, département de l'Eure.

Fabrique de draps bleus, verts : établissement qui commence et qui prendra bientôt un rang distingué, digne de l'ancien associé de M. Dannet.

MM. Vallès frères, à Elbeuf; département de la Seine-Inférieure;

M. Beer, à Elbeuf, département de la Seine-inférieure.

Draps de bonne qualité courante à des prix modérés.

MM. Gaudechaux frères et Picard, à Elbeuf,

Qui ont obtenu la médaille de bronze pour leurs produits de Nancy.

MM. Descous-Bourhonnet et compagnie, à Louviers, et à Paris, place des Victoires, 6.

Ils font fabriquer à façon ; donnent à filer la laine, indiquent avec leur numéro le genre de draperie qu'ils veulent obtenir. Ils augmentent ainsi la production. Leurs draps sont faits avec soin.

MM. Guillot aîné, Chapot et compagnie, à Vienne, département de l'Isère ;

MM. Berthaud fils et Manignet, à Vienne, département de l'Isère.

Cuirs de laine de 12 à 17 francs, et de bonne qualité.

M. Mandoul, à Carcassonne, département de l'Aude.

Draps d'une bonne fabrication courante et d'un prix modéré.

M. Barjon aîné, à Vienne, département de l'Isère.

Drap d'un croisé ouvert pour filtrer la colle, les ma-

tières employées au collage et à la cuve dans la papeterie.

MM. RIEUTORT et LASSERE, à Limoux, département de l'Aude.

Cuirs de laine 5/4 à 18 francs; castorine à 13 francs
50 centimes, d'une fabrication régulière et de bonne
qualité.

MM. JOURDAN frères, à Lodève, département de l'Hérault,

N'ont présenté qu'une pièce de drap bleu 5/4 au prix
de 11 francs 50 centimes; son mérite a fait regretter
l'exiguité d'une telle exposition.

M. VALLAT, à Lodève, département de l'Hérault.

Draps pour la troupe, à 6 francs 80 centimes le mètre,
en bonne matière et bien fabriqués.

M. VIOLLE fils, à Dijon, département de la Côte-d'Or.

Bonne draperie à des prix remarquables pour leur modération; draps et castorines 5/4 à 10 et 12 francs.

M. GERMAIN, à Moutiers, département de la Moselle.

Fabrique de 140 ouvriers; draps de garance pour la
troupe, d'une bonne qualité courante, dans les prix fixés
par le ministère de la guerre.

M. Thélu, à Aumale (Seine-Inférieure).

Espagnolettes croisées bleues 5/8 et 5/4, aux prix de 5, 12 et 15 francs. Cette étoffe, bien fabriquée, en bonne matière, sert surtout à nos marins; très-souple, elle se prête à tous les mouvements du corps, et présente l'avantage des flanelles de santé.

M. Simon, à Nancy (Meurthe),

A présenté l'étoffe foulée la plus commune, mais la plus économique de toute l'exposition; elle à 5/4, elle est corsée, et se vend 2 francs 25 c. à 3 francs l'aune. Faite en grande partie de poils de chevreau, mêlés avec de la laine commune, elle sert aux capotes des prisonniers; les tailleurs l'emploient à la doublure intérieure des cols d'habits. L'exposant pourrait, sans augmenter sensiblement le prix, améliorer la qualité de ce drap, en écartant les parties les plus jarreuses. Il en fabrique annuellement de 4 à 500 pièces.

CITATIONS FAVORABLES.

MM. Tertrais et Jacqueau, à Tours, département d'Indre-et-Loire.

Castorines en 1/2 aune et 5/4, à 6 fr. 50 c. et à 16 fr.; draps à 14 fr., le tout d'une bonne fabrication.

M. Th. Latte, à Château-Renaud, département du Loiret.

Draps écrus pour impression d'indiennes, d'une bonne qualité.

M. LAMBERT, à Saint-Lô, département de la Manche.

Finettes et droguets à chaîne en coton, à tissu fort et d'un prix modéré : se consomment dans certaines parties de la Bretagne.

MM. FOURNEL BROCHAY, à Lisieux, département du Calvados.

Frocs de bonne qualité, molletons renforcés et d'un prix modique.

M. DUVAL LEBEC, à Lisieux, département du Calvados.

Espagnolettes bien confectionnées.

M. BELS-SICARD, à Limoux, département de l'Aude.

Cuirs de laine 5/4 et castorines, d'un tissu serré, à mélanges bien fondus ; bon marché.

M. SERRÉ l'aîné, à Saint-Quire, département de l'Ariége.

Espagnolettes et flanelles, de qualités proportionnées aux prix de vente.

M. PORTAL, à Montauban, département de Tarn-et-Garonne.

Cadis, flanelles, espagnolettes, à bon marché, consommés spécialement en Bretagne.

M. Lenevé, à Vannes, département du Morbihan;

M. Guin, à Vannes, département du Morbihan.

Étoffe commune croisée et tirée à poil, pour la classe pauvre du Morbihan, vu son bas prix : c'est le motif philanthropique de la citation favorable.

M. Boyer, à Limoges, département de la Haute-Vienne.

Flanelles de qualités variées, et couvertures.

M. Nozières aîné, à Castres, département du Tarn.

Filoselle-mérinos, étoffe d'un prix très-modéré, mais qu'on n'a pas perfectionnée.

SECTION IV.

TISSUS DE LAINE NON FOULÉS, OU LÉGÈREMENT FOULÉS SANS ÊTRE DRAPÉS.

Les étoffes non foulées conservent les dimensions qu'elles ont en sortant du métier ; les étoffes légèrement drapées perdent très-peu de leurs dimensions et de leur consistance primitive.

Ces tissus sont fabriqués en laine pure, ou seulement

avec une trame de laine sur des chaînes de soie, de fil ou
de coton. C'est la laine peignée qui sert ici presque uni-
versellement; la laine cardée ne sert qu'à quelques étoffes
légèrement foulées ou tissées de deux manières différentes.

Le tissu mérinos conserve le premier rang, pour la
généralité de son usage en France, et pour l'importance
toujours croissante des exportations, qui s'élevaient

En 1827, à........ 2,300,000 fr.[1]
En 1832, à........ 7,400,000

En 1827, la fabrication du mérinos en France, con-
centrée dans les petites fabriques aux environs de Reims,
et qui produisait annuellement pour 15,000,000, s'est
étendue en d'autres parties du royaume par la création
de vastes établissements.

Au premier rang, parmi ces nouveaux établissements,
se place la manufacture de M. Paturle, au Cateau, département du Nord.

Les mérinos n'avaient plus de progrès à faire quant au
tissage; mais il n'en était pas de même quant au filage,
fait primitivement à la main, ce qui ne permettait pas
des assortiments complets de fils parfaitement égaux, pour
les plus belles fabrications; de là ces barres et ces chan-
gements de nuances, que le défaut d'égalité des fils rend
si saillants à la teinture. Pour obvier à ces inconvénients,
un grand nombre de bonnes filatures à la mécanique
pour la laine peignée ont été fondées, et se sont agran-
dies dans ces dernières années. Elles ont permis aux tisserands de s'approvisionner, sans perte de temps, en fils

---

[1] Dans ces chiffres on comprend sans aucune analogie les casimirs
exportés pour une valeur très-minime.

parfaitement uniformes jusque dans les numéros les plus élevés. C'est par là qu'on a pu multiplier la production et présenter des tissus complétement réguliers, qui reçoivent les teintes les plus unies, même dans les couleurs les plus claires.

Le tissu le plus employé par les consommateurs, après le mérinos, est la *napolitaine, simple toile en laine cardée;* sa fabrication n'offre aucune difficulté à vaincre, le meilleur marché des laines, l'extension perfectionnée du filage sont les seuls éléments de ses progrès futurs.

Tandis que les Anglais cherchaient le ton mat et sans reflet, le toucher doux et souple de nos mérinos, nous faisions nos efforts pour donner à notre industrie les tissus ras et brillants de leurs laines longues et lustrées. Les fabriques de Paris, de Roubaix et de Rouen ont imité les *stoffs brochés* de l'Angleterre; mais le prix de la matière première ne permet pas de faire descendre ces produits dans l'échelle de la consommation aussi bas qu'en Angleterre. Les Français n'ont pas été seulement imitateurs; ils ont fait de nouveaux tissus de laine brochés comme les stoffs, mais sur des fonds beaucoup plus fins et plus légers, lisses et satinés : telles sont les *Lieurrines,* les *Dona-Maria,* etc., exposées par M. Aubert. On a fait aussi des étoffes brochées plus épaisses pour manteaux de dames : elles ont été très-recherchées.

Une autre importation de l'industrie anglaise enrichit aujourd'hui la nôtre; c'est celle des damassés pour meubles, en laine longue et lustrée. Cette étoffe, pour le brillant, l'éclat, la richesse des dessins, et surtout la solidité, remplace avec économie les damas en soie.

Le lasting ou satin de pure laine, autre imitation de

la Grande-Bretagne, a fait une concurrence redoutable à la circassienne, étoffe à chaîne de coton avec trame de laine lisse et lustrée. Turcoing et Roubaix fabriquent en grand ce genre de tissus.

Amiens était, de temps immémorial, en possession de fabriquer les alépines, tissu croisé dont la chaîne est en soie grège et la trame en laine. Ce tissu teint en noir s'expédiait en grande quantité à l'étranger, et surtout en Espagne. Notre commerce avec ce pays ayant été d'abord interrompu, puis très-restreint, il a fallu revenir au marché de l'intérieur; il a suffi pour cela de varier les couleurs de l'alépine. Bientôt la fabrication d'Amiens est devenue plus importante et plus active qu'elle ne l'était avec ses produits teints en noir : aujourd'hui l'alépine fait partie pour ainsi dire obligée de l'assortiment de tous les magasins de nouveautés.

Substituez la chaîne de soie cuite à celle de soie grège, et vous aurez la bombasine, le châlis uni et satiné, la popeline, etc. Avec le métier à la Jacquart, on a broché sur ces tissus des dessins du meilleur goût et de l'effet le plus brillant. Pour caractériser chaque modification de ces produits de fantaisie, les fabricants ont épuisé la technologie orientale : de là les *Pondichéry*, les *Sallamporis*, les *Sumatra*, les *Golconde*, etc., que jamais l'Inde n'eut la pensée de fabriquer.

Afin d'obéir à la mode, qui s'éloignait du genre simple et demandait à l'impression des dessins à effets, de couleurs vives et brillantes; afin de satisfaire en même temps au goût chaque jour plus prononcé des dames françaises pour les étoffes de laine, on a fabriqué des mousselines et des jaconats en pure laine, dont les noms rappellent les tissus analogues en coton. Ces étoffes, adoptées pour les châles et pour les robes, ont fait travailler un grand nombre d'ateliers nouveaux d'impression, à Paris et dans sa banlieue.

La plupart des tissus que nous venons d'énumérer ont pris naissance, et les autres ont acquis un grand développement depuis la dernière exposition. Ils ont complété l'ensemble des produits qui rendent la laine également indispensable pour les vêtements d'hommes et de femmes, non-seulement en hiver, mais en été. Ces innovations réunissent les avantages de la salubrité, de l'économie et de la beauté.

EXPOSANTS HORS DE CONCOURS.

MM. PATURLE, LUPIN et compagnie, à Paris.

Exposants hors de concours.

Le département du Nord, et particulièrement l'arrondissement de Cambrai, s'est enrichi depuis quinze ans d'un genre d'industrie dont la ville de Reims avait pour ainsi dire le monopole : nous voulons parler du peignage, de la filature et du tissage des laines de mérinos.

C'est à l'époque où la fabrication des batistes, qui fut longtemps une source de richesse pour le département du Nord, perdait de son activité et laissait tant de bras inoccupés, que MM. Paturle, Lupin et compagnie fondèrent un établissement au Cateau pour la fabrication des étoffes de laines peignées.

Cette industrie, inconnue dans le pays, prit un développement rapide. Aujourd'hui la manufacture de MM. Paturle, Lupin et compagnie est une des plus importantes du royaume; et la première dans son genre.

Deux machines à vapeur à haute pression construites

en Angleterre, l'une de la force de 50 chevaux et l'autre
de 20, servent de moteur pour les filatures. Les fils sont
convertis en tissus dans les campagnes environnantes, et
produisent par jour environ 2,400 aunes d'étoffes de
divers genres. Il n'est presque aucune commune, depuis
Solre-le-Château à Marchienne et de Valenciennes à
Bohain (Aisne), qui ne profite des bienfaits que répand
dans le pays cette industrie opulente.

Le succès d'une aussi vaste entreprise et les nombreux
ouvriers de MM. Paturle, Lupin et compagnie, ont
attiré dans les alentours de la circonscription que nous
venons d'indiquer une foule de fabricants de mérinos.
Enfin cette industrie, naturalisée dans le département
du Nord, remplace avec avantage la mise en œuvre du
lin et de la fabrication des châles brochés, dont la dé-
cadence menaçait de ruine une portion considérable de
ce beau département.

MM. Paturle, Lupin et compagnie ont exposé,
comme échantillons des produits de leur vaste établis-
cement :

     Des laines peignées,
     Des laines filées,
     Des mérinos à chaîne simple et double,
     Des bombasines.

Ces articles, et notamment les tissus, ont été distingués par leur régularité, leur finesse et leur beauté : on
a surtout admiré le mérinos qui présente 4 croisures
par millimètre; on n'avait rien vu d'aussi fin.

La manufacture de MM. Paturle, Lupin et compagnie
consomme annuellement 400,000 kilogrammes de laine
lavée; elle emploie 6 à 7,000 ouvriers, dont 1,000 dans
l'intérieur de la fabrique.

Prise sur le dos du mouton, la laine subit dans leurs

ateliers toutes les opérations qui précèdent et accompagnent sa transformation en tissus.

Une grande quantité de leurs produits s'exporte dans les Pays-Bas, l'Angleterre, l'Italie, l'Amérique ; ils y soutiennent dignement l'honneur de la fabrique française.

Le jury se serait empressé de reconnaître des titres aussi bien établis par la plus honorable des distinctions, si le chef de cette maison ne s'était mis hors du concours comme faisant partie du jury.

Exposants hors de concours.

RAPPEL DES MÉDAILLES D'OR.

M. REY, à Paris, rue Notre-Dame-des-Victoires, n° 26.

Rappel de médailles d'or.

M. Rey n'est pas seulement un célèbre fabricant de châles de cachemire. Il expose une belle collection d'étoffes à chaîne de soie avec la trame en laine, unies, brochées, rayées, à carreaux : tissus qu'il a fait connaître dans le commerce sous les noms de *Pondichéry, Sumatra, châlis, Golconde,* etc.

M. Rey prend place au rang des fabricants qui ont fait avec le plus de talent les mélanges de soie et de laine, d'où résultent ces tissus élégants et variés dont l'usage s'est répandu considérablement depuis la dernière exposition.

Le jury, prenant en considération les travaux et les succès de M. Rey, lui confirme la médaille d'or qu'il obtint en 1823, et qui ne pouvait pas être rappelée en 1827, parce qu'alors M. Rey faisait partie du jury central de l'exposition.

I.   5

NOUVELLE MÉDAILLE D'OR.

MM. Eggly, Roux et compagnie, à Paris, rue des Fossés-Montmartre, n° 4.

Ils ont exposé des mérinos doubles pour redingotes, des étoffes brochées pour manteaux, des tissus à chaîne de soie et à trame de laine, unis et brochés, lisses et croisés, parmi lesquels on a distingué le tissu de satin, muni d'une petite armure employée pour mieux lier l'étoffe et pour la rendre plus propre à recevoir la broderie; enfin ils ont présenté des châles imprimés sur les divers tissus de leur fabrique. Ces produits, au goût qui séduit les yeux, réunissent la science de la fabrication, qui commande l'estime des connaisseurs. Ils avaient obtenu la médaille d'argent en 1827; le jury de 1834 leur décerne la médaille d'or.

M. Griolet, à Paris, rue Albouy, n° 11.

Avec les produits de son excellente filature, M. Griolet tisse le mérinos et les étoffes appelées *Thibet*, qui sont un mélange de laine et de soie. Il a déjà la médaille d'or pour ses travaux de filage; les tissus qu'il a présentés ajoutent à ses titres pour cette récompense du premier ordre, que nous rappelons ici.

RAPPEL DE MÉDAILLE D'ARGENT.

M. Henry aîné, à Paris, rue Poissonnière, n° 13.

En 1827, il obtint la médaille d'argent pour des tapis-

series en laine. Il a continué depuis, avec succès, l'exploitation de ce genre, dont il a varié les dessins. En 1834,
il en a présenté les modèles dans des meubles tout faits : il
a de plus exposé une tenture en damassé de laine, dans le
genre anglais et d'un très-bel effet. Le jury confirme sa
médaille d'argent, et prendra de nouveau son industrie
en considération lorsqu'il s'agira des lits en fer.

NOUVELLES MÉDAILLES D'ARGENT.

M. Piédanna, à Paris, rue Neuve-Saint-Eustache, n° 44.

En 1827, on avait donné la médaille de bronze à
M. Piédanna comme fabricant de châles. En 1834, il
présente une collection de châles faits en laine et en
duvet de cachemire, à des prix modérés, et d'une bonne
fabrication.

M. Piédanna se livre avec succès à la fabrication de ses
châles en laine pour l'exportation ; c'est le meilleur symp-
tôme de supériorité commerciale.

Il a surtout réuni les suffrages par son alépine noire
superfine et par ses beaux tissus appelés *Pondichéris*,
qui sont à chaîne de soie, à trame de laine, et teints en
diverses nuances.

Ces tissus sont classés dans le commerce français parmi
les meilleurs de leur genre. Ils méritent la médaille d'argent.

M. Louis-Alexandre Prévost, à Paris, avenue Parmentier, n° 9.

Il a reçu la médaille d'argent comme filateur ; les

5.

Médaille d'ensemble.

beaux tissus qu'il a confectionnés avec les produits de sa filature ajoutent encore à ses titres pour mériter une distinction accordée à l'ensemble de ses travaux.

Médailles d'argent.

M. Croco, à Paris, rue Paradis-Poisson-nière, n° 30 *bis*.

Il s'est fait remarquer par la diversité des tissus à chaîne de soie et à trame de laine qu'il a présentés à l'exposition ; on a distingué ses châles légers en gaze, et d'autres tissus en pure laine, imitation anglaise désignée sous le nom de *Tartan*. On a surtout apprécié sa riche variété d'étoffes à manteaux, brochées soit à une couleur, soit à plusieurs ; il offrait, entre autres, un tissu triple pour manteau, qui présente à la fois un dessus en laine broché en soie, une doublure en soie adhérente à l'étoffe, et dans l'espace intermédiaire, une espèce de ouate formée avec de gros fils de laine. Le jury lui décerne la médaille d'argent.

MÉDAILLE DE BRONZE.

Médaille de bronze.

M. Lacarrière, à Paris, rue des Fossés-Montmartre, n° 8.

Il a présenté des tissus de cachemire, des tissus hindous simples et renforcés, des bombasines noires fort belles destinées à l'exportation ; tous ces objets sont d'une bonne fabrication : ils méritent la médaille de bronze.

CITATION.

MM. PAYENNEVILLE et QUÉVAL, à Rouen

Fabriquent des circassiennes, des lastings, des casimirs laine et coton, et des reps.

TISSUS DE LAINE RAS.

MÉDAILLE D'OR.

M. Louis AUBERT, à Rouen (Seine-Inférieure).

M. Aubert se place au premier rang pour l'art avec lequel il met en œuvre la laine peignée longue et lustrée sans mélange. Ses étoffes brochées pour robes et pour manteaux, ses damassés pour meubles, sont distingués à la fois pour le bon goût des dessins et pour la perfection du tissu. Il ne s'est pas moins distingué dans la fabrication des côtelés de laine pour pantalons. Entreprenant, habile, heureux, il a marqué tous ses essais par des réussites complètes. Même en empruntant aux Anglais le damassé de laine et le stoff, il a su créer des genres tout à fait nouveaux pour manteaux et pour robes. Signalons ses tissus brochés sur fond lisse et satin, appelés *Lieurrines* et *Dona-Maria*, imités du stoff, mais plus souples, plus légers, plus brillants: ils répondent mieux aux besoins de la classe moyenne et de la classe opulente. Ce manufacturier consommé traite en grand tous les genres qu'il

Médaille
d'or.

entreprend ; il possède deux vastes établissements, l'un à Rouen, l'autre à Lieurrey, département de l'Eure, renfermant 250 métiers à la Jacquart ; il emploie de plus 150 métiers en Picardie, autant à Rouen et dans les environs. Il y a deux ans, il appliquait au tissage du coton tous ses métiers ; mais à peine eut-il aperçu l'entraînement des consommateurs vers l'usage de la laine, qu'il résolut de travailler exclusivement cette matière première, si féconde en transformations utiles, et si propre à satisfaire aux besoins les plus simples comme aux exigences du luxe. La fabrique de Rouen lui doit maintenant une industrie nouvelle, inconnue avant lui dans cette ville, et qui compte déjà plusieurs imitateurs.

Tels sont les nombreux titres de M. Aubert à la récompense du premier ordre.

MÉDAILLES D'ARGENT.

Médailles
d'argent.

M. JEAN-CASSE, à Roubaix, département du Nord.

Il est un des fabricants auxquels on doit le plus d'efforts et de sacrifices pour conquérir sur l'Angleterre une industrie qui manquait à la France. Ses beaux assortiments d'étoffes à gilets, dites *poils de chèvre*, égalent pour le goût et pour la perfection du travail ce que nos rivaux font de plus remarquable. Il a fait cesser la contrebande de ces tissus qu'il sait reproduire en les égalant. Il a pareillement imité des anglais le drap de laine damassé pour meubles. Sa manufacture occupe 120 métiers à la Jacquart. Il exploite encore une fabrique assez importante de tulles de coton; il est créateur d'un atelier pour les Médailles
d'argent. apprêts, dont il a fait cession à l'un de ses parents. Tant d'activité, d'habileté, de succès, justifient la médaille d'argent décernée à M. Jean-Casse, par le jury de 1834.

MM. SOYEZ, FEUILLOY et DESJARDINS, à Amiens, département de la Somme.

Ils ont exposé des alépines noires 4/4, de qualités variées, et des satins noirs; ces tissus sont exclusivement destinés à l'exportation, ce qui démontre leur excellente fabrication et leurs prix modérés. Le jury, pour encourager de semblables succès, les récompense par la médaille d'argent.

RAPPEL DE MÉDAILLE DE BRONZE.

M. Désiré DE BUCHY, à Turcoing, département du Nord.

Rappel
de médaille
de bronze.

Il a présenté des satins dits *circassiennes*, d'autres satins jaspés coton et fil, des croisés tout fil; ces articles sont d'une excellente fabrication. Le jury confirme la médaille de bronze obtenue en 1827 par M. de Buchy.

NOUVELLS MÉDAILLES DE BRONZE.

M. PRUS-GRIMONPREZ, à Roubaix, département du Nord.

Nouvelle
médailles
de bronze.

Ses tissus damassés de laine pour meubles, teints en

Nouvelles
médailles
de bronze.

différentes couleurs, avec des dessins variés, ont obtenu le suffrage du jury, qui décerne à cet exposant la médaille de bronze.

M. WACRENIER-DELVINQUIER, à Roubaix, département du Nord.

Il fabrique des stoffs écrus brochés sur chaîne simple. C'est une difficulté vaincue que d'exécuter avec régularité sur chaîne simple des tissus de cette espèce; tandis qu'on n'employait ordinairement que des chaînes doubles; par là l'on diminue sensiblement le prix de l'étoffe. C'est ce mérite que le jury récompense par la médaille de bronze.

MENTIONS HONORABLES.

Mentions
honorables.

M. CUVRU-DESURMONT, à Roubaix, département du Nord,

A présenté des *minorques,* espèce de serges en laine peignée, bien tissées et d'une grande régularité.

M. MILLON-MARQUANT, à Reims, département de la Marne,

N'a mis à l'exposition qu'une coupe de voile écrue. Ce tissu présentait de grandes difficultés. On n'a pu le faire qu'avec des chaînes filées à la main et choisies avec le soin le plus minutieux : sa finesse et sa régularité sont remarquables. Cet article était autrefois un grand objet d'importation pour l'Espagne : on ne peut qu'applaudir à des efforts qui tendent à nous rouvrir cette source de richesse commerciale.

CITATION FAVORABLE.

M. Isidore-Théophile LEFORT, à Roisel, arrondissement de Péronne (Somme).

Coupons d'étoffes en laine peignée, et tissus de coton brochés à la Jacquart.

TISSUS LÉGÈREMENT FOULÉS ET NON DRAPÉS.

RAPPEL DE LA MÉDAILLE D'OR.

M. et Mme HENRIOT frère et sœur, à Reims, département de la Marne.

Ils ont exposé : 1° des flanelles croisées et lisses, en laine peignée; 2° des flanelles dont la chaîne seule est peignée, ces tissus coûtent de 4 à 9 fr.; 3° des mérinos à chaîne double et simple; 4° des napolitaines; 5° des casimirs de fantaisie. Par la beauté et par la constante régularité de leurs étoffes, ces manufacturiers justifient la haute réputation dont ils jouissent depuis longtemps dans le commerce. Dès 1827 ils avaient obtenu la médaille d'or; le jury la leur confirme pour l'exposition de 1834.

NOUVELLE MÉDAILLE D'OR.

MM. HENRIOT aîné et fils, à Reims, département de la Marne.

Ils ont exposé des flanelles de santé, lisses et croisées,

d'une beauté remarquable; le jury signale avec intérêt leur assortissement d'étoffes de fantaisie, casimirs à mille côtes, étoffes jaspées ou chinées, toutes d'une parfaite exécution. Nous formons des vœux pour que ces habiles manufacturiers trouvent dans leur ville natale de nombreux imitateurs. Cette ville redeviendrait alors la fabrique des étoffes de nouveauté, qu'elle faisait autrefois avec tant d'habileté. On doit à MM. Henriot un moyen ingénieux pour constater le nombre des fils de laine dans toute espèce de tissus. Les prud'hommes de Reims ont adopté ce moyen de reconnaître les infidélités des tisserands.

Dès 1827, MM. Henriot aîné et fils avaient obtenu la médaille d'argent; le jury leur décerne la médaille d'or.

MÉDAILLES D'ARGENT.

M. HENRIOT fils, à Reims, département de la Marne.

Il traite avec succès tous les articles propres à la fabrique de Reims. Le jury signale spécialement sa flanelle extrafine, dite *flanelle sèche*, ainsi qu'un nouvel article appelé *médulienne*, vrai stoff uni de laine rase, sans mélange de soie dans la chaîne, qui pourtant est très-fine. Il a pareillement présenté des châlis (tartans) imités des Anglais et fort bien fabriqués. La fabrique de Reims doit à M. Henriot fils d'utiles innovations. Il mérite la médaille d'argent.

MM. Benoît, Malot et compagnie, à Reims, département de la Marne.

Médailles d'argent.

Cette association, recommandable sous tous les rapports, met en œuvre avec un égal succès la laine peignée ou cardée; elle excelle à fabriquer les tissus lisses, tels que les napolitaines et les mousselines de laine. Voilà les titres de MM. Malot et compagnie à la médaille d'argent.

M. Allard-Decorbie, à Reims, département de la Marne.

Ses flanelles sont estimées dans le commerce, ainsi que ses napolitaines, qu'il a rendues plus économiques de 6 à 8 pour cent en les tissant *en gras*. Pour arriver à ce résultat, il fallait vaincre des difficultés qu'il a surmontées avec habileté. Le jury lui décerne la médaille d'argent.

TISSUS MÉRINOS.

RAPPEL DE MÉDAILLE D'ARGENT.

MM. Fournival père et fils, à Rethel, département de la Marne.

Rappel de médaille d'argent

Ils ont exposé des échantillons de laine peignée et filée, soit pour chaîne, soit pour trame, et des mérinos tissés avec les produits de leur filature. Ils avaient obtenu

dès 1823 la médaille d'argent; ils méritent qu'elle leur
soit confirmée par les progrès que, depuis cette époque,
ils ont fait faire à leur industrie.

MÉDAILLES DE BRONZE.

M. DAUPHINOT-PÉRARD, à Isles, département de la Marne,

Est justement estimé pour ses fabrications de tissus
ras. Il n'a présenté qu'une pièce à l'exposition : c'est un
tissu mérinos écru, d'une finesse remarquable, puisqu'il
offre 32 croisures par centimètre. La laine peignée qui
forme la chaîne et la trame est filée au petit rouet à la
main; c'est un chef-d'œuvre de fabrication rare dans le
commerce.

M. LEFEBVRE aîné, à Cires-les-Mello, département de l'Oise,

Fabrique les tissus mérinos avec les produits de sa
filature, d'une finesse moyenne et d'une bonne qualité.
Le commerce prend souvent pour régulateur de ses prix
les produits de M. Lefebvre, tant il les estime.

MM. TISSERANT, QUILLIER et TOUSSAINT, à Mello, département de l'Oise,

Filateurs et tisserands du même genre que M. Lefebvre aîné, qu'ils égalent aujourd'hui, quoiqu'ils soient
encore moins généralement connus dans le commerce.

M. PÉRIER, à Viteaux, département de la Côte-d'Or,

A le mérite d'avoir introduit dans la Bourgogne un nouveau genre de fabrications, et de tirer sur place parti de la production locale. Ses tissus mérinos sont bons et bien confectionnés; son coutil-mérinos pour les pantalons en est une heureuse modification.

MENTION HONORABLE.

MM. DUTERTRE frères, à Dinan (Côtes-du-Nord).

Mention honorable.

Tissus à chaîne de fil et à trame de laine peignée, lisses et croisés; tuyaux en fil sans couture, pour les pompes à incendie; tissus en coton et fil, teints en garance. MM. Dutertre espèrent faire adopter ces derniers tissus pour la troupe, comme pantalons d'été. Ils sont bons, forts, et d'une teinture solide; mais leur prix, trop peu différent de celui des pantalons de pure laine, est un obstacle grave à leur adoption.

CHAPITRE II.

CACHEMIRE ET SES IMITATIONS.

SECTION PREMIÈRE.

FILAGE.

Depuis 1827 les progrès du filage sont aussi grands pour le duvet de cachemire que pour la toison des bêtes à laine; c'est au perfectionnement des moyens mécaniques qu'il faut rapporter ces progrès. Aujourd'hui l'on file avec plus de régularité, l'on obtient plus de nerf et d'égalité non-seulement pour les numéros dont on faisait usage il y a sept ans, mais des numéros beaucoup plus élevés, et ces produits sont exécutés avec une diminution de 25 à 30 pour cent sur les prix de 1827. Il a fallu d'aussi grands résultats pour que les tissus de cachemire soutinssent la concurrence contre les tissus nouveaux, si variés et si nombreux, obtenus par le mélange de la laine et de la soie, à des prix de plus en plus économiques. En définitive, les filatures de duvet de cachemire se sont multipliées. Comme elles travaillent à la fois pour les fabricants de cachemire pur ou de cachemire mélangé de bourre de soie, c'est le châle hindou, la masse de leurs produits est plus considérable que jamais.

RAPPEL DE MÉDAILLE D'OR.

M. HINDENLANG fils aîné, à Paris, rue des Vinaigriers, n° 15.

Cette fabrique conserve toujours la place éminente qu'elle a conquise dès 1823. Pour constater la qualité supérieure de ses fils, même dans les numéros les plus élevés, elle a fait tisser une coupe de cachemire avec de la chaîne simple n° 130 et de la trame n° 228 : rien n'est plus beau que ce tissu. Les produits de M. Hindenlang ont réuni tous les suffrages, et le jury de 1834 lui confirme, comme celui de 1827, la médaille d'or qu'il avait précédemment obtenue.

NOUVELLE MÉDAILLE D'OR.

M. BIÉTRY, à Villepreux, département de Seine-et-Oise.

En commençant par être simple ouvrier, M. Biétry, grâces à son esprit d'ordre et d'économie, à ses efforts persévérants, à son génie industriel, prend aujourd'hui place aux premiers rangs parmi les filateurs de cachemire. Depuis 1827 sa fabrique offre un accroissement considérable et s'est de plus en plus élevée dans l'estime des connaisseurs : il ne méritait encore que la médaille d'argent à cette époque ; il est digne aujourd'hui de la médaille d'or. Le jury la lui décerne en faisant appel à l'émulation, à l'espérance de tous ses anciens camarades, les ouvriers français.

RAPPEL DE MÉDAILLE D'ARGENT.

MM. POLINO frères, à Paris, rue Poisson-nière, n° 21.

Ils ont exposé des fils simples de cachemire, n°ˢ 50 à 60, comme types de leurs fabrications courantes, et n°ˢ 100 à 125, doubles, faisant en simple 200 à 250.

Ils ont produit un assortiment de tissus en cachemire de 22 à 100 francs l'aune, teints en diverses nuances. Leur établissement à la Ferté-Bernard occupe 700 ou-vriers, avec un moteur hydraulique de 60 chevaux : ils filent aussi la laine longue et fine. Ils ont obtenu la mé-daille d'argent en 1827 ; ils la méritent plus que jamais par les progrès qu'ils ont faits depuis cette époque.

NOUVELLE MÉDAILLE D'ARGENT.

M. POSSOT, à Paris, rue des Vinaigriers, n° 19.

Sa filature est fort estimée ; elle est régulière, nette et brillante. Il a présenté des tissus très-unis et bien épe-luchés ; il excelle surtout dans les tissus blancs : le jury lui décerne la médaille d'argent.

MENTION HONORABLE.

M. TROOST, à Paris, rue du Temple, n° 112.

Filature peu considérable, mais bonne, et tissage ré-gulier, qui ont de la douceur au toucher.

SECTION II.

CHÂLES.

La fabrication des châles appelés *cachemires français* offre deux divisions essentiellement distinctes ; l'une marquée par la nature du travail, l'autre par celle de la matière.

Par le procédé des Indiens, tous les reliefs se font au fuseau, à l'époulin, d'où provient le nom *d'époulinage*. Le châle français se fait avec la navette, *au lancé* de cet instrument.

Tous nos fabricants de premier ordre savent faire, tous ont fait le châle indien par l'époulinage. Mais il restait à remplir une condition, celle de l'économie dans la main-d'œuvre ; cette condition avait suffi pour motiver l'abandon de cette méthode par tous nos fabricants, à l'exception d'un seul qui, luttant contre tous les obstacles, a su créer un assez grand atelier pour atteindre le but essentiel de l'économie, même en employant la méthode orientale.

Un fabricant lyonnais a conçu l'heureuse idée d'unir à l'époulinage les effets du métier Jacquart ; ses châles, imités en cela du vrai cachemire, n'ont pas besoin d'être découpés à l'envers. Mais il existe une grande différence entre les deux procédés. Dans le travail indien, la fleur et le fond se font au fuseau, par le moyen d'un crochetage qui les rend pour ainsi dire indépendants de la chaîne. Dans le travail lyonnais, la mécanique lève les fils de la chaîne, le fuseau broche et la fleur est liée à la chaîne par les coups de trame lancés dans toute la lar-

I. 6

geur. On épargne ainsi beaucoup de main-d'œuvre; on fait illusion à l'œil, et les châles qu'on obtient ne coûtent guère plus cher qu'au lancé. Ce procédé cependant est borné dans les effets qu'il peut produire; mais c'est un premier pas dans une voie où l'on doit espérer de grandes améliorations.

Quant aux châles faits au lancé, par l'application de la mécanique au découpage des fils superflus de la trame, qui constituent l'envers du broché, l'on donne à ce genre de tissus une souplesse, une légèreté toutes nouvelles : un tel perfectionnement en a multiplié l'usage.

Considérés relativement à la matière, les châles français offrent trois classes bien distinctes, appartenant aux fabriques spéciales de Paris, de Lyon et de Nîmes.

Paris confectionne le cachemire français proprement dit, celui dont la chaîne et la trame sont en pur fil de cachemire. Ce châle reproduit avec fidélité les dessins et les nuances du châle indien sur lequel il est calqué : l'illusion serait complète si la vue de l'envers découpé ne la faisait cesser. Quels que soient la richesse du dessin oriental, la variété, l'éclat, les oppositions des couleurs, l'ouvrier parisien peut tout essayer et réussir à tout. S'il ne connaît plus de bornes à ses succès, comme à ses tentatives, c'est que la fabrication a reçu, depuis quelques années, des perfectionnements essentiels. D'heureuses innovations dans la disposition des métiers et l'application du système de Jacquart, une mise en carte mieux entendue, ont permis de réduire la moitié sur les coups de trame, et les trois quarts sur le jeu des fils de chaîne, de manière à pouvoir exécuter des dessins d'une seule répétition, ayant 130 centimètres, sans plus de frais qu'il n'en avait coûté précédemment pour un dessin de 26 centimètres.

Le châle hindou, qui se fabrique également à Paris, ne se distingue du cachemire français que par la chaîne qui est en fil bourre de soie, matière plus facile à travailler et plus économique. On ajoute à cette économie en diminuant le nombre des couleurs et donnant une moindre réduction au tissu. Les résultats de ce bon marché sont une préférence générale, en France, sur le châle de laine, qui n'a plus guère que la ressource de l'exportation : cette exportation surpasse annuellement la valeur de 2,500,000 francs.

Lyon a fait les plus grands progrès dans la fabrication des châles. Cette ville a créé les châles bourre de soie; elle excelle dans le tissu des châles thibet, où la trame est un mélange de laine et de bourre de soie; elle exécute aussi le châle hindou, qu'elle imite directement.

Nîmes a fait d'autres progrès non moins dignes d'éloges. On ne saurait pousser plus loin l'art de produire des effets avec des moyens simples et peu coûteux : c'est cet art ingénieux qui rend les produits de Nîmes si propres à des exportations chaque année plus considérables. En même temps, cette ville rivalise avec Lyon et Paris pour la consommation intérieure, tantôt par des genres simples et de bon goût, tantôt par des genres à effets, heureusement combinés. Mais son caractère, et son grand moyen de séduction seront toujours le bon marché. Elle emploie pour ses châles la bourre de soie pure, le thibet et le coton; un petit nombre de ses fabricants fait encore des châles en laine, pour l'étranger et pour quelques départements.

Si l'on compare dans son ensemble la fabrication des châles en 1827 et 1834, on reconnaîtra ses vastes progrès, manifestés par la perfection du travail et par l'abaissement des prix, qui, dans les qualités égales, sont

6.

descendus de 30 à 40 pour cent depuis sept années. Si les prix indicateurs de chaque fabrique sont restés les mêmes, c'est que les produits correspondants sont beaucoup plus riches et beaucoup plus beaux.

Parmi les industries qui font honneur à la France, la fabrication des châles est une de celles qui peuvent, à juste titre, nous inspirer le plus d'orgueil. Dans toutes les parties du monde, sans en excepter l'Angleterre, nos châles français obtiennent la préférence sur ceux des peuples rivaux.

EXPORTATION DES CHÂLES :

	1831.	1832.	1833.
En laine............	1,863,147^f	2,070,926^f	4,319,601^f
En duvet de cachemire.	433,410	655,200	609,900
En bourre de soie....	247,520	....	....
En fleuret.........	401,856	351,152	408,824
Totaux.....	2,945,933^f	3,117,278^f	5,333,325^f

FABRIQUE DE PARIS.

RAPPEL DE MÉDAILLES D'OR.

Rappel
de médailles
d'or.
M. Armand-Samson BOSQUILLON, à Paris.

Son nom se rattache avec honneur à la création du châle de cachemire en France. Sans jamais ralentir son zèle, il a provoqué, encouragé tous les perfectionnements, les a fait mettre en pratique, et par là s'est maintenu toujours à la hauteur des progrès. Il exploit avec succès tous les genres de châles qui caractérisent la fabrique de Paris ; il occupe le premier rang par l'importance de ses productions et l'étendue de son commerce à l'intérieur ainsi qu'à l'étranger.

La médaille d'or qu'il obtint en 1823 lui fut rappelée en 1827, le jury la confirme en 1834.

Rappel de médailles d'or.

M. REY, à Paris,

Justifie toujours la haute réputation qu'il s'est acquise dans la fabrication des châles cachemires. C'est surtout vers l'exportation en Allemagne que ses travaux sont dirigés et ses avantages certains. Ses châles, pour le fini de l'exécution, ne laissent rien à désirer.

Il fabrique en grand, avec un succès qui ne craint aucune concurrence, les étoffes sur chaîne de soie ou de coton avec trame de laine.

M. Rey reçut en 1823 la médaille d'or, pour ses châles. En 1827, s'il n'avait pas été membre du jury central, il eût obtenu le rappel de cette médaille ; le jury de 1834 confirme en faveur de M. Rey la récompense du premier ordre.

M. DENEIROUSE, à Paris.

Ce fabricant conserve sa place éminente parmi ceux auxquels sont dues des améliorations importantes dans le travail des châles de cachemire : telle est l'application d'un perfectionnement d'encartage aux châles faits au lancé, méthode qui, mettant le dessin dans un rapport exact avec le croisé, offre de plus une imitation parfaite de la côte et du grain des châles de l'Inde, méthode aujourd'hui généralement adoptée. M. Deneirouse fait connaître, cette année, une nouvelle disposition de carte qui, par son sillon en diagonale, figure d'une manière plus parfaite encore le travail indien. Comme elle permet le broché pour les fils les plus gros, elle assure une économie notable. Ce manufacturier allie à la science de la fabrication le bon goût du dessin : son établissement est considérable.

En 1827, il avait obtenu la médaille d'or en société avec M. Gaussen; ses nouveaux succès méritent que cette haute distinction lui soit confirmée.

M. GAUSSEN (François), à Paris, place des Victoires, n° 2.

Ce qui caractérise le talent supérieur de M. Gaussen, c'est la hardiesse de ses compositions, l'éclat, l'harmonie de ses couleurs et l'art de produire de brillants effets. En se pliant à la mode, il semble la dominer : ses produits ont une vogue si grande, qu'on regarde sa fabrication comme la plus considérable de Paris, et par conséquent de la France.

L'ancien associé de M. Deneirouse mérite, au même titre, le rappel de la médaille d'or, qu'ils avaient obtenue par indivis en 1823.

NOUVELLES MÉDAILLES D'OR.

M. J. GIRARD, à Sèvres, département de Seine-et-Oise.

Pour le travail et pour la matière, M. Girard reproduit complétement le châle indien; lui seul se livre exclusivement à cette fabrication; lui seul a résolu le grand problème commercial qu'elle présentait : faire aussi bien que les Indiens et vendre à meilleur marché. Le jury déclare que M. Girard atteint ce double but. Les châles longs et carrés qu'il a présentés le démontrent. Ils ont sur le châle indien l'avantage d'être tissés sans coutures, d'une seule pièce, et de reproduire toute la variété, tout le relief des couleurs orientales. Ce qui rend ses succès plus précieux encore, il n'emploie dans ses ateliers que les classes les moins aisément employées : les femmes et les enfants, dont il fait lui-même l'éducation industrielle. En vain la loi prohibait le cachemire indien, la mode s'insurgeait contre une prohibition que la contrebande avait toujours l'art d'éluder. Aujourd'hui ces beaux tissus entrent librement, pourvu qu'ils payent un juste droit ; mais le fabricant français peut aujourd'hui livrer des châles aussi beaux, à meilleur marché, tout en donnant du travail au sexe, à l'âge les plus faibles.

Par ce triomphe, qui comble l'une des lacunes de notre industrie nationale, M. Girard a rendu doublement service à son pays. Afin d'obtenir un tel résultat, il a dû prodiguer des efforts opiniâtres et longtemps continués. Dès 1827, il avait obtenu la médaille d'argent ; depuis cette époque, il a perfectionné ses procédés et beaucoup diminué ses prix. Maintenant il est très-digne de la médaille d'or.

Nouvelles médailles d'or.

M. Frédéric HÉBERT, à Paris, rue du Mail, n° 13.

Un goût sûr, qui n'exclut pas la hardiesse ; qui, pour copier le châle indien, discerne habilement ce qu'il faut emprunter et ce qu'il faut abandonner ; une rare entente du coloris, une connaissance approfondie des procédés de fabrication, tels sont les titres qui placent l'exposant sur la ligne de ses plus habiles rivaux. Cette justice, le commerce la lui rend, par l'estime qu'il fait de ses produits. M. Hébert a su se créer un genre par une meilleure mise en carte, et, pour le goût comme pour le fini de l'exécution, sa fabrique fait école. Ajoutons qu'afin de conquérir tous les suffrages, il s'est contenté de présenter ses produits courants, et n'a fait aucun chef-d'œuvre de circonstance.

En 1827, il avait reçu la médaille d'argent, le jury de 1834 lui décerne la médaille d'or.

RAPPEL DE MÉDAILLE D'ARGENT.

MM. BAYLE et JARDIN, à Paris, rue des Fossés-Montmartre, n° 6,

Fabriquent les châles cachemire français et châles hindous, en s'efforçant surtout de faire descendre les prix à la portée de la classe moyenne. Pour atteindre ce but, ils ont des premiers introduit le métier Jacquart en Picardie, où sont leurs ouvriers. Loin de copier servilement les dessins de l'Inde, ils en inventent. Ils n'ont voulu concourir qu'avec leurs produits ordinaires. Ils méritent de plus en plus la médaille d'argent qu'ils ont obtenue en 1823.

NOUVELLES MÉDAILLES D'ARGENT.

M. Jean-Louis ARNOULD, à Paris, rue des Fossés-Montmartre, n° 7.

Élève et successeur de M. Lainné, il a sur-le-champ

fait prendre un grand essor à cette maison qu'il a relevée. Pour la variété, le bon goût, l'exécution parfaite, ses châles jouissent d'une très-haute estime dans l'opinion des connaisseurs. S'il continue de justifier les espérances que font naître ses premiers succès, à la prochaine exposition, il méritera la récompense du premier ordre. Dès à présent, il est digne de la médaille d'argent.

MM. CHAMBELLAN et DUCHÉ, à Paris, rue des Fossés-Montmartre, n° 8.

Ces jeunes fabricants, dès leurs premiers efforts, ont approché des succès obtenus par les meilleures maisons, pour le goût, pour la bonne confection de leurs produits, et comme conséquence, pour l'estime et la vogue commerciales. En augurant mieux encore de l'avenir, le jury leur décerne aujourd'hui la médaille d'argent.

M. DOUINET, à Paris, rue Neuve-Saint-Eustache, n° 29.

M. Douinet obtint en 1823 la médaille de bronze, qui fut honorablement confirmée en 1827, pour ses châles de laine et de cachemire. Les châles qu'il expose prouvent ses nouveaux efforts, d'autant plus heureux qu'ils offrent des qualités améliorées, jointes à des prix modérés. Le jury lui décerne la médaille d'argent.

M. TIRET et compagnie, à Paris, rue des Fossés-Montmartre, n° 19.

M. Tiret, qui s'est livré très-jeune à l'étude des procédés de fabrication, les dirige avec une habileté rare; il s'est heureusement servi de ses talents pour propager dans la Picardie toutes les améliorations qui pouvaient résulter du système de Jacquart, et d'un montage de métiers perfectionnés. Ses produits habituels sont le châle de laine et le châle hindou, dont il fait accroître la vogue par une excellente confection : il mérite la médaille d'argent.

MÉDAILLES DE BRONZE.

M. Albert Simon et compagnie, à Paris, rue des Fossés-Montmartre, n° 2.

Il fabrique le châle cachemire, le châle hindou, et plusieurs articles de nouveautés, dont la laine et le duvet de cachemire sont les matières premières : ces produits montrent les ressources de son talent industriel.

M. Junot, à Paris, rue Neuve-Saint-Eustache, n° 6,

Fabrique le châle cachemire et le châle hindou, qu'il exécute avec un succès remarquable : il exécute une machine de son invention qui promet d'heureux résultats.

MM. Manuel et Macaigne, à Paris, rue Neuve-Saint-Eustache, n° 5,

Confectionnent le châle cachemire, et plus spécialement le châle hindou, moins coûteux et plus durable. Le châle noir à longues palmes et riche galerie, dit *obélisque*, qu'ils ont exposé, montre leur succès dans ce dernier genre.

MM. Gagnon et Culhat, à Paris, rue Neuve-Saint-Eustache, n° 23.

Successeurs, il y a quelques années, de M. Colignon, qui reçut en 1827 la médaille de bronze, ils ont parfaitement soutenu la réputation de leur prédécesseur. Ils méritent la même récompense.

M. Jean-Baptiste GOURÉ, à Paris, rue Neuve-Saint-Eustache, n° 8.

Médailles de bronze.

Il fabrique le châle cachemire pur et le châle hindou ; il réussit dans les deux genres d'une manière satisfaisante. M. Gouré, qui reçut une mention honorable en 1827, obtient aujourd'hui la médaille de bronze.

MENTIONS HONORABLES.

M. FOUQUET aîné, à Paris, rue des Fossés-Montmartre, n° 15.

Mentions honorables.

Il fabrique les châles cachemire d'un genre simple ; il s'est fait connaître avantageusement par les écharpes cachemire. Mentions honorables en 1823 et 1827, confirmées aujourd'hui.

MM. FOURNIER frères, à Paris, rue Neuve-Saint-Eustache, n° 6.

Depuis longtemps connus comme directeurs de grandes fabriques de cachemires français, ils ont pris une part efficace aux progrès de cette industrie : ils continuent ces services dans l'établissement qu'ils ont formé depuis pour leur propre compte.

M. Eugène CRESPIN, à Paris, place des Victoires, n° 11,

Fabricant, dont les débuts promettent des succès prochains.

FABRIQUE DE LYON.

RAPPEL DE MÉDAILLES D'OR.

M. AJAC, à Lyon, département du Rhône.

C'est à M. Ajac que la France doit l'invention des châles en bourre de soie, imitant le cachemire. Créateur de cette active et riche industrie dès 1814, il a contribué plus qu'aucun autre à la perfectionner, et ses élèves mêmes sont devenus des maîtres. Ses châles l'ont emporté sur ceux des Anglais, en Belgique, en Hollande, en Allemagne, en Russie et même en Angleterre, nonobstant un droit d'entrée de 25 pour cent. Ses produits exposés cette année ont mérité l'admiration publique par leur variété, leur bon goût et leur excellente exécution : quel que soit le nombre de ses imitateurs, il ne connaît pas de supérieur.

En 1819, il a reçu la médaille d'or, confirmée par les jurys de 1823 et de 1827; le jury de 1834 confirme de nouveau cette haute et juste récompense.

MM. D'HAUTENCOURT, GARNIER et compagnie, à Lyon, département du Rhône.

Imitateurs et rivaux de M. Ajac, ils se font distinguer par leur bon goût et par leur excellente exécution. Ils ont produit un châle de couleur fantaisie, broché au lancé, dont une partie figure à l'endroit et l'autre à l'envers. Ce genre tout à fait neuf offre l'avantage de montrer, lorsqu'on le porte, le dessin dans son entier : ce qu'on n'avait obtenu jusqu'ici que par des rapports faits avec des coutures.

Ils ont triomphé parfaitement des grandes difficultés que présentait ce genre de tissus, lequel démontre l'esprit inventif de ses auteurs.

Le jury confirme à MM. d'Hautencourt, Garnier et compagnie, la médaille d'or accordée en 1827 à MM. Balme, d'Hautencourt et Garnier.

NOUVELLE MÉDAILLE D'OR.

MM. Paul REVERCHON et frères, à Lyon, département du Rhône.

Cette maison, par l'excellente fabrication de ses châles bourre de soie et par l'importance de ses affaires, tant à l'intérieur qu'à l'étranger, s'est placée au premier rang. Elle possède au plus haut degré l'art de bien nuancer les dessins de ses châles, dont l'exécution, sous tous les rapports, est parfaite. Disons aussi que cette maison a plus qu'aucune autre contribué, par son exemple, ses conseils et ses perfectionnements, aux progrès d'une industrie, l'une des plus belles de Lyon : la fabrique des châles bourre de soie, thibet, etc.

MM. Reverchon, qui reçurent en 1827 la médaille d'argent, ont droit maintenant à la médaille d'or.

MÉDAILLES D'ARGENT.

MM. ROUX, COMBET et compagnie, à Lyon, département du Rhône.

Ils ont exposé des châles longs et carrés, de nuances variées, bien dessinés et d'une excellente exécution. Par l'emploi simultané de la mécanique et de l'époulin, ils ont produit des châles dont le travail imite celui de l'Inde, et qu'on n'a pas besoin de découper à l'envers : innovation heureuse, surtout par la voie qu'elle ouvre à de plus grands progrès ; elle mérite la médaille d'argent.

MM. GRILLET et TROTTON, à Lyon, département du Rhône.

Ces manufacturiers ont donné une impulsion nouvelle à la fabrique de Lyon, en copiant directement le cachemire indien, au lieu d'imiter le cachemire français. Ils font preuve de goût dans le choix des dessins, et d'habileté dans l'exécution. Leurs châles carrés, remarquables sous ces deux points de vue, ont réuni tous les suffrages. Que leur maison, nouvelle encore, continue ses progrès, et dans la première exposition ils obtiendront la médaille du premier ordre ; le jury leur décerne la médaille d'argent.

MM. GELOT et FERRIÈRE, à Lyon, département du Rhône.

Ils s'appliquent spécialement à fabriquer le châle hindou : leurs produits, qui rivalisent avec ceux de Paris, font éprouver à ces derniers, sous le rapport des bas prix, une dangereuse concurrence. Leurs châles se distinguent également pour le bon goût et l'exécution : dans l'intérêt des classes moyennes, le jury leur accorde la médaille d'argent.

M. DAMIRON, à Lyon, département du Rhône.

Ses châles, carrés et longs, sur fonds noir, jaune, vert, rouge, blanc, etc., rayés ou *semés* à rosaces, se distinguent par la richesse du dessin, l'éclat des couleurs et la sûreté de l'exécution. Ses produits sont très-appréciés par le commerce; il mérite la médaille d'argent.

Médailles d'argent.

MÉDAILLES DE BRONZE.

MM. Boiriven frères, à Lyon.

Médailles de bronze.

Dans leurs châles destinés à l'exportation, ils s'efforçaient d'unir l'éclat et l'effet à l'économie; en travaillant pour l'intérieur, ils ont plus soigné leur fabrication, tout en conservant des prix modérés qui rendent leurs châles accessibles à beaucoup de consommateurs.

MM. Luquin frères, à Lyon.

Cette maison, récente encore, se fait remarquer par un goût assez sûr; la richesse des couleurs et la bonne exécution sont les gages de son avenir.

MENTIONS HONORABLES.

MM. Charles Pagès et compagnie, à Lyon.

Mentions honorables.

Châles longs et carrés à dessins variés, destinés à l'exportation.

M. Claude Cocq, à Lyon.

Châles variés de fonds et de dessins, d'une bonne fabrication.

FABRIQUE DE NÎMES.

RAPPEL DE MÉDAILLES D'OR.

Rappel
de médailles
d'or.

MM. SABRAN père et fils, et RAYNAUD, à Nîmes (Gard).

Cette maison, l'une des plus anciennes de Nîmes, maintient sa réputation par l'excellence de ses produits, qui sont des châles imitant le cachemire, avec un mélange de bourre de soie et de laine, ou de pure bourre de soie; car MM. Sabran traitent tous les genres, depuis le plus simple jusqu'au plus riche. Le jury leur confirme la médaille d'or qu'ils avaient obtenue en 1823.

M. CURNIER et compagnie, à Nîmes, département du Gard.

Parmi les industriels infatigables qui, depuis quelques années, ont fait prendre un si grand essor à la fabrique de Nîmes, aucun ne pourrait réclamer une part plus ample et mieux méritée que M. Curnier, et pour les articles dont il est inventeur et pour ceux qu'il a perfectionnés. Toujours ses produits ont été distingués comme types d'une excellente exécution. Sa fabrique, l'une des plus importantes, embrasse tous les genres et du tissage et de l'impression; c'est ce qu'attestent la richesse et la variété de son exposition.

Il était, en 1823, associé de M. Sabran, dont la médaille d'or vient d'être confirmée. Le jury de 1834 étend, par un acte d'équité, la même confirmation aux travaux de M. Curnier.

NOUVELLE MÉDAILLE D'OR.

M. ROUVIÈRE-CABANES, à Nîmes, département du Gard.

Cette maison, ancienne déjà, compte parmi celles qui font prospérer à Nîmes la fabrication des châles, soit par ses inventions, soit par les perfectionnements qu'elle a communiqués, soit par l'impulsion que donne au commerce la masse de ses produits vendus pour l'intérieur et pour l'étranger. Ses exemples ont suscité de nombreux imitateurs. Ses châles variés, thibet et bourre de soie 4/4, 5/4 et 6/4, réunissent au plus haut degré le double mérite de l'excellente exécution, et du bon marché. A ce titre seul il mériterait la médaille d'or.

RAPPEL DE MÉDAILLE D'ARGENT.

MM. ROUX-CADET, RIGAUT et compagnie, à Nîmes, département du Gard.

Ces fabricants filent la soie qu'ils emploient aux châles brochés; ils font des châles imprimés sur diverses étoffes, ainsi que le tricot uni ou damassé, pour gants et pour mitaines. Ils ont un égal succès dans tous ces genres, et leurs produits sont justement appréciés par le commerce. M. Roux-Cadet, chef de cette maison, obtint en 1823 la médaille d'argent; le jury la confirme en faveur de la nouvelle société.

NOUVELLES MÉDAILLES D'ARGENT.

MM. Barnouin et Bureau, à Nîmes, département du Gard.

Cette maison créée récemment s'est placée de suite dans un rang distingué, par des produits de bon goût et du meilleur travail : elle réunit les genres simples et les genres riches. La première, elle a fabriqué le cachemire pur, à Nîmes, en composant elle-même ses dessins. Son exposition de châles bourre de soie, thibet et duvet de cachemire, présente un exemple remarquable des progrès récents et rapides qu'à faits la fabrique de Nîmes. En attendant un plus bel avenir encore pour cette maison naissante, le jury lui décerne la médaille d'argent.

M. Soulas aîné, à Nîmes, département du Gard.

Parmi les industriels qui font donner à Nîmes l'éloge de travailler à bas prix et bien, M. Soulac se distingue comme habile compositeur de dessins et comme fabricant expérimenté : il sait imiter les genres riches avec économie. Sa fabrique de châles thibet et bourre de soie est une des plus importantes de Nîmes; il mérite la médaille d'argent.

MM. Roux frères, à Nîmes, département du Gard.

Ils travaillent beaucoup pour exporter, et surtout en Hollande. Ils excellent à nuancer leurs châles avec des couleurs vives et tranchées, bien appropriées à leur destination. Leur industrie égale leur habileté. Ils méritent la médaille d'argent.

M. Jacques Brousse, à Nîmes, département du Gard,

Expose une collection de châles fond plein, uni, ou rayé à rosaces, qui frappent par leur richesse et leur éclat; il excelle surtout à produire des effets avec des moyens économiques. Il mérite la médaille d'argent.

RAPPEL DE MÉDAILLES DE BRONZE.

MM. Martin frères, à Nîmes (Gard).

Ils traitent les genres les plus variés : châles thibet, fonds divers et à rosaces; châles imprimés, mignonnettes, nankinettes et autres tissus de soie et coton; peluches pour chapeaux. Tous ces produits sont d'une bonne exécution. Le jury de 1834 confirme pour MM. Martin la médaille qu'ils avaient obtenue en 1823, et qui fut rappelée en 1827.

MM. Bousquet-Dupont, à Nîmes (Gard).

Châles thibet, châles barège à franges, châles mérinos avec bordures imprimées, fichus en crêpe, étoffes à gilets. Ces produits méritent que l'on confirme à M. Bousquet-Dupont la médaille de bronze qu'il obtint en 1827.

NOUVELLES MÉDAILLES DE BRONZE.

M. Aurivel aîné, à Nîmes (Gard).

Il expose des châles 6/4 bourre de soie, à fond plein,

7.

uni. Il a, le premier dans Nîmes, fabriqué le châle de laine; il en a multiplié la consommation, en faisant des châles avec la chaîne en laine et la trame en coton : ce qui produit un tissu peu coûteux, accessible aux classes les moins aisées.

MM. Bouet et Ribes, à Nîmes.

Cette maison, établie depuis peu d'années, a bien signalé ses débuts : on a remarqué la bonne fabrication de ses châles, qui commencent à 6 francs et n'excèdent pas 36 francs.

M. Antoine Conte, à Nîmes.

Châles fantaisie et thibet, en 4/4, 5/4 et 6/4, depuis 8 fr. jusqu'à 55 fr.; fichus-gazes, de 3 à 8 fr. *la douzaine*; tissus de soie et coton, à 1 fr. Tous ces produits joignent au mérite du bon marché celui d'une exécution aussi soignée que le comportent d'aussi bas prix : la consommation en est très-grande.

Honneur à MM. Bouet et Ribes, Antoine Conte, et leurs dignes émules de Nîmes ! voilà des fabricants utiles au peuple. Nous avons presque à nous excuser de ne leur avoir accordé que des médailles de bronze.

MM. Devèze fils et compagnie, à Nîmes.

Ils fabriquent avec succès les châles riches et variés, en bourre de soie, thibet, hindou, etc., à fonds unis, *semés* ou à rosace, remarquables par le dessin, l'entente des couleurs et la bonne fabrication.

MM. Coumert, Carreton et Chardonnaud, à Nîmes.

Cette maison, fondée depuis un an, imite le genre de

Lyon; elle offre des produits estimables, et mérite d'être encouragée.

Nouvelles médailles de bronze.

MENTIONS HONORABLES.

MM. COLONDRE frères, à Nîmes.

MM. GEVAUDAN-BRUGUIÈRE et compagnie, à Nîmes.

MM. FABREGUE-NOURY et compagnie, à Nîmes.

MM. NOURY frères, à Nîmes.

MM. COLONDRE (Jean) et PRADES, à Nîmes.

MM. GALLAND et DUCAMP, à Nîmes.

Mentions honorables.

Les produits de ces exposants se sont fait distinguer par les caractères qui rendent spécialement recommandables les fabriques de Nîmes, l'effet, l'utilité, le bon marché.

CHAPITRE III.

SOIES ET SOIERIES.

SECTION PREMIÈRE.

SOIE GRÈGE ET SOIE OUVRÉE.

Le jury n'a pu s'empêcher de remarquer que la production des soies était loin d'être représentée à l'exposition, avec la richesse qu'elle pouvait déployer.

A peine quelques échantillons de soie ont-ils été présentés par les départements du Gard, de l'Isère et de la Drôme; l'Ardèche compte deux exposants, Vaucluse un seul, et les Bouches-du-Rhône aucun.

Sans doute, par la suppression du droit d'entrée sur les soies étrangères, le prix des soies nationales se trouve d'autant abaissé; mais une compensation est offerte à ce sacrifice par la liberté d'exporter les soies indigènes. Ajoutons que l'avantage obtenu par le fabricant de soieries françaises augmentera probablement le travail de nos fabriques, et par là réagira plus ou moins en faveur de nos producteurs de soie, qui doivent en définitive concevoir des espérances plutôt que des craintes.

Dans le département de l'Ain s'opèrent des plantations nombreuses de mûriers; le département de Seine-et-

Oise voit prospérer les plantations et la magnonerie de
M. Camille-Béauvais. Lors des expositions précédentes,
on avait remarqué les produits des départements de l'Al-
lier, du Jura, et même du Bas-Rhin. De tels faits prouvent que les trois quarts du sol français peuvent admettre
la culture du mûrier et l'éducation des vers à soie; mais
cette culture et cette industrie seront toujours plus avanta-
geuses dans la moitié méridionale du royaume.

La soie blanche, cette espèce précieuse importée de
la Chine en France, augmente ses produits avec rapidité.
Bourg-Argental et Roquemaure offrent les plus belles
nuances; les Cévennes et la Provence s'efforcent de les
produire : bientôt les soies de Nankin et de Novi ne pour-
ront soutenir la concurrence avec cette espèce de produits
de plus en plus améliorée par l'industrie française.

L'usage des appareils à la vapeur n'a point encore fait
disparaître complétement les anciens procédés plus coûteux et moins parfaits ; cela se remarque surtout dans les
pays de petite culture, où les propriétés sont très-morce-
lées ; là chacun exploite sa récolte et file ses cocons, dont
la masse est trop peu de chose pour permettre la dépense
d'un appareil à la vapeur. L'imperfection des soies filées
avec l'aide des fourneaux isolés produit un défaut inhé-
rent aux pacotilles ; c'est l'irrégularité qu'on reproche
encore si justement à beaucoup de nos soies méridionales.

Pour remédier à cet inconvénient, il faudrait, dans
les pays de petite culture où le mûrier est généralement
planté, des appareils publics à la vapeur qui fileraient
successivement les cocons des particuliers, avec l'uni-
formité et la perfection qui sont si fort à désirer, et qui
donneraient une valeur nouvelle aux soies des petits producteurs : c'est une idée que nous recommandons à la
philanthropie des citoyens éclairés.

Si nous avouons avec sincérité ces imperfections qui nuisent encore à la production de nos soies en beaucoup de localités, nous proclamons avec une vive satisfaction la supériorité d'un grand nombre de filatures françaises ; nous citerons, dans le Gard, Alais, Ganges, Anduze et Saint-Jean ; dans l'Ardèche, Privas, Aubenas ; dans la Drôme, Saint-Vallier et Romans ; dans Vaucluse, Lisle-Cavaillon, Bollène, Orange et Valréas ; dans les Bouches-du-Rhône, Salon, Pelissanne et Roquevaire. Dans tous ces lieux on trouve des établissements qui chaque année mettent en usage des perfectionnements nouveaux ; beaucoup de filateurs adoptent les procédés depuis peu découverts pour faire disparaître le mariage des bouts et renouer ceux qui cassent à la roue. Avec ces moyens on parvient à ne laisser au moulinage qu'un déchet de $\frac{1}{2}$ à 1 pour cent.

L'organsinage a reçu des améliorations importantes en quelques localités ; dans l'Ardèche il est supérieur à celui du Piémont ; les filateurs de France à Dieu-le-Fit, à Cavaillon, à Lisle, à Orange, ne connaissent pas de rivaux en Italie.

Depuis 1819, le filage des déchets, frisons ou bourre de soie pure ou mélangée, a pris un grand développement. On le doit à l'emploi des fils tirés de ces matières pour la confection des châles et des chapeaux. Cette industrie, pratiquée aujourd'hui dans un grand nombre d'ateliers, rivalise heureusement avec les produits étrangers ; cependant il reste beaucoup à faire pour obtenir un filage également parfait de numéros de plus en plus élevés. On augmentera, par ces progrès, la valeur de la matière première et les encouragements qui doivent multiplier, avec la culture du mûrier, l'éducation des vers à soie.

Renouvelons notre vœu qu'aux expositions futures,

les soies françaises, améliorées encore, figurent avec toutes leurs variétés et leurs perfectionnements.

MÉDAILLES D'OR.

M. CHARTRON père et fils, à Saint-Vallier, département de la Drôme.

Ils ont obtenu des médailles d'argent aux trois expositions précédentes ; leurs filatures et leurs ateliers de moulinage à Saint-Vallier, à Saint-Donat-le-Roman, occupent 300 ouvriers ; ils ont encore un établissement de tissage pour le crêpe ou mousseline de soie qui fait travailler constamment 300 ouvriers.

Cette industrie prospère depuis 40 ans dans la même famille, qui présente l'exemple rare d'une fabrication aussi persévérante et réellement complète, depuis le filage du cocon jusqu'à la teinture de la soie et jusqu'au tissage. Ils ont perfectionné toutes ces branches de leur industrie ; le jury leur décerne la médaille d'or.

M. TEYSSIER-DUCROS, à Valleranque, département du Gard.

Ses soies blanches joignent à l'éclat de la nuance la perfection du fil ; elles présentent toutes les combinaisons de brins, depuis 2 jusqu'à 24 cocons. Pour obtenir avec une grande régularité le fil à 24, il divise les cocons en cases dans la bassine. Il fabrique des soies ouvrées pour tulle qui sont d'une grande beauté ; ses poils sans apprêt sont travaillés avec soin.

M. Teyssier-Ducros a reçu deux médailles d'argent en 1823 et en 1827 ; ses nouveaux progrès, la grandeur de son établissement et son importance commerciale méritent la médaille d'or.

M. Lioud, d'Annonay, département de l'Ardèche.

Les mateaux, trame blanche, présentés par M. Lioud, réunissent à la bonté de la soie l'éclat de la plus belle couleur; elle surpasse en blancheur la soie type de Nankin; elle a tout le nerf, toute la régularité qu'il est possible de souhaiter. Sans doute les cocons d'où provient cette soie ont une grande part à cette perfection, à laquelle contribuent le choix de la graine, ainsi que les soins et la propreté de l'éleveur; mais le climat, le sol qui produit la feuille, la pureté de l'eau qui sert au filage, sont les causes principales de cette admirable supériorité. Tels sont les avantages des localités d'Annonay, de Bourg-Argental, de Roquemaure, de Monfaucon, de Sauveterre, etc. Dans ces localités, la graine ne s'abâtardit jamais, elle conserve sa pureté native, et de tous les pays à culture de mûriers, on vient y chercher des graines pour améliorer ou créer la production des soies blanches.

Les ateliers de M. Lioud fournissent annuellement près de 100 kilogrammes de cette qualité supérieure et trop rare encore. Le jury lui décerne la médaille d'or.

RAPPEL DE MÉDAILLES D'ARGENT.

MM. Dobler père et fils, à Tenay (Ain).

Ils exposent une série de fils thibet (soie et laine, ou duvet de chèvre) en flottes et bobines, depuis le n° 35

jusqu'au n° 80. Ces échantillons sont filés avec une netteté, une régularité remarquables. En 1827, MM. Do-
bler obtinrent la médaille d'argent, qu'ils méritaient pour
la bonté de leurs fabrications et la grande étendue de
leurs travaux, n'employant pas moins de 350 ouvriers.
Ils méritent encore la médaille du second ordre.

MM. Lardin frères, à Saint-Rambert, département de l'Ain.

Ils possèdent un établissement où 200 ouvriers sont
habituellement employés; ils ont présenté des flottes de
fil thibet n° 104. Ces fils ont été distingués pour leur
finesse, leur netteté, leur solidité; ils attestent les progrès de MM. Lardin depuis 1827, époque à laquelle ils
reçurent la médaille d'argent. Le jury la leur confirme.

MM. Eymieux, Faure et compagnie, à Saillans, département de la Drôme.

Ils ont reçu la médaille d'argent en 1819 et 1823; ils
emploient 150 ouvriers, et mettent en œuvre dans leurs
ateliers tous les débris de la soie et des soieries, depuis la
découpure des châles, jusqu'à la bourre la plus fine. Ils
sont inventeurs dans leurs procédés de fabrication; les
filaments qui cotonisent les filés de soie disparaissent en
grande partie par ces procédés. Grâce à la simplicité de
leurs moyens, ils établissent à bon marché des fils appro-
priés à tous les genres de tissage. Ils méritent plus que
jamais la médaille d'argent.

NOUVELLES MÉDAILLES D'ARGENT.

M. CAMILLE BEAUVAIS, aux Bergeries, (Seine-et-Oise).

Il a présenté des soies blanches à 3, 4, 5, 6, 7 cocons, nerveuses, régulièrement filées et d'une couleur avantageuse. C'est le produit des 40,000 mûriers qu'il a plantés et des vers qu'il élève. Il a construit des magnoneries vastes et bien disposées, aérées et chauffées suivant un système nouveau, supérieur aux anciens procédés. Par la combinaison de courants d'air libre et d'une chaleur constante, portée au degré nécessaire à chaque époque, il préserve les vers des miasmes et des maladies qui les attaquent dans les climats chauds; enfin, il file à la vapeur.

M. Camille Beauvais offre à l'agriculture de la France septentrionale un magnifique exemple qui, nous l'espérons, ne restera pas stérile. Le jury lui décerne la médaille d'argent; s'il continue à marcher avec les mêmes succès dans la route qu'il s'est ouverte, il aura droit, lors de la première exposition, à la récompense du premier ordre.

MM. VERDET frères, à Le Buis (Drôme).

Ces exposants sont en même temps filateurs et mouliniers; leur établissement est fort ancien; ils ont des premiers adopté le procédé de filage à la vapeur inventé par M. Gensoul. Les soies grèges qu'ils filent, les trames et les organsins qu'ils moulinent ont un grand degré de régularité. Ils méritent la médaille d'argent.

MM. BARRAL frères, à Crest (Drôme).

Ils ont exposé pour la première fois des échantillons

d'organsin à flottes croisées, fabriquées avec les soies grèges de leur filature. La netteté du brin, la régularité du filage et du tors, attestent la bonté de leur ouvraison : c'est une des fabriques les plus estimées. Le jury leur décerne la médaille d'argent.

Nouvelles médailles d'argent.

M. Hilarion MEYNARD, à Valréas, département de Vaucluse.

Il n'a présenté que des soies doupions, mais d'une qualité si supérieure qu'elles rivalisent avec les soies fines du Levant et des Calabres. Ses doupions sont filés avec le plus grand soin et d'une finesse à laquelle on n'était pas encore parvenu. M. Meynard file habituellement 1,500 à 2,000 kilogrammes de ce genre de soie : il mérite la médaille d'argent.

M. GUILLINY, à Nyons (Drôme),

A perfectionné le filage et le moulinage. On lui doit la machine qu'il a nommée *régulateur-transposant*, pour donner aux flottes de soie une longueur déterminée; procédé qui sera très-utile aux fabricants, trop souvent victimes d'infidélités dans les diverses manipulations de teinture et de mise en mains. Les ouvraisons de M. Guilliny jouissent d'une réputation bien méritée. Il reçoit la médaille d'argent.

MM. WATTS, WRIGLEY fils et compagnie, à la Ferté-Aleps (Seine-et-Oise).

Le bel établissement dont ils sont créateurs prépare la bourre de soie avec des machines et des procédés empruntés à l'Angleterre, et qui font travailler 250 ouvriers. Ils façonnent annuellement 20,000 kilogrammes de soie filée. Paris, Amiens, Lyon et Nîmes emploient ces produits purs ou mélangés avec de la laine; ils rivalisent avantageusement avec ceux de l'Angleterre. Le jury décerne à MM. Watts et Wrigley la médaille d'argent.

MM. Desromaz-Dojat et Flamand, à Saint-Rambert, département de l'Ain,

Exposent pour la première fois des fils thibet, depuis le n° 130 jusqu'à 240; malgré leur ténuité, ces fils remplissent toutes les conditions de solidité nécessaires au tissage. M. Desromaz-Dojat a dirigé l'établissement d'autres fabriques du même genre formées aux environs de Saint-Rambert; il est doué d'un génie inventif. Le filage des frisons avec la laine lui doit de grands progrès. Il est digne de la médaille d'argent.

RAPPEL DES MÉDAILLES DE BRONZE.

M. Delacour, à Tain, département de la Drôme,

Il obtint en 1823 la médaille de bronze, qu'il mérite plus que jamais; il a présenté des soies grèges à 3 et 4 cocons, remarquables pour leur légèreté.

MM. Sambuc et Noyer, à Dieu-le-Fit, département de la Drôme.

Même genre de mérite que les deux exposants qui suivent : confirmation de la médaille de bronze accordée en 1823 et rappelée en 1827.

NOUVELLES MÉDAILLES DE BRONZE.

MM. Noyer frères, à Dieu-le-Fit, département de la Drôme;

MM. Bonnefoy et compagnie, à Dieu-le-Fit, département de la Drôme.

Une médaille de bronze est décernée à chacune de ces fabriques, pour leurs trames et leurs organsins, d'un filage nerveux, d'un moulinage et d'une netteté remarquables dans leurs brins divers.

M. Sautel-Coront, à Lyon, département du Rhône.

Soies ouvrées pour crêpes et marabouts. Les soies ovalées de M. Sautel-Coront, préparées pour crêpes et pour marabouts, présentent une variété de tous les titres des soies et des différentes ouvraisons qu'elles subissent; ce travail atteste à la fois des soins et du discernement : la médaille de bronze.

M. Hamelin, aux Andelys, département de l'Eure.

Il fabrique des soies à coudre de différentes couleurs; c'est une industrie nouvelle dans cette partie de la France et remarquable par ses produits : la médaille de bronze.

M. Alphonse Chardin, à Paris.

Ses soies à coudre et ses soies à broder se distinguent

par la beauté de la couleur et la régularité de l'apprêt ;
son établissement occupe 300 ouvriers : la médaille de
bronze.

MM. Boucoiran et Bruguière, à Nîmes, département du Gard.

Série d'échantillons, depuis le cocon jusqu'à la soie
à coudre perfectionnée. Toutes ces ouvraisons sont faites
dans leurs ateliers qu'ils dirigent avec intelligence : la médaille de bronze.

M. Clément Brière, à Paris,

Carde les frisons ou côtes de soie avec un rare succès.
C'est une industrie nouvelle exploitée par un procédé
récemment découvert. M. Brière se borne à préparer la
matière première du filage. Ses barbes de fantaisie sont
d'une blancheur éclatante et d'une grande pureté ; on n'y
trouverait pas le plus petit bouchon : la médaille de
bronze.

MM. Brissot oncle et neveu, à Crest, département de la Drôme.

Ils filent les fantaisies jusqu'au n° 180, avec des machines auparavant employées pour le coton. Ce change-
ment d'application est une conquête en mécanique ; elle
étendra l'emploi des frisons filés : la médaille de bronze.

——◆——

MENTIONS HONORABLES.

MM. Mercier fils, à Crest (Drôme),

Pour ses soies grèges et ses organsins ;

M. PRINSAC, à Saint-Étienne-de-Boulogne, département de l'Ardèche,

Pour ses soies grèges fines;

M. BERGER, à Hières, département de l'Isère,

Pour ses soies grèges, à 7, 8, 9, 10 cocons;

M. COURNIER, à Crolles, département de l'Isère,

Pour ses soies grèges, jaunes et blanches. Il a présenté deux échantillons de soie à petit guindage. La gommure qui réunit les bouts n'a pas permis au jury de faire les expériences nécessaires pour juger de la facilité du dévidage. Il engage M. Cournier à continuer ses essais; leur succès complet aurait beaucoup d'importance et mériterait à la prochaine exposition une récompense distinguée.

MM. ROUX cadet, RIGOT et compagnie à Nîmes.

Ces fabricants de châles et de tissus pour l'impression présentent un échantillon de soie, poil jaune et blanc, filé dans leurs ateliers. Cette ouvraison, faite avec soin et propreté, est digne d'encouragement.

M. GUÉRIN, à Honfleur, département du Calvados,

Expose un échantillon de soie récoltée à Honfleur, des gants et des bas faits avec la même soie.

M. TROUPEL, entrepreneur de la maison de détention de Montpellier, département de l'Hérault.

Déchets de soie cardés, et fils de fantaisie.

SECTION II.

SOIERIES.

Au nom seul de la magnifique industrie dont nous allons rendre compte, l'imagination nous transporte dans la cité qui nous place au premier rang parmi les peuples habiles à mettre en œuvre la soie. La ville de Lyon, sa grandeur et sa richesse, son génie et ses malheurs, semblent s'identifier avec les arts dont nous avons à signaler les chefs-d'œuvre. Nous laissons à la politique le soin d'expliquer certaines causes de perturbations et les scènes sanglantes qui s'en sont suivies. Cependant nous ne pouvons détourner nos regards d'un motif réel à des souffrances, exagérées par le langage des passions, mais trop graves pour les laisser inaperçues.

A Lyon comme à Paris, les dépenses municipales ont été graduellement augmentées, sans prévoyance de l'avenir; des dettes considérables ont été contractées; il a fallu par des octrois aggravés avec rapidité solder les dépenses du présent, et servir les intérêts des prodigalités du passé. La vie par là devint plus chère; il aurait fallu, pour que le sort de l'ouvrier restât le même, accroître pareillement le prix de la main-d'œuvre. Mais alors Lyon ne pouvait plus soutenir la concurrence pour ces tissus simples, unis, légers, dont le bas prix fait le mérite.

En même temps, des rivaux sobres et pauvres, vivant au sein de la campagne, à l'abri des charges urbaines, se sont multipliés dans le canton de Zurich pour la fabrication de ces tissus.

Il n'a donc plus été possible de fabriquer dans Lyon les soieries unies et légères, sans abaisser le prix du travail jusqu'aux limites qui font toucher à la misère.

En des temps calmes et paisibles, sans pousser à la révolte contre la nécessité des choses, les ouvriers comme leurs chefs auraient compris qu'il fallait transporter cette industrie misérable, de la ville à la campagne, afin de rétablir l'égalité des avantages entre les Français et les Suisses.

Paris même eût offert l'exemple de cette division des industries dans la riche fabrication des cachemires. Tous les travaux qui réclament une haute intelligence, un talent chèrement payé, sont accomplis dans la capitale; mais les travaux plus faciles de filage et de tissage sont accomplis dans les campagnes de la Picardie.

Depuis les scènes sanglantes de 1831 et de 1834, la peur a produit, comme conséquence, la division du travail, division que la prudence aurait dû réaliser par prévision; les départements des Hautes-Alpes, de l'Isère et de l'Ain se peuplent rapidement d'ouvriers qui fabriquent les tissus unis et légers. Ainsi dégagée d'une industrie qui cessait d'être avantageusement praticable dans ses murs, Lyon reste sans rival pour les fabrications les plus riches et les plus variées.

Des compensations sont actuellement offertes à cette ville, par la création d'étoffes nouvelles, et par le développement soudain de quelques genres exploités déjà.

La fabrication des peluches pour chapeaux, inconnue il y a cinq ou six ans, et depuis empruntée à l'Allemagne, occupe actuellement un très-grand nombre de bras.

Cependant, qui le croirait! ce n'est pas la main-d'œuvre souffrante des tissus unis et légers à laquelle il faut rapporter les coalitions, les révoltes et le sang de février, de mars et d'avril 1834; c'est à la fixation des prix de cette industrie nouvelle, croissante et profitable des peluches, pour laquelle une assurance mutuelle de conspirateurs industriels ne voulait pas permettre l'inévitable fluctuation des salaires, occasionnée par le niveau si variable des commandes et des prix du commerce.

Une autre industrie présente à Lyon des ressources croissantes. Le velours léger, qui rivalise avec celui de Hollande sans l'imiter complétement, est devenu l'objet d'une fabrication très-importante. Il y a quinze ans, l'on ne comptait que 1,500 à 2,000 métiers consacrés au velours; on en compte aujourd'hui 4,500, mais beaucoup sont établis hors de la ville.

Une extension considérable est donnée à la confection des étoffes à gilet, façonnées et brochées, suivant une grande variété de genres; ces produits, qui jouissent aujourd'hui d'une extrême faveur, mettent en activité beaucoup de métiers.

C'est surtout l'impression qui procure aux ouvriers un accroissement de travail. L'activité la plus remarquable anime cette branche d'industrie. Les fabricants lyonnais se sont adressés d'abord aux usines de l'Isère, bientôt devenues insuffisantes; il s'est élevé de nombreux ateliers d'impression dans la ville et dans son voisinage. Les produits que nous signalons ont mérité leurs succès par une exécution hardie, par un dessin large, à effet, à couleurs vives, habilement tranchées et savamment opposées.

La fabrication des tissus façonnés a fait d'heureux efforts pour étendre le cercle de ses débouchés : loin de se borner aux produits de luxe et d'exportation, elle a profité de la mode, en France, qui dédaigne aujourd'hui le simple et l'uni, pour faire entrer ses beaux produits dans la consommation générale. A chaque saison d'automne, elle sait varier habilement ses armures, pour donner à ses produits l'attrait de la nouveauté.

Sans dissimuler les dangers d'une concurrence étrangère, chaque jour plus habile et plus active, il ne faut pas fermer les yeux sur les ressources immenses de la fabrique lyonnaise, sur l'imagination fertile et le bon goût de ses artistes, sur l'art qu'ils ont de devancer ou de satisfaire la mode. L'ouvrier lyonnais est d'une habileté, d'une adresse et d'une intelligence incomparables : né, pour ainsi dire, sur le métier, il en conçoit toutes les ressources ; il n'est pas de fabrique où l'homme ait plus de valeur par lui-même, il n'en est pas où la capacité de l'ouvrier soit plus appréciable et mieux appréciée qu'à Lyon.

La fabrique d'Avignon, contente de la part qu'elle s'est faite, s'occupe peu d'innover ; elle borne son industrie au tissage du florence et de la marceline, en y joignant le foulard écru pour l'impression ; mais elle n'a pas de rivale en France dans le genre qu'elle a choisi. L'étranger ne lui fait de concurrence redoutable que dans les bas prix ; car, pour les qualités moyennes et fines, elle conserve la supériorité. Deux fabricants que nous aurons à signaler ont heureusement tenté l'imitation des velours de Crevelt ; c'est une véritable conquête sur l'étranger.

Nîmes confectionne peu d'étoffes de soie pure en aunage, mais beaucoup pour foulards et pour cravates, qui sont l'objet d'une exportation considérable; ce qui prouve qu'à cet égard nous soutenons avantageusement la concurrence avec l'Angleterre. La fabrique de Nîmes excelle surtout à mélanger la soie pure avec la bourre de soie et le coton, d'où résultent des produits peu couteux et très-apparents. Elle rivalise avec Lyon pour les soieries imprimées, ouvrées, à bas prix et à effet. En 1827, elle ne comptait qu'un atelier pour l'impression; maintenant elle en compte dix qui prospèrent par le bon goût du dessin et par le talent de varier les fabrications.

Aujourd'hui la fabrique de Nîmes occupe 8,000 métiers et 25,000 travailleurs pour les seuls objets de tissage et d'impression. Si cette ville obtient enfin des eaux abondantes, son industrie prendra par ce bienfait un nouvel essor.

INDUSTRIELS HORS DE CONCOURS.

I. MM. Grand frères, à Lyon (Rhône).

Industriels
hors
de concours.

MM. Grand, par la perfection des produits qui leur ont valu la médaille d'or en 1819 et la confirmation de cette récompense en 1823, se sont presque mis dans l'impossibilité de se surpasser eux-mêmes. Les magnifiques étoffes pour tenture qu'ils ont exposées cette fois, et qui sont destinées, les unes pour la chambre de la Reine, les autres pour l'hôtel de ville de Lyon, prouvent qu'ils sont toujours dignes de la distinction du premier ordre.

II. M. Savoie et compagnie, à Lyon.

Un velours ponceau, dont l'endroit offre une grande réduction, et l'envers un satin; combinaison qui présentait de grandes difficultés.

III. M. Turbé, à Lyon.

Bel assortiment de velours façonnés pour gilets, et variés dans leurs qualités comme dans leurs dispositions.

Les productions très-distinguées de ces trois maisons auraient obtenu des récompenses, s'ils avaient pu concourir; mais leurs produits, présentés trop tard, n'ont pas été préalablement examinés par le jury départemental du Rhône. Le jury central regrette que cette condition indispensable les ait exclus du concours.

RAPPEL DE MÉDAILLES D'OR.

MM. Ollat et Desvernay, à Lyon (Rhône).

Magnifique assortiment de tissus de fantaisie. Gazes-marabouts découpées, brochées, à riches dessins; mousse-lines brochées en soie et dorure, pour robes de bal; gazes-marabouts imitant la dentelle et les pierres fines, pour coiffures et pour modes, dont les dessins sont d'un bel effet; écharpes et châles tissus, grenadine-cristal; mousselines de soie chinées et brochées; écharpes à tissu diaphane, brochées en soie et dorure; châles unis, tissus à cordonnet de soie.

MM. Ollat et Devernay dépensent chaque année plus de 300,000 francs en frais de main-d'œuvre, et réunissent ainsi la grandeur des opérations à l'excellence du travail; ils méritent la confirmation de la médaille d'or qu'ils ont obtenue en 1827.

Mensions
extraordi-
naires.

MM. LEMIRE et compagnie, à Lyon, département du Rhône.

Ils ont exposé des brocarts d'or et d'argent, des damas et des velours façonnés pour ameublements, de riches satins brodés pour robes de luxe. Tous ces objets attestent dans leur genre la supériorité de la fabrique lyonnaise. Le jury de 1834 confirme à MM. Lemire la médaille d'or qu'ils avaient obtenue en 1827, comme associés de la maison Cordier et Lemire.

NOUVELLE MÉDAILLE D'OR.

Nouvelle
médaille
d'or.

MM. MATHEVON et BOUVARD, à Lyon (Rhône).

Brocarts d'or et d'argent pour tentures et pour ornements d'église, étoffes de soie pour meubles; satins façonnés et riches pour robes, châles de satin brochés et nuancés avec goût.

On a surtout admiré parmi les produits de MM. Mathevon et Bouvard, un tissu de brocart or et argent, broché en chenille, d'une belle fabrication, ainsi qu'une tenture brochée, or et soie, nuancée, avec le portrait du Roi et de la Reine, d'une grande dimension. Le jury, devancé par l'estime générale du commerce, accorde à MM. Mathevon et Bouvard, une médaille d'or : ils avaient obtenu déjà la médaille d'argent, en 1823 et 1827.

RAPPEL DE MÉDAILLE D'ARGENT.

MM. Didier, Petit et compagnie, à Lyon (Rhône).

Ornements d'église, étoffes pour tentures et pour robes brochées nuancées. On a surtout remarqué, 1° deux chasubles en brocart d'argent et d'or, à grands dessins relevés en bosse, confectionnées pour le Mexique ; 2° une étoffe pour meubles, or et argent, imitant la tapisserie, destinée pour la Grèce. MM. Didier et Petit fabriquent aussi des rubans gros de Tours, brochés et nuancés, pour ceintures, à dessins très-riches. Le jury central de 1834 confirme la médaille d'argent qu'ils avaient obtenue en 1827.

NOUVELLES MÉDAILLES D'ARGENT.

MM. Potton, Crozier et compagnie, à Lyon (Rhône).

Ils fabriquent, avec un rare degré de perfection, diverses étoffes pour robes, en gros de Naples, en satin façonné et liseré. On a surtout distingué, dans leur bel assortiment, l'étoffe double, appelée *sylphide*, imitation parfaite d'une gaze brodée, posée sur une étoffe de soie unie, d'une couleur différente ; ce produit, d'une exécution difficile, a le mérite du bon goût et jouit d'un grand succès. Le jury décerne la médaille d'argent à la maison de MM. Potton, Crozier et compagnie, l'une des plus considérables de Lyon.

MM. Besset et Bouchard, à Lyon.

Châles de satin remarquables pour leur exécution et pour la beauté des couleurs; ces châles sont d'une grande consommation dans l'Amérique du Sud. Étoffe pour rideaux, en satin broché, sans envers. Échantillon de velours moyen âge, fond satin façonné, velours et liseré. Cette dernière étoffe est faite par un nouveau procédé, au moyen d'une mécanique à rabat combinée avec le métier Jacquart. Ce système ingénieux est applicable à tous les velours brochés, à tous les satins façonnés sans envers, ayant une grande dimension. Ils ont exposé le modèle de leur mécanisme. Ces exposants sont très-dignes de la médaille d'argent.

MM. Gamot frères et Eggena, à Lyon (Rhône).

Gazes, fichus, châles, écharpes de fantaisie. Ces tissus brochés et imprimés sont d'un fort bon goût. On a remarqué surtout une écharpe brochée faite au moyen d'un battant-brocheur importé d'Angleterre et combiné avec le métier Jacquart; d'où résulte beaucoup d'économie dans la main-d'œuvre.

MM. Gamot et Eggena sont les premiers qui, dès 1827, aient reproduit l'impression sur la soierie; leurs tissus, d'un prix modéré, ont un grand succès à l'étranger. Le jury leur décerne la médaille d'argent.

MM. Burel, Béroujou et compagnie, à Lyon (Rhône).

Étoffes pour ornements d'église, pour ameublements et pour gilets; satins richement façonnés. Dans leurs produits il faut signaler, spécialement un brocart d'or et d'argent, à soie nuancée, d'une grande perfection pour le goût et pour le travail.

Ces habiles fabricants avaient obtenu la médaille de bronze en 1827 ; ils méritent aujourd'hui la médaille d'argent.

M. DUCARRE, à Lyon (Rhône).

Velours grenat d'une belle réduction, étoffes-armures, pour robes, d'un effet très-agréable et d'une excellente exécution.

Le jury décerne la médaille d'argent à M. Ducarre qui, depuis longtemps, est renommé pour la beauté de ses étoffes.

MM. CINIER et FATIN, à Lyon (Rhône).

Étoffes pour ornements d'église, châles en soie, liserés et brochés, imitant la dentelle et la broderie ; satins nuancés pour robes. Tous ces produits sont remarquables par leur bon goût et leur exécution ; les prix en sont très-modérés et leur assurent un grand débouché dans l'Amérique : ils méritent la médaille d'argent.

MM. SERVANT et OGIER, à Lyon (Rhône).

Variété remarquable d'étoffes à gilets en soie pure, soie et coton ; soie, laine et coton, fabriqués avec habileté. MM. Servant et Ogier ont pris une grande part au développement si considérable qu'a reçu, depuis quelques années, ce genre de fabrication : le jury leur décerne la médaille d'argent.

Nouvelles
médailles
d'argent.
MM. PLATAREL et PAYEN, à Paris (Seine).

Ils fabriquent des peluches cardées et tondues de diverses couleurs, les unes pour chapeaux et les autres pour manteaux. Les chapeaux faits en peluche sont légers, très-apparents et d'un prix modique. MM. Platarel et Payen filent eux-mêmes les déchets de soie qu'ils emploient pour leurs peluches que recommandent une belle fabrication et des couleurs de nuances pures : ils sont dignes de recevoir la médaille d'argent.

MÉDAILLES DE BRONZE.

Médailles
de brouze.
MM. PELLIN, BERTRAND et compagnie, à Lyon (Rhône).

Fichus, écharpes et châles de soie façonnés, unis et imprimés ; étoffes brochées pour robes qui se vendent en grandes quantités à l'étranger, à cause de leur bas prix et de leur bonne fabrication : la médaille de bronze.

MM. BELLY-LUIZET, à Lyon (Rhône).

Il a, l'un des premiers, introduit à Lyon la fabrique des tulles-bobin de soie, industrie qui, depuis trois ans, a pris le plus grand essor : aussi les Anglais, qui l'emportent pour les beaux tulles de coton, le cèdent à l'égard de nos tulles de soie. Il se fabrique actuellement à Lyon pour près de 2,000,000 fr. de ce dernier produit dont plus de la moitié s'envoie à l'étranger. M. Luizet, à la fois fabricant et mécanicien, a contribué considérablement au progrès de cette industrie. Le jury lui décerne la médaille de bronze.

MENTIONS HONORABLES.

M. Louis BONNAUD, à Lyon (Rhône).

Marcelines diaphanes, gros de Naples façonnés imitant le tulle, pour la confection des ombrelles; fabrications soignées.

M. GANTILLON, à Lyon (Rhône).

Étoffes nouvelles brochées pour ameublement et tenture, imitant le fini de la gravure, par des procédés que M. Gantillon prétend être nouveaux. Le jury croit devoir attendre la sanction de l'expérience pour accorder à cet exposant une récompense supérieure.

MM. MOSSING frères et PAULY, à Puttelange (Moselle).

Velours léger, imité de Crevelt; peluches à chapeaux bien fabriquées: prix modérés.

───────◆───────

FABRIQUE D'AVIGNON.

─────────

NOUVELLE MÉDAILLE D'OR.

MM. THOMAS frères, à Avignon (Vaucluse).

Ces fabricants occupent près du quart des ouvriers qu'emploie la fabrique d'Avignon; ils font mouliner, teindre, dévider et tisser la soie. Leurs produits habituels, les florences, jouissent d'une haute réputation. Ils

Nouvelle
médaille
d'or.

fabriquent des soieries à grandes largeurs pour cravates et pour impression. Avignon leur doit les perfectionnements de son industrie; ainsi, les premiers dans cette ville, ils ont obtenu le noir-bleu bon teint. Le jury leur décerne la médaille d'or.

NOUVELLE MÉDAILLE D'ARGENT.

Nouvelle
médaille
d'argent.

MM. Poncet frères, à Avignon, département de Vaucluse.

Florences et marcelines d'une belle fabrication, d'un prix modique et d'une grande consommation; c'est un objet capital pour la fabrique d'Avignon. MM. Poncet ont exposé des échantillons de garance en poudre. Leur fabrique est une des plus importantes d'Avignon. Le jury leur décerne la médaille d'argent.

MÉDAILLES DE BRONZE.

Médailles
de bronze.

M. Pamart (Hippolyte), à Avignon (Vaucluse);

MM. Faure et Duprat, à Avignon (Vaucluse).

Velours façon de Crevelt, très-souples et d'une belle réduction, à des prix fort modérés. Cette fabrication, récente dans Avignon, peut prendre un grand développement. Nous avons longtemps tiré d'Allemagne le velours léger, dont la consommation en France est assez considérable ; Avignon et Lyon parviendront à nous affranchir de cette dépendance. Nous accordons la médaille de bronze aux deux maisons d'Avignon qui, les premières, ont travaillé pour rendre ce service à notre pays.

Médailles de bronze.

FABRIQUE DE NÎMES.

NOUVELLE MÉDAILLE D'OR.

MM. DURAND, BOUCHET et HAUVERT, à Nîmes (Gard).

Nouvelle médaille d'or.

Fichus, châles, écharpes en soie ; foulards et châles de satin imprimés. Tous ces produits sont remarquables, non-seulement pour la bonté du tissu, mais pour le goût pur des dessins et la vivacité des couleurs.

L'activité, l'esprit d'entreprise égalent le talent de MM. Durand, Bouchet et Hauvert ; la fabrique de Nîmes leur doit l'introduction des tondeuses, celle des découpeuses, et beaucoup d'autres perfectionnements, soit dans les procédés, soit dans les produits. Pour leurs travaux dépendant du tissage, ils emploient 388 ouvriers, et 80 pour les impressions ; enfin l'économie de leurs opérations est telle qu'ils ne redoutent, sur les marchés étrangers, la concurrence d'aucun peuple. Le jury les juge dignes de la médaille d'or.

MÉDAILLE D'ARGENT.

MM. D'HOMBRES et compagnie, à Nîmes (Gard).

Médaille d'argent.

Mouchoirs de soie et fantaisies, très-variés dans leurs

dessins, aussi distingués par leur pureté que par la vivacité de leurs nuances.

La teinture et l'impression sur étoffes de la fabrique de Nîmes doivent une partie de leurs progrès aux efforts de MM. d'Hombres; des premiers dans cette ville ils ont fait usage de la vapeur. Ils livrent annuellement au commerce une grande masse de produits, remarquables pour leur bas prix. Le jury leur décerne la médaille d'argent.

RAPPEL DE MÉDAILLE DE BRONZE.

M. PUGET, à Nîmes (Gard).

Florences légers, très-bien fabriqués; fichus et châles façon de foulards imprimés, sur dessins composés avec art. Ces articles, dont le bas prix étonne, sont fabriqués dans la maison de détention de Nîmes. Médaille de bronze en 1823, rappel en 1827, confirmation en 1834.

MÉDAILLES DE BRONZE.

M. COMBIÉ-ROSSEL, à Nîmes (Gard).

Fichus, écharpes, gazes et marabouts unis et imprimés, étoffe-gaze imprimée, peluche à chapeaux. Tous ces tissus, à bas prix et confectionnés avec une connaissance parfaite des procédés de fabrication, méritent la médaille de bronze.

MM. DAUDET, QUEIRETY et compagnie, à Nîmes (Gard).

Foulards imprimés, à tissus d'une belle fabrication;

foulards garance pour mouchoirs de poche, objet nouveau dans la fabrique de Nîmes; mouchoirs tissus
d'or et de soie, façonnés, destinés surtout pour Alger,
Tunis et Maroc. Tous ces produits sont bien fabriqués;
ceux de fantaisie, avec de bons dessins, et des couleurs
qui réunissent l'éclat à la solidité. Ces fabricants occupent 150 métiers, et pour l'impression 50 ouvriers.
Le jury leur accorde la médaille de bronze.

Nouvelles médailles de bronze.

MENTIONS HONORABLES.

MM. ROUVIER et MICHEL, à Nîmes (Gard).

Mentions honorables.

Étoffes pour meubles, appelées *imberlines-fleuret*
et *imberlines-satinées,* depuis longtemps fabriquées
avec succès par cette cette maison.

MM. DAUDET aîné et compagnie, à Nîmes (Gard).

Mouchoirs, foulards et cravates en soie, imprimés
et façonnés, en taffetas noir uni. Bonne confection, bon
goût, bas prix, et grand débit en Amérique.

M. DAUDET jeune, à Nîmes (Gard).

Foulards satinés et serges imprimées, remarquables
pour leur belle qualité et leur bon goût d'impression.

M. SAY-ARNAUD, à Nîmes (Gard).

Étoffes pour meubles, dites *imberlines,* soit à fleuret,
soit satinées, d'une belle exécution. Ces produits sont
d'un grand débit dans les campagnes.

I.   9

MM. GELLY frères, à Nîmes (Gard).

Assortiment varié de mouchoirs-gaze, en coton, remarquables pour leur bas brix et leur légèreté. Ils sont
l'objet d'une fabrication très-considérable.

M. GAIDAN (George), à Nîmes (Gard).

Cravatés en soie et foulards imprimés, d'une bonne
confection et d'une heureuse variété de dessins.

SECTION III.

RUBANS ET PASSEMENTERIE.

La France possède une grande supériorité sur l'étranger
pour ces deux genres de fabrications. C'est ce que démontre avec évidence le tableau de nos exportations.

VALEUR DES EXPORTATIONS.

	1832.	1833.
Rubans.............................	23,236,440^f	30,735,520^f
Passementerie d'or ou d'argent fin.	769,454	811,146
———— d'or ou d'argent faux	82,770	123,510
———— de soie pure.......	2,179,700	2,943,000
———— de soie mêlée.....	253,685	245,365
TOTAUX.......	26,522,049^f	34,858,541^f

L'exposition de rubans, en 1834, est beaucoup plus
riche qu'elle ne l'était en 1827; elle a mérité de plus
nombreuses récompenses.

MÉDAILLE D'ARGENT.

M. VIGNAT - CHOVET, à Saint - Étienne (Loire).

Collection de rubans pour chapeaux et ceintures. On a distingué surtout les rubans de taffetas, imprimés sur chaîne, avant le tissage, ce qui présente de grandes difficultés d'exécution, tous les fils devant conserver pendant le travail les positions relatives indiquées par le dessin. Ces nouveaux rubans, qui n'ont pas d'envers, sont par là supérieurs aux rubans imprimés; aussi le goût élégant de Paris les recherche avec empressement. On doit encore à M. Vignat des rubans-cordons brochés, pour ceintures, remarquables par leur force, la variété des couleurs, la beauté des dessins et le fini de l'exécution. Ces produits, dignes de la réputation dont jouit cet habile fabricant, méritent la médaille d'argent.

MÉDAILLES DE BRONZE.

M. DUTROU jeune, à Paris.

Rubans moirés, rubans unis, façonnés et brochés, pour ceintures, parfaitement fabriqués, distingués en même temps par le goût et la variété des dessins, par les nuances et la beauté des couleurs. Honorablement mentionné dès 1823, M. Dutrou a beaucoup agrandi sa fabrique et perfectionné ses produits. Le jury lui décerne la médaille de bronze.

Médailles
de bronze.

MM. FAURE frères, à Saint-Étienne (Loire).

Rubans de gaze, de gros de Naples et de satin broché. Fabrication estimable ; dessins nouveaux et de bon goût, qui font rechercher les produits de cette fabrique en France et dans l'étranger : la médaille de bronze.

MM. ROBICHON et compagnie, à Saint-Étienne (Loire).

Rubans de gaze découpés, remarquables par la légèreté et le bon goût des dessins ; mais surtout par leur bonne confection, qui justifie le suffrage des consommateurs : la médaille de bronze.

MM. COLOMBET et HENRI - PALIARD, à Saint-Étienne (Loire).

Rubans de gaze découpés, dont les dessins sont nouveaux et distingués ; ces produits, bien fabriqués, sont recherchés : la médaille de bronze.

M. BANCEL, à Saint-Chamond (Loire).

Rubans de gaze découpés, dont les fleurs sont entourées d'un liseré noir qu'on applique après le tissage avec le pinceau, ce qui donne plus de relief au dessin. C'est à M. Bancel qu'est due l'importante fabrication des rubans de gaze-marabouts, qu'il s'efforce de perfectionner Le jury lui décerne la médaille de bronze.

M. MERCOIRET, à Saint-Étienne (Loire)

Rubans - cordons pour ceintures, remarquables pa

leur force, qualité nécessaire à ce genre de produits. M. Mercoiret est breveté pour le procédé dit *du pas ouvert,* qui s'applique au métier Jacquart et qui semble plus avantageux que tout autre pour fabriquer les rubans-cordons. Ce procédé dépose des talents de M. Mercoiret comme mécanicien : la médaille de bronze.

Mme veuve CONARD, à d'Encourt (Eure).

Rubans et bretelles de fil et de coton, d'une exécution soignée et d'une belle réduction. La fabrique de Mme Conard est l'une des plus importantes du département de l'Eure ; elle emploie 600 tisserands, et produit annuellement plus de 100,000 douzaines de pièces de rubans : la médaille de bronze.

MM. MASSELIN frères, à d'Encourt (Eure).

Rubans de fil de lin de diverses largeurs et d'une excellente fabrication, qui s'élève annuellement à 30,000 douzaines de pièces : la médaille de bronze.

MENTIONS HONORABLES.

M. TEZENAS-BALAY, à Saint-Étienne (Loire).

Rubans de gaze découpés, à dessins variés et bien nuancés ; bonne confection.

M. LEROY, à Thiberville (Eure).

Rubans de coton, dits *percales,* de diverses largeurs, bien exécutés. Fabrique annuellement 15,000 douzaines de pièces.

MM. Loquet et compagnie, à Thiberville (Eure).

Très-bons rubans de fil et coton. Fabriquent annuellement 24,000 douzaines de pièces.

MM. Doublet jeune et Piquenot, à Bernay (Eure).

Rubans de fil et bretelles en coton. Grand débit justifié par la réunion du bas prix et de la bonne exécution.

CITATIONS FAVORABLES.

MM. Richond-Peyret et Vergeat, à Saint-Étienne (Loire).

Rubans de gaze façonnés, imitant la blonde ; fabrication soignée, dessins variés et d'un effet agréable.

M. Micolon-Levans, à Saint-Étienne (Loire).

Rubans de divers genres, dessins variés et d'assez bon goût.

MM. Praeger et compagnie, à Nancy (Meurthe).

Rubans et galons de soie pure, de soie et coton, noirs, noirs et blancs, pour border les chaussures. Tous ces produits sont d'une bonne confection.

M. Guillemot, à Paris (Seine).

Galons de livrée et de voitures bien confectionnés.

CHAPITRE IV.

TISSUS DE CRIN ET DE PAILLE.

Depuis quelques années, l'industrie française s'est beaucoup occupée d'introduire dans les tissus de nouvelles matières premières. Les tissus de crin, simples ou mélangés, nous offrent des progrès de ce genre. Ces étoffes, destinées à faire des meubles, ont le double avantage de la durée et de l'économie. On croyait d'abord qu'elles ne pouvaient recevoir que de petits dessins; elles sont maintenant ornées de grands dessins damassés, de fleurs, de rosaces. Nous sommes devenus supérieurs aux Anglais dans ce genre, qu'ils ont exploité si long-temps.

Un fabricant a tiré le plus heureux parti d'une plante filamenteuse qui croît aux îles Philippines, et dont il parvient à faire de jolies étoffes pour meubles, en les tramant sur chaîne de soie.

Enfin nos tissus de paille commencent à prendre rang à côté des plus beaux produits de la fabrique de Toscane.

MÉDAILLE D'ARGENT.

M. BARDEL (Eugène), à Paris (Seine).

Tissus en crin, tissus en crin et soie, de différentes couleurs, avec dessins variés et d'une belle exécution.

Avec l'*abaca*, plante de l'Inde, M. Bardel fabrique : 1° des étoffes façonnées, variées de couleurs et destinées aux chapeaux des dames; 2° des étoffes pour meubles, façonnées et imprimées, d'un bon goût et d'un bel effet.

Tous ces produits ont le double mérite de la durée et du bon marché.

M. Bardel reçut en 1823 une médaille de bronze, confirmée en 1827; pour les progrès de sa fabrique agrandie et de ses produits perfectionnés, le jury de 1834 lui décerne la médaille d'argent.

RAPPEL DE MÉDAILLE DE BRONZE.

M. JOLIET, à Paris (Seine).

Assortiment varié de tissus en crin pour meubles, bien fabriqués, sur des dessins d'un bon goût. Le jury confirme la médaille de bronze accordée en 1827 à M. Joliet.

NOUVELLE MÉDAILLE DE BRONZE.

M. PAVY (Eugène), à Paris (Seine),

Expose des tapis, des cordages, des cordons, des objets

de passementerie fabriqués avec l'aloës qu'il tire de l'Inde et de l'Afrique, et l'*agavé* qu'il tire de l'Amérique.

Les cordages d'aloës, qui n'ont pas besoin d'être goudronnés et dont les fibres ont une grande force, présentent des avantages pour la marine. Les cordons de couleur pour ameublement et les objets variés de passementerie exposés par M. Pavy sont exécutés avec goût. Ses tapis, qui reproduisent le genre indien, sont d'une grande solidité. Le jury récompense par la médaille de bronze ces nouveaux genres d'industrie, qui prennent une extension remarquable.

Nouvelle médaille de bronze.

MENTIONS HONORABLES.

M. MUGNIER (Charles), à Gray (Haute-Saône).

Mentions honorables.

Tissus de crin pour meubles, à grands et petits dessins variés de couleurs, bien fabriqués et d'un effet agréable.

M. ÉLAND (Benjamin-Claude), à Paris (Seine).

Tissus de crin pur et tissu de crin et soie, pour meubles, variés de couleurs et de dessins. Fabrication soignée, mentionnée honorablement en 1823 et 1827.

MAISON CENTRALE DE DÉTENTION, à Gaillon (Eure).

Tresses en paille pour chapeaux de femme; divers ouvrages en paille. Cette maison occupe environ 700 détenus aux travaux de ce genre, à la bonneterie, à la rouennerie, à la ganterie. Confirmation de la mention honorable accordée en 1827.

M. BOUCHET (Jacques), à Montendu (Charente-Inférieure).

Deux classes de chapeaux tressés en feuilles de latanier, semblables, selon M. Bouchet, à ceux dont on fait usage au Mexique ainsi qu'à la Havane, où ils se vendent le double du prix qu'il établit, 3 francs et 7 francs. Ces chapeaux, souples, légers et d'un tissu fin, peuvent être avantageusement exportés en Amérique, à cause du bon marché. Mention très-honorable.

Mme LETARD (Adélaïde), à Alençon (Orne),

Présente un chapeau de paille fine, imitant la paille d'Italie, et pour la nuance et pour la rare finesse du tissu dont elle a perfectionné l'apprêt et le blanchîment. Ces chapeaux sont confectionnés avec de très-belle paille, récoltée près d'Alençon, et provenant d'un blé d'Italie acclimaté dans cette localité. Encourageons cette culture et cette fabrication par une mention honorable; elles seront dignes d'une récompense supérieure lorsqu'elles auront pris plus d'extension.

CITATIONS FAVORABLES.

M. PERNOT, à Paris (Seine).

Tissus tressés en paille de diverses couleurs, pour tentures et tapis; produits bien exécutés.

M. DESMONS, à Paris (Seine).

Étoffes tressées en bois français et en bois étrangers de diverses couleurs, pour chapeaux de femme. Ces tissus peuvent convenir pour la province et pour l'étranger.

M. GREMAUD (Aimé), à Paris (Seine).

Échantillons de tresses et tissus de paille de différents dessins, pour chapeaux de femme ; assez bon goût.

M. SOMONT (Théodore), à Amiens (Somme).

Objets d'habillement en filaments végétaux, improprement appelés *crins-végétaux*; cols, casquettes, bottines de femmes, pantalons, etc.

CHAPITRE V.

FILS ET TISSUS DE CHANVRE ET DE LIN.

Dans la période écoulée de 1827 à 1834, l'industrie qui met en valeur le chanvre et le lin n'offre que de faibles progrès. Elle ne peut espérer de perfectionnements que par une application plus habile et plus heureuse de la mécanique au filage, pour obtenir, avec une économie plus grande, des fils d'une égalité parfaite et d'une force considérable, proportionnellement à la grosseur de ces fils. Napoléon, pénétré de l'importance que présentait la solution d'un tel problème, en avait fait l'objet d'un prix digne de lui : un million devait être la récompense d'une machine qui pût produire des fils de lin tels que les réclament les plus beaux tissus. Le prix n'existe plus, et le problème, en France du moins, n'est pas encore résolu.

Les Anglais ont peut-être actuellement trouvé cette solution. Ils comptent aujourd'hui trois grandes filatures mécaniques, dont une, celle de M. Marshall, est citée comme admirable par ses résultats, non-seulement dans l'emploi du lin, mais en donnant une valeur nouvelle à l'étoupe que cet établissement file à un degré de finesse inconnu, dit-on, jusqu'à ce jour. Déjà nos fabriques du

.nord et de l'ouest font un usage considérable de ces fils, qu'on s'est procurés pour suppléer à l'insuffisance de la dernière récolte en France. La fabrique de Laval s'en est servie pour tisser des coutils, soit écrus, soit blancs, aussi parfaits que ceux qui nous viennent de l'Angleterre.

Depuis très-peu de temps, des filatures mécaniques nouvelles se sont élevées dans notre pays; quelques-unes ont déjà présenté des produits dont nous rendrons compte. Le département du Nord voit en ce moment créer un grand établissement de ce genre, où l'on veut réunir les machines les plus perfectionnées que possède l'Angleterre. Nous appelons de tous nos vœux le succès d'une telle entreprise.

Le tissage de la toile ordinaire, disséminé dans toute la France, sé borne en général à satisfaire aux besoins des localités. Quelques tentatives heureuses ont été faites par la fabrique de Lisieux, pour s'ouvrir des débouchés dans le midi. Le Finistère et les Côtes-du-Nord ont trouvé pour leurs toiles un plus grand nombre de consommateurs dans l'intérieur, et particulièrement à Paris.

Les toiles de Beauvais, demi-Hollande, si belles, si brillantes et si fines, ont soutenu leur supériorité, mais sans obtenir une consommation plus étendue.

Les batistes françaises qui ne connaissent au dehors nulle concurrence, continuent d'être pour nous un objet d'exportation de 14, 15 et 16 millions par an. L'art de l'impression est venu donner l'attrait de la mode à ces magnifiques tissus, ce qui contribue à maintenir les ventes à l'étranger; celles de l'intérieur sont à peu près restées stationnaires. Il faut en dire autant de la fabrication du linge de table, malgré les droits établis pour la protéger contre la concurrence étrangère. Il est juste d'ajouter que l'usage du linge de corps et de table en coton, par son bas prix, nuit considérablement aux tissus de chanvre et de lin, destinés au même usage.

Afin de montrer quels ont été les variations du commerce des toiles de toutes sortes, nous nous contenterons du rapprochement qui suit :

ANNÉES.	IMPORTATIONS.	EXPORTATIONS.
1822..........	37,884,751^f	30,033,624^f
1824........	38,992,904	23,801,175
1825........	29,587,722	25,266,706
1832........	17,760,102	29,747,917
1833........	15,484,796	26,982,354

Ces résultats nous font voir, qu'il y a dix ans, les produits français étaient de 15 millions inférieurs à la consommation nationale, et qu'ils sont aujourd'hui de 9 millions 1/2 supérieurs à cette consommation.

SECTION PREMIÈRE.

FILAGE DU CHANVRE ET DU LIN.

MÉDAILLE D'ARGENT.

Médaille d'argent.

M. SAGLIO (Baptiste) et compagnie, à Biblisheim (Haut-Rhin).

L'Alsace, qui s'est placée au premier rang pour le filage des cotons superfins, ne pouvait rester en arrière pour le filage du chanvre et du lin.

L'établissement Saglio possède un moteur hydraulique fort de 16 à 18 chevaux, qui fait agir 1,200 broches de métiers continus, avec tous les mécanismes préparatoires, et 50 broches à retordre; 60 à 70 femmes et 20 à 25 hommes sont occupés tant à ces travaux qu'au peignage par les procédés anglais; la fabrique contient en outre un atelier de tissage pour 70 métiers.

Médaille d'argent.

Les produits sont des fils ayant depuis 10,000 mètres jusqu'à 60,000 au 1/2 kilogramme, et cotés depuis 1 fr. 40 cent. jusqu'à 8 fr.

Le jury trouve que ces produits laissent encore beaucoup à désirer; mais il est difficile d'obtenir davantage d'un établissement qui ne comptait encore que six mois d'activité lors de l'exposition : un incendie avait dévoré les premières constructions, qu'il a fallu refaire en entier. La persévérance et les premiers succès de la maison Saglio méritent la médaille d'argent.

MÉDAILLES DE BRONZE.

M. LECLAIR (J.-B.), à Kaysersberg (Haut-Rhin).

Médailles de bronze.

Nous avons encore ici les produits d'une filature de lin, à la mécanique, nouvellement établie; elle a présenté des produits depuis 16,000 jusqu'à 56,000 mètres le 1/2 kilogramme. Ces produits sont un sujet d'espérance; ils méritent la médaille de bronze.

M. MORET et compagnie, à Moy (Aisne).

Filature à la mécanique, depuis 8,000 jusqu'à 24,000 mètres le 1/2 kilogramme.

Tissage : gros linons de fil et toiles d'étoupe; tapis de

pied en fil teint, ayant 50 à 55 centimètres de large, au prix de 2 fr. à 2 fr. 50 cent. l'aune.

M. Moret tire un excellent parti des étoupes et même des rebuts; ses toiles écrues sont à bas prix et bien confectionnées. Le jury lui décerne la médaille de bronze.

MENTIONS HONORABLES.

M. BLAIZE (Joseph), à Guinghamps (Côtes-du-Nord);

M. DONIOL fils, à Guinghamps (Côtes-du-Nord);

M. BEAGHEL-SERLOOT, à Bailleul, département du Nord.

Fils retors pour la *filterie*, en écheveaux, en petites pelotes. MM. Doniol père et fils ont contribué au développement de cette industrie par l'invention d'une mécanique dont l'usage est devenu général. Tous ces fabricants méritent la mention honorable.

CITATION FAVORABLE.

M. ROCHARD (Julien), à Lamothe (Côtes-du-Nord).

Fils de lin filés à la main. Déjà cité en 1827 pour ce genre de produits.

SECTION II.

BATISTES.

MÉDAILLE DE BRONZE.

Mme veuve TERWANGNE-PAYMANS et M. FOURNIER, à Paris, rue du Croissant, n° 20.

Médaille de bronze.

Collection variée et d'excellent goût de batistes imprimées, à vignettes pour mouchoirs, à fleurs et dessins pour robes ; une batiste blanche ayant plus de 6,000 fils de chaîne, tissu d'une beauté, d'une régularité remarquable. Mme Terwangne dirige à Valenciennes l'achat des batistes, et M. Fournier dirige à Paris les impressions. Avant les opérations de cette maison, l'impression sur batiste était très-limitée ; elle lui a donné pour ainsi dire une existence nouvelle et beaucoup d'extension, par la richesse des dessins et leur mise en œuvre. Cette industrie est sans rivale à l'étranger. Le jury décerne une médaille de bronze aux exposants.

MENTIONS HONORABLES.

I. MM. TOUSSAINT père et fils, à Paris, rue du Gros-Chenet, n° 10 ;

II. MM. JOLLY et GODARD, à Paris, rue de Cléry, n° 11.

Mentions honorables.

Ces deux maisons exposent des batistes écrues et blan-

I.

10

ches, ou imprimées pour mouchoirs et pour robes ; elles ont suivi les traces de la maison Terwangne et Fournier.

CITATION FAVORABLE.

MM. FOREST frères, à Paris, rue Coq-Héron, n° 7;

Exposent une batiste de la plus grande beauté ; le jury regrette de ne pouvoir récompenser l'ouvrier qui l'a faite.

SECTION III.

TOILES FINES ET DE MÉNAGE.

MÉDAILLE D'ARGENT.

M. CARON-LANGLOIS, à Beauvais (Oise).

Il est le seul qui présente des toiles demi-Hollande, fabriqué de Beauvais. Cette fabrique lui doit la substitution du peigne de cuivre au peigne de canne ; innovation qui, tout en économisant la main-d'œuvre, donne à la toile plus de force et de régularité. On a remarqué parmi les produits de M. Caron-Langlois une pièce de la plus grande beauté.

Il expose aussi des mouchoirs de fil, imprimés en bleu, à double face, à l'imitation des foulards. M. Caron-Langlois, fabricant distingué de tapis, a reçu la médaille d'argent pour l'ensemble de ses produits.

MÉDAILLES DE BRONZE.

M. JACQUEMET, à Voiron (Isère).

Toiles écrues 4/4 à 2 fr. 25 c., 2 fr. 60 c. et 3 fr. l'aune.

Les toiles de Voiron méritent leur renommée. Pour en perfectionner le tissage M. Jacquemet fait servir un moteur hydraulique à mouvoir 34 métiers à tisser de M. Debergue, 3 machines à parer, 3 cannetières, un ourdissoir et un bobinoir de 30 broches ; le système de préparation doit à ce manufacturier plusieurs perfectionnements. Le jury lui décerne la médaille de bronze.

M. BARON-DUTAYA, à l'Hermitage (Côtes-du-Nord).

Coupes de serviettes écrues aux prix de 22 fr. 50 c. et 24 fr. 50 c. très-bien fabriquées et d'une qualité supérieure aux toiles ordinaires de Bretagne. Pour encourager les progrès que ces produits annoncent, on accorde à M. Baron-Dutaya la médaille de bronze.

M. Constant GOUPIL, à Fremay (Sarthe).

Toiles de bonne qualité courante, bien faites pour leur prix. M. Goupil possède une des fabriques les plus importantes de son département : la médaille de bronze.

M. GUILLER-CHARDON, à Écomoy (Sarthe),

Expose deux pièces de toiles de chanvre en 4/4 et 7/8, d'une qualité parfaite, très-durables et d'un prix fort modéré; l'une de ces pièces est tissée en fils blanchis. M. Guiller, qui a le premier introduit dans la Sarthe ce

10.

Médailles de bronze. genre de fabrication, possède une fabrique considérable et fort estimée : le jury lui décerne la médaille de bronze.

M. Joseph-Jean BULET, au Mans (Sarthe),

Expose un chef-d'œuvre de bon marché : c'est une toile 4/4 en fil de chanvre, à 30 centimes l'aune. Cette toile est propre à recevoir le papier collé pour tenture. Le jury s'estime heureux de récompenser cette industrie, quoique très-secondaire, et ce bon marché si remarquable, par la médaille de bronze.

MENTIONS HONORABLES.

Mentions honorables.

M. FAUCHE, à Guerquesalle (Sarthe),

Expose deux pièces de toile cretonne 2/3 ;

M. PETIT-MONSAINT, à Lizieux (Calvados),

Une pièce nappe blanche 7/4 à 10 francs l'aune ;

M. DAVID-MONSAINT, à Lizieux (Calvados),

Une pièce de toile blanche 2/3 à 7 francs ;

M. LANIEL-FONTAINE, à Vimoutiers (Orne),

Une pièce écrue 9/4 de large ;

M. FOULON, à Saint-Martin-du-Tilleul (Eure),

Une pièce de serviettes blanches 2/9, dites *de Bernay*. Tous ces produits sont bons et bien faits ; ils attestent les efforts des fabriques de Lizieux et de Vimoutiers pour accroître leur bonne réputation. Ces toiles sont con- fectionnées par des tisserands qui travaillent pour leur compte et vendues aux marchands qui les font blanchir et les versent ensuite dans la consommation.

M. Guillaume LELOUTRE, à Saint-The-gonnet (Finistère).

Serviettes blanches 5/8 ; toile 2/3 dite *fleuret*, extra-fine.

M. DE BEIGNE et compagnie, à Paris.

Sacs et tuyaux en fil écru, sans couture ; échantillons de toile extra-forte.

I. MM. LEGENTIL frères, à Laval, déparment de la Mayenne :

Collection de toiles bisonnes, coutils écrus à bas prix, serviettes en fil ouvrées ;

II. MM. BOISSEAU père et fils :

Toiles blanches, coutil-cuir extra-fort, coutil-course très-fin ;

III. M. DUCHEMIN-PELMOINE, à Château-Gonthier (Mayenne) :

Toile fine à 8 fr. l'aune.

Ces trois maisons ne fabriquent pas elles-mêmes ; on les mentionne honorablement pour représenter le mérite des tisserands de la Mayenne, et pour reconnaître la bonne direction que ces maisons considérables impriment à la fabrication des toiles.

M. le Cte DE PERROCHEL (Maximilien), à Fresnay (Sarthe),

Expose une pièce de toile blanche extra-fine, laissant beaucoup à désirer pour la régularité du tissage; une pièce écrue, chanvre, de 4,000 fils de chaîne, pour 2/3 de large; un échantillon de fil de chanvre de 181,440 mètres au kilogramme. Il a fallu vaincre d'extrêmes difficultés pour obtenir ce degré de finesse avec une matière première aussi difficile à travailler; la pièce de 4,000 fils est un chef-d'œuvre dans son genre, et l'excellent ouvrier qui l'a tissée sera récompensé, comme artiste, par la médaille de bronze. On doit mentionner très-honorablement le zèle et les efforts de M. le comte de Perrochel.

M. BERGER-DELEINTHE, à Fresnay, département de la Sarthe.

Un pièce de toile à 3/4 de large, au prix de 25 fr.; fine et bien faite; mais chère, et d'un emploi restreint. M. Berger avait obtenu la mention honorable en 1827.

M. ROUSSEAU - BRILLAND, à Fresnay (Sarthe),

Expose une toile blanche, large de 3 aunes; c'est un tour de force. Déjà mentionné honorablement en 1827.

MAISON DE CHARITÉ de Saint-Louis, à Vannes (Morbihan).

Toile de ménage pour draps, serviettes et chemises; bonne fabrication dans les qualités ordinaires.

CITATION FAVORABLE.

M. RIVIÈRE, à Magny-la-Campagne (Cal-
vados).

Citation
favorable

Canevas en fil, propre à la broderie.

SECTION IV.

LINGE DE TABLE.

MÉDAILLE DE BRONZE.

M. AULOY, à Marcigny (Saône-et-Loire).

Médaille
de bronze

Serviettes et nappes en fil, damassées, écrues et
blanches; toiles écrues et blanches. Ce fabricant, honoré d'une citation en 1827, a fait des progrès depuis
cette époque : ses produits, appréciés du commerce,
trouvent à Paris même un placement avantageux. Le
jury lui décerne la médaille de bronze.

MENTIONS HONORABLES.

M. Félix BÉGUÉ (Basses-Pyrénées).

Mentions
honorables.

Son linge de table se fait remarquer par la régularité
du dessin, par la finesse et la souplesse du tissu. Les
produits de M. Bégné sont fort estimés dans le midi.

Mentions honorables. **M. COLLOT fils, à Saint-Rambert (Ain).**

Services de linge de table, assez bien fabriqués, un peu légers; d'un prix modéré.

CITATION FAVORABLE.

Citation favorable. **MM. LECOMTE et CADINOT, à Rouen (Seine-Inférieure).**

Services damassés en fil et coton.

SECTION V.

TOILES À VOILES.

RAPPEL DE MÉDAILLE D'ARGENT.

Rappel de médaille d'argent. **M. LE BOUCHER-VILLEGAUDIN père, à Rennes (Ille-et-Vilaine).**

Les échantillons de toile à voile qu'il expose méritent la confirmation de la médaille d'argent obtenue en 1823, et rappelée en 1827. M. Le Boucher emploie de 300 à 500 ouvriers, qui tissent annuellement 80 à 100,000 mètres de toiles. La Bretagne lui fournit la matière première.

NOUVELLES MÉDAILLES D'ARGENT.

Mme veuve SAINT-MARC, MM. PORTIEU et TÉTIOT aîné, à Rennes (Ille-et-Vilaine).

Cette grande manufacture occupe 14 à 1,500 ouvriers; elle a 170 métiers battants et 7 métiers mécaniques; elle n'emploie que des chanvres français, tirés principalement de Bretagne et d'Anjou. Ses toiles à voiles ont paru réunir au plus haut degré le mérite recherché dans ce genre de tissus. Elle avait reçu la médaille de bronze en 1823, distinction confirmée en 1827. Le jury lui décerne aujourd'hui la médaille d'argent.

MM. POISSON et compagnie, à Landerneau (Finistère).

Dans leurs ateliers ils fabriquent : 1° des toiles à voiles régulières, fortes, serrées, en un mot excellentes; elles ont satisfait au plus haut point à toutes les expériences ordonnées à Brest par la marine royale, qui les adopte pour types; 2° des serviettes écrues de 20 à 21 fr. la douzaine. Ils ont fait aussi des essais de toile blanche 4/4 à 2 fr. 70 c. le mètre, fabrication nouvelle pour la Bretagne. Le jury déclare MM. Poisson très-dignes de la médaille d'argent.

MÉDAILLE DE BRONZE.

M. DESBOUILLONS fils, à Château-Giron (Ille-et-Vilaine),

Fabrique les toiles à voiles pour la marine royale et

Médaille de bronze. pour la marine marchande. Il a deux ateliers qui contiennent 76 métiers à tisser et confectionnent, avec 200 ouvriers, 110 à 130 mille mètres de toile, annuellement. M. Desbouillons réunit toutes les opérations, filage, dévidage, tissage et blanchîment. Ses travaux et leurs produits, exposés pour la première fois, méritent dès à présent la médaille de bronze.

SECTION VI.

COUTILS.

MÉDAILLE D'ARGENT.

Médaille d'argent. ## MM. Delaunay et compagnie, à Laval (Mayenne).

Ils fabriquent avec un grand succès les coutils de fil, écrus, blancs ou jaspés, unis, retors ou satinés. Leurs produits égalent les plus parfaits de l'Angleterre, ils ont contribué beaucoup à diminuer l'importation des coutils étrangers.

Ils tissent également une toile, soit écrue, soit blanche qui, pour la finesse, la régularité, la beauté, peut rivaliser avec la toile de Hollande.

L'exemple des progrès que ces succès attestent a trouvé dans la Sarthe de nombreux imitateurs. Laval est aujourd'hui pour la France la principale fabrique de coutils, grâce à l'impulsion donnée par MM. Delaunay: ils sont très-dignes de la médaille d'argent.

MÉDAILLES DE BRONZE.

M. BELLÊME, à Évreux (Eure).

Coutils blancs et de couleur, unis ou rayés, soit en
fil pur, soit en fil et coton : bons produits d'une des fabriques les plus importantes de la Normandie. La médaille
de bronze.

M. DE BUCHY (François), à Lille (Nord).

Coutils à pantalon en fil pur, blancs et de couleur,
unis et façonnés, remarquables pour la régularité du
tissage et le bon goût des dispositions. La médaille de
bronze.

CHAPITRE VI.

COTONS, FILS ET TISSUS.

Vers la fin de 1827 a commencé, pour les manufactures qui mettent en œuvre le coton, l'une des crises commerciales les plus désastreuses et les plus prolongées. Une foule de filatures s'étaient simultanément établies. Il s'ensuivit une baisse rapide dans les prix de tous les produits dont le coton est la matière première. Le crédit se retira des industries les plus souffrantes, ce qui doubla leur détresse : beaucoup d'ateliers fermés soudainement occasionnèrent des pertes immenses. Ajoutez les orages politiques de 1830, la fatale épidémie de 1831 et les troubles civils en plusieurs départements. C'est depuis depuis dix-huit mois, au plus, que l'industrie du coton a repris une marche prospère.

De tels malheurs ont donné de graves leçons. Les filateurs ont été contraints de chercher en tout la plus stricte économie, de perfectionner, de simplifier leurs procédés, et d'améliorer leurs produits, pour ne plus travailler à perte, et mériter en tout la préférence des acheteurs. Ainsi les souffrances sont devenues le stimulant des progrès.

On a considérablement accéléré la vitesse des métiers à filer, pour en accroître le produit, la main-d'œuvre restant la même. L'usage des bancs de broches a procuré plus de perfection dans le filage.

En 1827, le jury trouvait que les fils supérieurs au n° 120 laissaient à désirer plus de nerf et de régularité ; aujourd'hui les meilleures filatures françaises produisent avec perfection des numéros beaucoup plus élevés.

Dans ce laps de temps, lorsque l'industrie des cotons éprouvait d'extrêmes souffrances, elle exportait en Suisse et dans l'Allemagne beaucoup de cotons filés en Alsace, qui soutenaient la concurrence avec les produits anglais et se vendaient aux mêmes prix.

Le seul département du Haut-Rhin compte environ 540,000 broches pour filer annuellement 6,500,000 kilogrammes de matière brute, qui donnent 6,000,000 de kilogrammes filés à tous les degrés de finesse. On évalue à 18,000,000 de francs le coton brut, et cette matière prend par le filage un surplus de valeur égal à 17,000,000 ; moitié pour frais généraux et moitié pour frais de main-d'œuvre, laquelle occupe 18,000 ouvriers de tout âge et de tout sexe. En quintuplant tous ces nombres, on a la valeur approximative des produits du filage en fin du coton, pour toute la France : valeur doublée depuis quinze ans.

Depuis deux années il s'est formé, surtout dans le nord de la France, beaucoup de filatures perfectionnées, pour filer les numéros superfins nécessaires à la fabrication des tulles et des mousselines, qui ne s'opère plus exclusivement avec des fils anglais introduits en contrebande : c'est un progrès remarquable.

La pierre de touche d'une industrie se trouve dans l'augmentation ou le décroissement de ses ventes sur le marché libre de l'étranger. Nous allons comparer les quantités exportées et les valeurs données par les comptes officiels du gouvernement pour 1822 et 1832.

TISSUS DE COTONS EXPORTÉS.

ANNÉES.	POIDS DES MARCHANDISES.	VALEUR DES MARCHANDISES.
1822........	812,173^k	14,468,638^f
1832........	2,293,836	53,947,556

Ainsi les quantités ont presque triplé ; mais les tissus les plus chers ayant le plus augmenté dans les exportations, savoir : les mousselines, les gazes, les tulles, les châles et tissus imprimés, les draps et les velours, les prix comparables ont presque quadruplé dans l'intervalle de dix ans ! . . . . Il s'en faut de beaucoup que l'industrie des lainages présente d'aussi beaux progrès : ses exportations se sont accrues d'un cinquième seulement dans cette même période de dix années.

SECTION PREMIÈRE.

FILAGE DE COTON.

RAPPEL DE MÉDAILLES D'OR.

Rappel de médailles d'or.

MM. Nicolas SCHLUMBERGER et compagnie, à Guebviller (Haut-Rhin).

Ils exposent : 1° une série de fils de coton depuis le n° 5 jusqu'au n° 300 (300,000 mètres au kilogramme) ; 2° des fils doublés et retors dans les numéros élevés. Ces fils ne laissent rien à désirer et peuvent soutenir la comparaison avec ceux de l'Angleterre.

La filature dont nous signalons les admirables produits est la plus considérable de France ; elle met en jeu 55,000 broches en fin, dont à peu près moitié pour les numéros élevés. Ses mécanismes sont pareils à ceux des meilleures fabriques anglaises. Le progrès de cet établissement depuis 1827 tient beaucoup à l'expérience plus consommée dans la manutention, et surtout dans un choix plus habile et plus sévère des matières premières.

La maison Nicolas Schlumberger possède un grand établissement de construction, justement estimé pour la précision des machines qu'on y confectionne ; ces machines ont essentiellement contribué à la renommée qu'ont acquise les cotons filés de l'Alsace.

MM. Schlumberger sont très-dignes que le jury leur confirme la médaille d'or qu'ils ont obtenue en 1827.

MM. DOLFUS-MIEG et compagnie, à Mulhausen (Haut-Rhin).

La filature de MM. Dolfus-Mieg met en jeu 26,000 broches de fin, qui produisent annuellement 300,000 kilogrammes de fil. C'est la première en Alsace où l'on ait employé la force motrice de la machine à vapeur ; elle occupe quatre machines de ce genre et trois chutes d'eau, qui présentent une force totale de 120 chevaux. Nous renvoyons à la section des tissus la description des ateliers complémentaires de ce grand établissement dont l'ensemble, travaux et produits, a mérité le rappel de la médaille d'or.

MM. HAUSMANN frères, au Logelbach (Haut-Rhin),

Ont exposé des fils pour trame, n° 120, d'une très-bonne qualité; mais ils filent principalement, à des degrés moins élevés, pour l'emploi de leurs tissages et de leurs impressions. Ils filent annuellement 250,000 kilogrammes.

MM. Hausmann obtinrent dès 1819 la médaille d'or, confirmée deux fois, en 1823 et 1827. Le jury la leur confirme une troisième fois pour l'ensemble de leurs travaux, surtout pour ceux de tissage et d'impression.

NOUVELLES MÉDAILLES D'OR.

M. Jacques HARTMANN, à Munster (Haut-Rhin),

A présenté des cotons filés jusqu'au n° 341; mais ses produits ordinaires sont compris entre les n°s 6 et 160, et regardés comme ayant des qualités supérieures par les consommateurs.

L'établissement de M. Jacques Hartmann, conduit avec une admirable activité, compte 50,000 broches en fin, dont les mécanismes sont en grande partie construits dans les ateliers de ce manufacturier. C'est la première fois qu'il expose, et dès son début il mérite la médaille d'or.

Ajoutons que MM. Hartmann ont en faveur du bien-être et de l'instruction de leurs ouvriers une admirable sollicitude, qui n'a pas attendu 1830 pour lutter contre mille obstacles et pour en triompher; depuis cette époque, lorsque sont venus les jours de détresse, ils ont fait d'immenses sacrifices afin de conserver à la fois du travail et du pain aux familles attachées à leurs vastes établissements.

M. Fauquet-Lemaître, à Bolbec (Seine-Inférieure).

Il a présenté des fils de coton de très-bonne qualité, n°s 28 à 30, pour chaîne, et 36 à 40 pour trame. Son établissement est le plus considérable de toute la Seine-Inférieure; il met en jeu 44,000 broches, qui filent 10 à 12,000 kilogrammes de coton par semaine. Les deux tiers de ce produit sont convertis, dans ses propres ateliers, en calicots façon d'Alsace, que le commerce demande avec empressement. Le jury lui décerne la médaille d'or pour l'ensemble de ses produits.

MM. Vantroyen, Cuvelier et compagnie, à Lille (Nord).

Fils retors, pour tulles et pour gazes, d'une grande beauté. Ils filent de ces magnifiques produits, dont les degrés habituels sont compris entre les n°s 140 et 160, une quantité d'environ 10,000 kilogrammes, annuellement. Ces résultats, si supérieurs à ceux de 1827, méritent à juste titre la médaille d'or.

RAPPEL DE MÉDAILLES D'ARGENT.

MM. Heilmann, à Ribauvillé (Haut-Rhin),

Exposent des cotons filés, des n°s 74 à 150 pour chaîne, et de 84 à 150 pour trame. On a remarqué surtout d'excellente trame n° 104, faite avec du coton *jumel*. Le fil de MM. Heilmann est réputé parfait entre les n°s 40 et 70 pour chaîne; mais à mesure que les numéros s'élèvent au delà de cette limite les qualités diminuent, parce que leur fabrique n'est pas organisée pour les grands degrés de finesse, et qu'il importe de rester dans les séries de numéros pour lesquels les métiers qu'on possède ont été construits. Le jury confirme à MM. Heilmann la médaille d'argent qu'ils ont obtenue en 1827.

M. MICHELEZ fils aîné, à Paris,

A présenté: 1° des cotons filés et retors pour la couture et la mercerie; 2° un assortiment très-varié de petites pelotes et de bobines de cordonnets, de lacets, etc., tant en coton qu'en soie; 3° fil retors à coudre, appelé *fil d'Écosse*, produit que M. Michelez a fait le premier en France, et qu'il confectionne aussi bien que les Anglais. L'ensemble des produits de M. Michelez vaut environ 1,200,000 fr. par année. Son établissement principal est à Lardy, près d'Arpajon. Le jury lui confirme la médaille d'argent qu'il a reçue en 1827.

MM. SCHLUMBERGER, STEINER et compagnie, à Mulhausen (Haut-Rhin).

Filature de 10,000 broches, qui produit un très-beau fil pour fabriquer, dans le même établissement, des percales et des mousselines qui approchent des meilleurs produits d'Angleterre. Le tissage est la principale industrie de ces exposants, lesquels, pour l'ensemble de leurs produits, ont mérité la confirmation de la médaille d'argent qu'ils ont obtenue en 1827.

NOUVELLES MÉDAILLES D'ARGENT.

M. Blot, à Douai (Nord),

A présenté des fils n°s 80 à 200, pour la fabrication du tulle. Ces fils ne laissent rien à désirer : leur qualité doit satisfaire pleinement les tullistes ; mais il est à regretter que les prix n'aient pas été donnés. M. Blot occupe de 350 à 450 ouvriers ; il est un des premiers qui se soient complétement adonnés au filage pour le tulle. Le jury l'en récompense par la médaille d'argent.

M. Tesse-Petit, à Lille (Nord).

Coton filé retors, pour dentelle, produit d'une rare beauté. S'il représente la fabrication courante de M. Tesse-Petit, il peut rivaliser de près, comme l'Alsace, avec l'Angleterre. Son établissement ne compte encore que 14 métiers et 90 ouvriers. Malgré ce faible développement, le jury récompense les résultats obtenus par la médaille d'argent.

M. Antoine Herzog, au Logelbach (Haut-Rhin).

Son établissement, qui compte 20,000 broches, a produit pour l'exposition des fils n°s 50 à 210 pour chaine, et jusqu'à 300 pour trame ; mais il ne file ordinairement que des numéros beaucoup au-dessous de ce terme.

M. Herzog, qui fut longtemps chef des travaux de MM. Schlumberger, à Guebviller, doit à son mérite personnel d'être aujourd'hui propriétaire d'un des beaux établissements parmi les plus estimés de l'Alsace. Le jury lui décerne la médaille d'argent.

MM. A. B. SELLIÈRE et PROVENSAL fils, à Senones (Vosges).

Cotons filés de très-bonne qualité, depuis le n° 30 jusqu'à 227 ; mais les numéros supérieurs faiblissent un peu, ce qu'il faut peut-être attribuer au choix trop peu sévère de la matière première. La filature de Senones, qui compte 25,000 broches, l'une des premières qu'on ait établies en France, n'a jamais négligé les améliorations graduellement apportées dans cette industrie ; elle est complétée par une excellente blanchisserie. Cet établissement a reçu la médaille d'argent en 1823, sous la raison de commerce Vautrin et compagnie ; après avoir changé de main, il est devenu plus digne encore de cette récompense. Le jury décerne à MM. Sellière et Provensal une nouvelle médaille d'argent.

MM. TITOT, CHASTELLUX et compagnie, à Hagueneau (Bas-Rhin).

Cette maison a présenté des cotons filés de très-bonne qualité, ainsi qu'une chaîne parée à la mécanique, et parfaitement soignée ; elle produit annuellement 120,000 kilogrammes de fil ; elle en convertit une partie en coutils et calicots fort estimés ; elle vend le surplus de ces fils, sous les n°s 40 à 60, principalement aux ateliers de Sainte-Marie-aux-Mines, qui leur donnent la préférence sur les autres fils du pays. Le jury décerne la médaille d'argent pour l'ensemble de ces produits.

M. DUPONT, à Troyes (Aube),

N'est ici mentionné que pour mémoire, à cause des cotons filés qu'il prépare pour sa fabrique de finette, de molleton, etc. Voyez section v, p. 185, sur l'ensemble de ses produits.

<hr>

MÉDAILLES DE BRONZE.

M. CAMILLE-BOURCART, à Thann (Haut-Rhin).

Il possède deux établissements, comptant ensemble 13,000 broches. Il a présenté du coton filé n° 18, fait avec du déchet, et néanmoins de bonne qualité. Ses filatures ont une réputation bien établie pour le n° 30, chaîne : la médaille de bronze.

M. GERVAIS, à Caen (Calvados).

Fils gris-bleus n° 50. Il produit 3,000 kilogrammes par semaine, depuis le n° 15 jusqu'à 50, d'un fil très-estimé dans le pays. Ses filés continus pour chaîne ont surtout une réputation que justifient les échantillons exposés. M. Gervais est à la fois habile mécanicien et bon filateur : la médaille de bronze.

M. Pierre WACRENIER, à Roubaix (Nord),

A présenté de très-beau fil n° 180 retors, pour tulle. Le jury regrette de n'avoir pas reçu de renseignements sur l'importance de la filature de M. Wacrenier, et lui décerne néanmoins la médaille de bronze.

M. PÉRIEZ-FAVIER, à Lille (Nord).

Il a présenté des fils depuis le n° 150 jusqu'au n° 180, qu'il vend aux fabricants de tulle, en concurrence avec

Médailles
de bronze. les fils anglais introduits en fraude ; il fabrique 100 kil. par semaine : la médaille de bronze.

MM. Tessier père et fils, et M. Zetter, à Saint-Dié (Vosges).

Fils n°s 36 à 60 de bonne qualité. C'est la seule maison du département qui réunisse le filage, la tenture et le tissage ; honorablement mentionnée en 1823, elle recevra la médaille de bronze pour ses tissus.

MENTIONS HONORABLES.

Mentions
honorables. ## M. Poittevin, à Tracy-le-Mont (Oise),

Expose une chaîne en paquet, toute parée et lissée, par un moyen nouveau qu'il n'a pas indiqué : M. Poittevin était mentionné honorablement dès 1819.

M. Chevalier, à Rouen (Seine-Inférieure).

Bobines pour trames très-bien faites ; fil n° 34 coté d'un prix des plus raisonnables : objet essentiel.

MM. Courmont et Godfernaux, à Wazemmes (Nord).

Fils simples n° 180 et retors n° 155, d'une belle qualité, mais sans indication de prix.

MM. Daugé et Jeuch, à Caen (Calvados).

Bons cotons filés en écheveaux jusqu'au n° 60 ; préparés pour coudre et broder.

SOCIÉTÉ ANONYME, à Négreville (Manche).

Établissement dirigé par M. Arford; file principalement du n° 16, environ 200 kilogrammes par jour; d'une bonne qualité, qui se vend bien dans la Bretagne.

CITATIONS FAVORABLES.

M. SOUTAIN (Jean-Claude), à Saint-Michel (Meuse).

Cotons filés pour broder.

M. DÉVIGNES - DUQUESNAY, à Rourbaix Nord),

Expose deux paquets de fils en couleur, moitié laine et moitié coton.

M. RAY-ANQUETIL, à Paris.

Cotons filés, à bas pris, pour la bonneterie et pour mèches.

M. BRESSON (Claude-Léon), à Paris.

Cotons filés pour la bonneterie et la passementerie.

M. DALLAS, à Toulouse (Haute-Garonne).

Cotons filés de bonne qualité.

LECLERC, à Metz (Moselle).

Cotons filés pour broder.

LEGRAND père fils, à Fourmoir (Nord).

Cotons filés.

SECTION II.

TISSUS DE COTON.

Les progrès du tissage des cotons se manifestent depuis 1827, non par des inventions extraordinaires, mais par un ensemble de perfectionnements secondaires qui, réunis, conduisent à de très-grands résultats. Les améliorations du filage ont été pour les tissus la cause de progrès immédiats. La multiplication des métiers mécaniques, leur meilleure construction, leur emploi mieux compris, ont rendu les opérations plus économiques et les produits plus réguliers; par là s'est accrue la consommation de l'intérieur, et la concurrence étrangère est devenue moins difficile à soutenir. Pour les percales et pour les jaconnats unis, on a fini par égaler en finesse, en régularité, les produits anglais les plus parfaits. L'application du métier à la Jacquart, qui s'est répandue dans toute la France, a permis de brocher à peu de frais, sur des fonds clairs ou serrés, des dessins du meilleur goût. Le besoin d'afficher du luxe à bon marché donne un développement extrêmement actif à la fabrication, nouvelle encore, des mousselines brochées pour ameublements: avec une économie de moitié, des deux tiers, et parfois des trois quarts, elles reproduisent les plus beaux dessins de la mousseline brodée, et même en offrent de plus riches.

La prohibition des mousselines suisses laissait un vide dans la consommation française; la fabrique d'Alençon s'est la première efforcée de le remplir. Tarare est ensuite entrée dans la même voie avec un plein succès. Ces tissus, plus serrés et plus épais, ne l'ont pas empêchée de continuer à produire ses mousselines grand clair, si propres à la broderie, et ses organdis unis ou façonnés, avec apprêt ferme ou souple, à l'imitation de l'Inde. Tarare excelle en ce genre.

Chaque jour, en France, la fabrication du tulle prend une extension nouvelle, parce que chaque jour les usages du tulle se multiplient à mesure que son prix diminue. La broderie sait l'approprier à mille usages, même à la tenture pour meubles. Déjà l'on évalue à 24 millions la consommation du tulle en France, et maintenant il s'en vend à l'étranger pour près de 2 millions. Les cotons étrangers filés à numéros élevés, pouvant désormais entrer moyennant un droit, donneront des facilités nouvelles à cette fabrication, qui cherche encore dans la contrebande du fil anglais une partie de ses ressources. Une telle facilité sera favorable au consommateur, et par conséquent à la consommation.

Le blanchîment et l'apprêt doivent être comptés parmi les améliorations et les économies qu'on a, depuis la dernière exposition, apportés à l'industrie des tissus. Cependant beaucoup reste encore à faire. Il est reconnu par les gens de l'art et par les commerçants que les Anglais, lorsqu'ils ont la supériorité, la doivent moins à la perfection du tissage qu'au talent de blanchir, d'apprêter, de parer leurs pièces de chefs élégants, de les bien plier, de leur donner enfin ce fini, cette dernière main, qui, sans ajouter à la valeur intrinsèque des marchandises, leur procurent l'apparence de la supériorité et cet aspect qui séduit le consommateur, surtout dans les pays étrangers, où ces accessoires sont plus estimés.

Le jury signale, comme une amélioration qui favoriserait la vente à l'étranger, l'usage qu'ont les Anglais de donner un aunage constamment égal aux pièces d'un même genre de tissus. Ils y trouvent pour le commerce une économie de temps qui n'est pas à négliger : par exemple, une facture de 1,000 pièces de calicot occupera deux commis pendant une journée pour en vérifier l'aunage. Avec un système d'aunage régulier, la même facture serait faite et reconnue en quelques minutes. Comme tout s'enchaîne dans les arts industriels, la régularité de l'aunage deviendrait une garantie de la régularité des tissus; enfin les prix à tant la pièce seraient plus aisément divisibles en sous et fractions de sous, avec un aunage qui présenterait un nombre d'aunes convenable et toujours le même.

§ Ier.

TISSUS À JOUR, TULLES DE COTON.

La fabrication des tulles de coton a fait les plus grands progrès depuis la dernière exposition. Le nombre des métiers s'est accru considérablement, et les ouvriers ont appris à les manœuvrer avec plus d'habileté. Les fils, de mieux en mieux confectionnés dans nos ateliers, sont plus égaux et moins cassants; ils ont occasionné moins de déchets et de pertes de temps au tulliste.

Ces nombreux perfectionnements sont écrits en chiffres officiels dans les états des exportations françaises.

VALEUR DES TULLES FRANÇAIS EXPORTÉS :

En 1827...................	981,600ᶠ
En 1832...................	1,712,800
En 1833...................	2,087,600

Les principales puissances auxquelles nous avons pu

vendre nos tulles, en libre concurrence avec ceux de l'Angleterre, sont : la Belgique, la Hollande, la Toscane, l'Espagne et Cuba, le Brésil, Rio de la Plata, le Chili, le Mexique, etc.

RAPPEL DE MÉDAILLE D'ARGENT.

MM. DABLAING, ESTABELLE et THOMASSIN, à Paris.

Les tulles unis ou brodés en bandes, ou larges, que fabriquent à Douai ces exposants, leur ont valu la médaille d'argent en 1827 ; les progrès qu'ils ont faits depuis cette époque justifient la confirmation de cette récompense pour 1834.

NOUVELLES MÉDAILLES D'ARGENT.

M. LEFORT (L.-C.), à Grand-Couronne, près Rouen (Seine-Inférieure).

Fabrication assez considérable de tulles larges et de tulles en bandes, d'après le meilleur système anglais. Les produits de M. Lefort ont le double mérite de la bonne confection et du bon marché ; il est le successeur de la maison Sénéchal et compagnie qui obtint la médaille d'argent en 1827 : lui-même la mérite en 1834.

MM. MALEZIEUX frères et ROBERT, à Saint-Quentin (Aisne).

Ils ont des premiers introduit à Saint-Quentin la fabrication du tulle; ils ont graduellement augmenté le nombre de leurs métiers, et livrent maintenant au commerce par année pour plus de 1,200,000 francs de produits. Leurs tulles, qu'ils emploient spécialement à la broderie, donnent du travail à beaucoup d'ouvriers des deux sexes. Ils ont exposé des aubes brodées à la neige et en reprise, également remarquables pour la beauté du travail et la modération du prix; leurs tulles en bande, unis et brodés méritent le même éloge. Le jury leur décerne la médaille d'argent.

MM. LEBLOND et LANGE, à Paris.

Ces fabricants sont mentionnés ici pour plusieurs pièces de tulle dont la fabrication a mérité les éloges du jury. Ces habiles industriels recevront la médaille d'argent pour les blondes qu'ils confectionnent.

MÉDAILLE DE BRONZE.

MM. WIDOWSON, BUSSEL et BAILEY, a Douai (Nord).

Leur fabrique de tulle occupe 25 métiers, une machine motrice à vapeur, et 300 ouvriers. Les produits sont d'une excellente confection. Le jury les juge dignes de la médaille de bronze.

CITATION FAVORABLE.

M. RENAUD (Charles), à Candry (Nord),

Mérite d'être cité avec éloges pour une pièce de tulle

écrue 7/4 de large, aussi remarquable par sa bonne
confection que par sa régularité.

---

§ II.

TISSUS CLAIRS ET MI-CLAIRS, MOUSSELINES, ORGANDIS, etc.

La fabrique des mousselines offre, quant au commerce extérieur, un développement plus rapide que celle des tulles.

VALEUR DES MOUSSELINES FRANÇAISES EXPORTÉES :

En 1826...............	515,610^f	
En 1832...............	1,163,820	États-Unis, Espagne, Belgique, Sardaigne, Mexique, Allemagne, Deux-Siciles, etc.
En 1833...............	1,688,160	

RAPPEL DE MÉDAILLE D'OR.

M. LEUTNER et compagnie, à Tarare (Rhône).

Mousseline grand-clair, imitée de l'Inde ; mousseline imitée de la Suisse ; organdi simple et façon de l'Inde, uni, rayé ou broché ; jaconnats de toutes largeurs ; batistes d'Écosse ; cravates. La maison Leutner continue d'exploiter cette riche variété de tissus, avec la supériorité qui lui valut la médaille d'or en 1819, et les confirmations de 1823 et 1827. Le jury décerne en 1834 la même récompense à M. Leutner.

RAPPEL DE MÉDAILLE D'ARGENT.

MM. DOCAGNE père et fils, à Paris.

Mousselines brodées pour meubles, parmi lesquelles on a distingué surtout un rideau, avec bordure brodée, et des bandes pareillement brodées, bien exécutées et d'un bon goût. MM. Docagne reçurent en 1819 la médaille d'argent, rappelée en 1823 et en 1827. Le jury la confirme de nouveau pour 1834.

NOUVELLE MÉDAILLE D'ARGENT.

M. MADINIER fils, à Tarare (Rhône).

Il occupe un rang très-distingué parmi les fabricants de Tarare. Ses mousselines unies avec apprêt ferme ou souple, ses organdis unis, rayés ou satinés, et ses cravates de mousseline, sont remarquables par la réunion des qualités qu'on désire dans les tissus de ce genre. Le jury décerne à M. Madinier la médaille d'argent.

NOUVELLES MÉDAILLES DE BRONZE.

M. SALMON (Alexandre), à Tarare (Rhône).

M. Salmon exploite avec succès tous les genres de tissus clairs et mi-clairs qui caractérisent la fabrique de Tarare. Le jury lui donne surtout des éloges pour les efforts heureux qu'il fait dans le dessein d'imiter la mousseline suisse et de la remplacer dans la consommation française. Il mérite dès à présent la médaille de bronze.

MM. Bompard-la-Ruelle et Olry, à Nancy.

Nouvelles médailles de bronze.

Les mousselines claires 4/4, 9/8 et 5/4 qu'ils ont exposées peuvent rivaliser avec les bons produits de Tarare. Ils exploitent en outre une filature de coton, à moteur hydraulique, avec une teinturerie de coton en rouge. L'ensemble de leurs travaux et de leurs produits mérite la médaille de bronze.

CITATIONS FAVORABLES.

M. Guille (Auguste), à Saint-Quentin.

Citations favorables.

Broderies sur mousseline rayée à jour, dites *entre-deux* ; elles imitent le travail à l'aiguille et sont exécutées par le tissage.

M. Gosset (Noël), à Hombières (Aisne).

Mousselines brochées au lancé par le simple tissage qui donne un produit sans envers imitant la broderie ; mousselines-laines.

SECTION III.

TISSUS SERRÉS. — CALICOTS, PERCALES, TISSUS BROCHÉS.

Voici la fabrication la plus étendue et la plus riche parmi toutes celles qui mettent en œuvre le coton. Aussi le nombre des récompenses accordées à cette partie de l'exposition a-t-il été fixé d'après son importance.

RAPPEL DE MÉDAILLES D'OR.

MM. DOLFUS, MIEG et compagnie, à Mulhausen (Haut-Rhin).

A leurs grands ateliers de filage MM. Dolfus, Mieg et compagnie joignent 300 métiers mécaniques à tisser et 2,000 métiers à bras. Ils ont un atelier de blanchîment considérable, près de 400 tables pour l'impression et 3 machines pour imprimer au rouleau. Afin d'exécuter d'aussi vastes travaux ils emploient, avec 4,000 ouvriers, 4 machines à vapeur et 3 chutes d'eau, donnant la force collective de 120 chevaux. Les calicots, les mousselines unies et façonnées qu'ils ont exposés ajoutent aux titres de MM. Dolfus, Mieg, qui recevront le rappel de la médaille d'or pour leurs tissus imprimés.

MM. HAUSMANN frères, au Logelbach (Haut-Rhin),

Ont exposé plusieurs pièces de calicots, percales, mousselines, jaconnats unis et façonnés. Ces produits contribuent aux titres qui feront décerner à MM. Hausmann le rappel de la médaille d'or pour leurs belles impressions.

NOUVELLE MÉDAILLE D'OR.

MM. BAUMGARTNER (Daniel) et compagnie, à Mulhausen (Haut-Rhin).

M. Baumgartner poursuit avec constance, depuis plusieurs années, l'imitation des percales et des jaconnats anglais de tout prix et de toute qualité : aunage, ployage, numérotage, apprêts, finesse et perfection du tissu, tout est égalé pour chaque qualité. Parmi ses produits exposés, sa percale n° 48 et son jaconnat n° 30 ne craignent aucune comparaison avec les meilleurs produits britanniques, dont ils ne sauraient être distingués même par l'œil le plus exercé. Plus que personne, M. Baumgartner a fait cesser l'entrée frauduleuse de ces produits étrangers, en la rendant sans bénéfice pour nos rivaux. En 1827, M. Baumgartner avait reçu la médaille d'argent ; aujourd'hui ses succès ont acquis de nouveaux titres à la reconnaissance nationale : le jury lui décerne la médaille d'or.

Nouvelle médaille d'or.

RAPPEL DE MÉDAILLE D'ARGENT.

MM. Schlumberger, Steiner et compagnie, à Mulhausen (Haut-Rhin).

Rappel de médaille d'argent.

Leurs calicots et leurs percales sont d'excellente qualité, soit dans les degrés ordinaires, soit dans les degrés superfins, que ces exposants traitent avec beaucoup de succès. Ils ont de plus le mérite de filer les cotons qu'ils emploient, et la régularité de leurs tissus atteste la bonté de leur filage. Ils méritent le rappel de la médaille d'argent qu'ils ont obtenue en 1827.

NOUVELLES MÉDAILLES D'ARGENT.

MM. Picard jeune père et fils, à Saint-Quentin (Aisne).

Nouvelles médailles d'argent.

Ils doivent être signalés parmi les fabricants dont les

efforts ont eu pour but de rendre infructueuse la contrebande des tissus de coton d'origine anglaise. Leurs batistes d'Écosse, leurs tissus façonnés, soit avec apprêt organdi, soit avec apprêt anglais, leurs fantaisies à la Jacquart, leurs cotelines, leurs jaconnats unis à rayures ou à carreaux satinés, peuvent rivaliser avec les modèles anglais; les dessins en sont d'un bon choix, et les prix modérés. Le jury décerne à MM. Picard la médaille d'argent.

M. MIEG (Charles), à Mulhausen (Haut-Rhin),

Présente une collection de calicots et de percales, dans tous les degrés de largeur et de finesse; les prix des produits de cette fabrique très-estimée servent de régulateur pour les articles analogues. M. Mieg reçut en 1827 la mention honorable; ses efforts et ses succès méritent aujourd'hui la médaille d'argent.

MÉDAILLES DE BRONZE.

MM. TITOT et CHASTELLUX, à Ensishem (Haut-Rhin).

Bonne filature et bon tissage de calicots lisses et croisés, de coutils, etc. Mention honorable en 1827; aujourd'hui médaille de bronze.

M. FRANCK (Alexandre), à Mulhausen (Haut-Rhin).

Il se livre avec succès à la fabrication des tissus croisés et brochés à la Jacquart; sa supériorité dans ce genre est reconnue, elle mérite la médaille de bronze.

M. CAZENAVE, à Nay (Basses-Pyrénées).

Médailles de bronze.

Calicot écru lisse et croisé ; bonne fabrication et bas prix. La fabrique de M. Cazenave possède un moteur hydraulique, 60 métiers à tisser, 4 à parer, 3 à ouvrir, 1 à dévider. Le jury, pour encourager cette propagation d'industrie, peu commune dans le midi, décerne à M. Cazenave la médaille de bronze.

MENTIONS HONORABLES.

M. HARTMANN-WEISS (Jacques), à Soulzmatt (Haut-Rhin).

Mentions honorables.

Calicots et percales de différents prix.

MM. TRUET et BIAREZ, à Laval (Mayenne).

Tissus de coton lisses et croisés, teints pour doublure. Le coton est filé dans l'établissement.

CITATIONS FAVORABLES.

M. COTTAIS, à Rouen (Seine-Inférieure).

Citations favorables.

Tissus de coton à la Jacquart, pour meubles.

M. CURTEL, à Quers (Haute-Saône).

Croisé de coton teint en noir.

MM. LEMANT frères, à Blamont (Meurthe).

Calicots bons et à prix modérés.

Citations
favorables.

MM. MARTIN et HORRER, à Blamont (Meurthe).

Calicots 3/4 et 4/4, de 75 à 120 portées.

MM. DUMONT et compagnie, à Paris.

Madapolams écrus, bien fabriqués.

MAISON DE DÉTENTION DE LOOS (Nord).

Toile de coton très-forte.

M. BOUR, à Nancy (Meurthe).

Cotons filés et madapolams confectionnés dans des ateliers que M. Bourg a montés depuis quinze à seize mois.

M. RISLER (Mathieu), à Cernay.

Calicots tissés à la mécanique.

I.   M. LECLERRE (Jean-Pierre), à Roisel (Somme);

II. M. LECLERRE (Didier), à Roisel (Somme);

III. M. DEVRAINNE (Pierre-Michel), à Roisel (Somme);

IV. Mme BEAUDRÉ, à Roisel (Somme);

Étoffes de coton écrues, satinées et à rayures, avec dessins à la Jacquart; tissus qui se vendent beaucoup au marché de Saint-Quentin.

SECTION IV.
GUINGAMS ET COTONNADES.

RAPPEL DE MÉDAILLE D'ARGENT.

M. KAYSER (Xavier) et compagnie, à Ste-Marie-aux-Mines (Haut-Rhin).

Guingams variés, madras, cotonnades pour la consommation intérieure et pour l'exportation ; mousselines unies, dont M. Kayser cherche à fixer la fabrication dans son département. Tous ces produits, très-bien fabriqués, méritent de plus en plus la médaille d'argent accordée en 1827.

Rappel de médailles d'argent.

NOUVELLE MÉDAILLE D'ARGENT.

MM. BLECH frères, à Sainte-Marie-aux-Mines (Haut-Rhin).

Guingams unis, rayés, à carreaux ; cotonnades variées de dispositions et de largeurs, madras et mouchoirs *paillaça*, façon de l'Inde : excellente fabrication. Le jury décerne à MM. Blech la médaille d'argent.

Nouvelle médaille d'argent.

RAPPEL DE MÉDAILLE DE BRONZE.

M. REBER (J.-G.), à Sainte-Marie-aux-Mines (Haut-Rhin).

Guingams à carreaux d'une bonne confection. M. Reber mérite le rappel de la médaille de bronze qu'il a reçue en 1827.

Rappel de médaille de bronze.

NOUVELLES MÉDAILLES DE BRONZE.

MM. Tessier père et fils, à Saint-Dié (Vosges).

Guingams, madras chinés, cotonnades rouges, cravates de percale, mouchoirs de poche en coton. Tous ces produits sont d'une bonne fabrication et d'un prix modéré; tels sont surtout des mouchoirs de poche à carreaux violets, à 1 franc 50 cent. la douzaine, d'une grandeur et d'une qualité remarquable pour un si bon marché : le jury décerne à MM. Tessier la médaille de bronze.

M. Yver (Prosper), à Paris, rue du Gros-Chenet, n° 2 *bis*.

Il a monté de nouvelles dispositions que relèvent des dessins heureux formés par des enlevages finement exécutés; il vend beaucoup à l'étranger. Sa fabrique est une des plus considérables : le jury lui décerne la médaille de bronze.

M. Bobée, à Rouen (Seine-Inférieure).

Cotonnades dites *rouenneries*. M. Bobée est l'un des plus grands fabricants de ce genre, qui tend de plus en plus à quitter son foyer primitif pour passer à Sainte-Marie-aux-Mines. M. Bobée lutte avec constance et distinction, afin de conserver cette industrie à son département. Ses produits, tous bien confectionnés et très-variés, méritent la médaille de bronze.

M. Gouel-Perrin, à Rouen (Seine-Inférieure).

Cotonnades rouges grand teint fort estimées; ce genre

de teinture a des difficultés que l'exposant surmonte avec succès : la médaille de bronze.

M. LE PICARD, à Rouen (Seine-Inférieure).

Siamoises 4/4 d'une excellente fabrication et d'une consommation importante quoique locale : la médaille de bronze.

M. VALLÉE-LE-ROND, à Rouen (Seine-Inférieure).

Tissus de coton très-variés ; coutils de toutes largeurs, *courses* ou *fougères* jaspés, rayés blancs ou à larges bandes pour lit ; cotonnades de ménage 4/4 retors jaspées, croisées de couleur ; madapolams ; lacets. Ces produits, confectionnés aux environs de Coutances et de Saint-Lô, sont bien travaillés, et d'un prix raisonnable : M. Vallée mérite la médaille de bronze.

M. CAGNARD, à Rouen (Seine-Inférieure).

Rouennerie ; M. Cagnard possède une grande expérience dans ce genre de fabrications, auxquelles il donne un développement considérable : il lutte encore avec succès contre la défaveur qui s'attache à la rouennerie, que l'indienne remplace par degrés dans une foule d'usages : la médaille de bronze.

MENTIONS HONORABLES.

M. TRICOT jeune, à Rouen (Seine-Inférieure).

Pagnes de coton 4/4 frangés, pour les colonies, distingués par le jury ; tissus, coton et soie, mousselines satinées, etc.

M. Poulain-Duboy et compagnie, à Pondichéry (Asie).

Toiles de coton en bleu, dites *guinées*; produit d'un établissement mû par la machine à vapeur, et réunissant le filage, le tissage et la teinture. Le jury s'empresse d'encourager ces produits par la mention honorable : s'il avait eu des documents certains sur leur bon marché relativement aux conditions de la production à Pondichéry, la récompense aurait été très-probablement d'un ordre supérieur.

CITATIONS FAVORABLES.

MM. Mohler frères, à Sainte-Marie-aux-Mines (Haut-Rhin).

Guingams chinés et imprimés.

M. Risler-Reber, à Sainte-Marie-aux-Mines (Haut-Rhin).

Cravates et madras.

M. Gauzy, à Montpellier (Hérault).

Cotte-palis, genre madras; mouchoirs de coton, façon de Béarn, à 7 francs 50 centimes la douzaine.

SECTION V.

TISSUS SERRÉS. — ARTICLES À DOUBLURES, À PANTALONS,
À LISERÉ.

MÉDAILLE D'OR.

M. DUPONT, à Troye (Aube).

Finettes à un et deux poils, depuis les qualités les plus ordinaires jusqu'aux plus belles; basins, percales, futaines larges à matelas; coutils et satins de coton, en fils simples et retors, piqués, zébrés et à gros grains; cette nombreuse variété ne laisse rien à désirer pour la fabrication.

M. Dupont présente aussi d'excellents coutils et satins blancs en fil blanc. Il a conquis sur l'Angleterre un tricot à mailles doubles, élastique à la fois dans les sens de la longueur et de la largeur du tissu; 12,000 aunes de ce tricot étaient prêtes à livrer aux gardes-du-corps en juillet 1830; heureusement la mode des gants élastiques permit à M. Dupont d'écouler cet approvisionnement. A sa vaste fabrique de tissage M. Dupont joint une filature dont il met en œuvre une partie des produits, l'autre partie est vendue pour la bonneterie fine.

Il obtint en 1819 la médaille d'argent, confirmée en 1823; le jury lui décerne la médaille d'or.

MÉDAILLE D'ARGENT.

M. GUILLEMET aîné, à Nantes (Loire-Inférieure).

Finettes de coton écrues, teintes et blanches, de 50

à 90 centimètres de large; flanelles rayées bleues et noires sur chaîne de fil; son tissage est alimenté par une filature que fait mouvoir une machine à vapeur de 14 chevaux qui file 350 kilogrammes par jour; il fabrique annuellement 5 à 6,000 pièces de futaine et de basin, et 150 à 200 pièces de flanelle pour la consommation de l'intérieur dans un rayon de 100 lieues. Le jury lui décerne la médaille d'argent.

MÉDAILLES DE BRONZE.

M. VALLET fils, à Nantes (Loire-Inférieure).

Toiles de coton blanches, bises et teintes, à petites largeurs; basins. Pour fournir à son tissage il possède une filature mue par une machine à vapeur qui donne par jour 250 kilogrammes. Il fabrique environ 5,000 pièces annuellement et fait travailler près de 400 ouvriers. Ses produits, d'une fabrication soignée, sont à bon marché; ils méritent la médaille de bronze.

M. LECLUSE-BIARD, à Saint-Lô (Manche).

Bons coutils grande barre, 5/4 et 2/3 de large, en coton, en fil et coton, en fil pur. On doit surtout encourager la fabrication des coutils de fil que l'étranger nous fournit en grande quantité, c'est pourquoi le jury décerne à M. Lecluse-Biard la médaille de bronze.

CHAPITRE VII.

DENTELLES, BLONDES, GAZES ET BRODERIES.

SECTION PREMIÈRE.

DENTELLES ET BLONDES.

RAPPEL DE MÉDAILLE D'ARGENT.

MM. BONNAIRE et compagnie, à Paris, (Seine).

Rappel de médaille d'argent.

Leur fabrique est établie à Caen. La beauté de leurs produits est depuis longtemps admirée. Ils ont exposé des voiles, des châles, des mantilles et d'autres objets de luxe, soit en dentelle, soit en blonde, remarquables à la fois pour le goût des dessins et la délicatesse de l'exécution. On a distingué particulièrement un voile noir à réseau nouveau. Le jury confirme, pour 1834, la médaille d'argent accordée en 1819, et rappelée en 1823, à la maison Bonnaire.

NOUVELLE MÉDAILLE D'ARGENT.

MM. LEBLOND et LANGE, à Paris, place des Victoires, n° 4.

Nouvelle médaille d'argent.

Leur fabrique est, comme celle des MM. Bonnaire, établie à Caen. Ils exposent des robes, des voiles, des écharpes, etc., soit en dentelle, soit en blonde, que le jury place à côté des plus beaux produits de ce genre. Ils fabriquent aussi des tulles bobins en pièces et en bandes. Le jury leur décerne la médaille d'argent.

RAPPEL DE MÉDAILLES DE BRONZE.

Rappel
de médailles
de bronze.

MM. Videcocq et Courtois, à Paris, rue du Caire, n° 16.

Ils ont leur fabrique à Méru, près Chantilly, département de l'Oise. Voiles, écharpes et pélerines d'un bon goût et d'une belle exécution; blondes en bandes très-recherchées en Angleterre. L'établissement Videcocq et Courtois obtint en 1827 la médaille de bronze, sous la raison Videcocq-Teissier; il en mérite la confirmation pour 1834.

Atelier de charité de Valognes (Manche).

Il a présenté un beau voile en tulle de soie noir, avec bordure et fond parsemé, d'un effet agréable et d'une exécution très-soignée. Le jury confirme pour 1834 la médaille de bronze accordée à cet atelier.

NOUVELLES MÉDAILLES DE BRONZE.

Nouvelles
médailles
de bronze.

MM. Lefébure et sœurs, à Paris, rue de Cléry, n° 42.

Cette maison, qui tient sa fabrique à Bayeux, présente des dentelles et des blondes à l'aune, des écharpes, des voiles, des pélerines et des mantilles noires destinées pour l'Espagne. Ces produits sont remarquables pour le goût et le travail; ils méritent la médaille de bronze.

M. Violard, à Paris, rue de Choiseul, n° 2 *bis.*

Nouvelles médailles de bronze.

Sa fabrique est à Caen. Robes en blonde à riche bordure et à fond plein ; voiles, mantilles, dentelles à l'aune de diverses largeurs, mitaines sans coutures. A ces produits très-distingués, M. Violard ajoute des dentelles, des cols et des mitaines, faits avec des fils de laine et des fils de cachemire ; ce genre de dentelle, d'une fabrication fort soignée, a l'avantage de ne pas se froisser. Les dames en deuil adopteront cette parure élégante. Le jury décerne à M. Violard la médaille de bronze.

M. Aubry-Febvrel, à Mirecourt (Vosges).

Dentelles variées de largeur et de prix. La réputation des dentelles de Mirecourt remonte à des temps fort anciens, et M. Aubry-Febvrel compte parmi les fabricants les plus renommés de cette ville. Il mérite la médaille de bronze.

M. Rogues-Rousset, au Puy (Haute-Loire).

Dentelles noires, d'une bonne fabrication, d'un effet agréable, variées dans leurs dessins, d'un prix très-modéré et d'une consommation considérable, en France et dans l'étranger. M. Rogues-Rousset occupe 1,000 ouvriers ; il mérite la médaille de bronze.

M. Dubois (James), à Paris, rue des Deux-Portes-Saint-Sauveur, n° 16.

Sa fabrique est au Puy, département de la Haute-Loire. Ses produits sont comparables à ceux de M. Rogues-Rousset ; mais il s'occupe plus particulièrement des blondes, qu'il fait très-bien, et livre à des prix modérés, soit aux Français, soit aux étrangers. Il mérite la médaille de bronze.

M. Marie HOTTOT, à Paris, place de la Bourse, n° 12,

Expose une robe et une écharpe de blonde blanche à dessins riches et bien exécutés, d'une rare élégance; une robe de blonde blanche avec dessins en couleur, imitant les fleurs naturelles, d'une fabrication soignée : ce produit est destiné pour l'étranger. La médaille de bronze.

M. CHARLIAT, à Paris, rue Vivienne, n° 12,

Tient sa fabrique à Chantilly. Blondes fabriquées avec beaucoup de soin; robes, voiles, cols, etc. On a remarqué surtout un voile à fond semé, avec bordure, riche en dessin d'un très-bon goût. Gazes brochées or et soie, d'un très-bel effet. La médaille de bronze.

M. CONVILLE (Laurent), à Paris, rue de Grammont, n° 3.

Robes, châles, voiles, écharpes et mantilles en blonde blanche et noire, à dessins riches, variés et bien exécutés. La médaille de bronze.

MENTIONS HONORABLES.

HOSPICE D'AVRANCHES (Manche).

Blonde en fil et en soie, à l'aune, exécution soignée et dessins d'un bon goût : mention honorable dès 1819.

ÉCOLE MANUFACTURIÈRE DE DIEPPE (Seine-Inférieure).

Dentelles bien faites et d'un prix très-modéré. Cette école, fondée en 1826 par souscriptions volontaires, a tiré de la misère beaucoup de jeunes personnes maintenant habituées au travail; leurs produits rivalisent avec ceux de la Flandre. Le jury décerne avec une vive satis- faction ses encouragements à l'institution et aux élèves.

Mentions honorables.

M. MAURICE-COLIN, à Arras (Pas-de-Calais).

Dentelles brodées en fil, remarquables pour l'élégance des dessins et le fini de l'exécution. Ce sont les femmes de la classe ouvrière d'Arras et des environs qui se livrent à ce travail; une matière première valant 50,000 francs devient en leurs mains un produit de 800,000 francs. M. Maurice-Colin occupe à lui seul plus de 500 ouvrières.

M. VINAY-FAURE, au Puy (Haute-Loire).

Dentelles en soie et fil, d'une belle exécution et d'un prix modéré.

M. FALCON (Théodore), au Puy (Haute-Loire).

Dentelles blanches en fils de coton fournis par Lille, d'excellente qualité. M. Falcon, dont la fabrique n'est établie que depuis trois ans, fait travailler 1,400 ouvriers, invente ses dessins et dirige tous les travaux. S'il continue de tels efforts il aura droit à d'honorables récompenses lors de la première exposition.

CITATION FAVORABLE.

M. DUPONT, à Lille, département du Nord.

Citation favorable.

Dentelles brodées en coton; dessins gracieux, bonne exécution et prix modérés.

SECTION II.

GAZES.

RAPPEL DE MÉDAILLE D'ARGENT.

Rappel
de médaille
d'argent.

MM. DELBARRE fils et VATIN, à Paris, rue Saint-Denis, n° 186.

Gazes brochées pour robes, écharpes, châles et mantilles, très-bien exécutées, d'après des dessins variés et gracieux; ces produits sont en même temps remarquables pour la modération des prix. Nous citerons particulièrement une robe de gaze à tissu très-fin découpée à l'envers, ce qui rend le broché plus solide et prévient l'inconvénient de pelucher qu'ont les gazes découpées à l'endroit : le travail de cette robe est parfait.

MM. Delbarre fils et Vatin étaient depuis longtemps collaborateurs de M. Delbarre père, auquel ils ont succédé et qui reçut en 1827 la médaille d'argent : les progrès qu'ils ont fait faire à cette élégante industrie, l'extension de leurs travaux et de leurs ventes soit à l'intérieur soit à l'étranger, nous déterminent à leur confirmer la récompense décernée en 1827 à leur maison.

NOUVELLE MÉDAILLE D'ARGENT.

Nouvelle
médaille
d'argent.

MM. GERMAIN-THIBAUT et compagnie, à Paris, rue

Gazes brochées à l'imitation de la blonde pour robes, mouchoirs, écharpes, mantilles et canezous, d'une exécution remarquable, d'après les dessins les plus élégants;

étoffes satin oriental en soie et laine, unies et imprimées pour robes et pour châles; mousselines thibet imprimées; tous ces produits sont remarquables, et leur ensemble mérite la médaille d'argent.

MÉDAILLES DE BRONZE.

M. Hennecart, à Paris, rue Neuve-des-Mathurins, n° 17.

Bel assortiment de gazes brochées, à l'imitation des blondes, pour robes, châles, voiles, mantilles, écharpes, etc. Ces tissus réunissent tous les genres de mérite qui justifient leur grande consommation, surtout à l'étranger : richesse de dessin, excellence du travail et modération des prix. Le jury décerne la médaille de bronze à M. Hennecart.

M. J. D. Delbarre, à Paris, rue Mauconseil, n° 5.

Jolie collection de gazes brochées, pour robes, châles, écharpes, voiles et pélerines, bien exécutées et de bon goût. On a distingué surtout une robe de gaze à bordure et fond semé, d'un beau dessin et d'un travail très-soigné. M. Delbarre est digne de recevoir la médaille de bronze.

SECTION III.

BRODERIES.

RAPPEL DE MÉDAILLES D'ARGENT.

MM. Chédeaux et Cie, à Metz (Moselle).

Broderies sur mousseline et sur tulle, pour mouchoirs, cols et robes, d'un excellent travail et d'un très-bon goût.

En témoignant toute son estime pour les travaux de la

plus ancienne et de la plus importante fabrique de broderies que la Lorraine possède, le jury rend hommage aux entreprises du fondateur de cette maison, M. Chédeaux, ancien député, mort depuis la dernière exposition ; la France le comptait au nombre de ses industriels les plus éclairés, de ses philanthropes les plus actifs et de ses meilleurs citoyens. Sa famille continue à diriger les ateliers et les comptoirs qu'il a fondés à Metz, à Nancy, à Lunéville, à Paris et à Lyon ; sans compter les travaux qu'elle fait exécuter dans toutes les petites villes des Vosges et de la Meurthe. Les produits qu'elle obtient, très-recherchés à l'intérieur, s'exportent surtout en Angleterre, en Espagne, en Italie, en Russie et dans les deux Amériques. Le jury confirme à la maison Chédeaux la médaille qu'elle a reçue en 1827.

M. BALBÂTRE aîné, à Nancy (Meurthe).

Ses broderies sur batiste, sur mousseline et sur tulle, pour mouchoirs, cols et pèlerines, sont remarquables sous tous les rapports de l'élégance, du bon goût et du travail. Sa maison est une des plus importantes de Nancy ; elle occupe un grand nombre d'ouvriers qu'elle a soutenus, sans réduction de salaires, dans les temps les plus difficiles : elle tire ses mousselines de Tarare et ses tulles de Saint-Quentin ; l'Amérique et l'Angleterre sont au dehors ses principaux débouchés. Elle mérite, aux mêmes titres que la maison Chédeaux, le rappel de la médaille d'argent qu'elle obtint en 1827.

RAPPEL DE MÉDAILLES DE BRONZE.

M. CARDIN-MEAUZÉ, à Paris, rue Mauconseil, n° 12.

Charmante collection de broderies en coton avec des

dessins à jour sur mousseline; broderies en soie sur tulle et sur étoffe de soie pour robes, écharpes et châles. Depuis 1827, M. Cardin-Meauzé a fait prendre une extension remarquable à son industrie, aujourd'hui beaucoup plus variée. Il mérite la confirmation de la médaille de bronze qu'il a reçue lors de la dernière exposition.

Rappel de médailles de bronze.

M. BIAIS, à Paris, rue du Pot-de-Fer-Saint-Sulpice, n° 4.

Dentelles et broderies pour aubes et nappes d'autel ; tout les genres d'ornements d'église, brodés en or, argent ou soie. Ces produits, remarquables pour la richesse et le bon goût, justifient le rappel de la médaille de bronze accordée en 1827 à M. Biais.

NOUVELLES MÉDAILLES DE BRONZE.

M. RUFFI-JUSSEL, à Nancy (Meurthe).

Ses broderies sur mousseline de Tarare pour robes et fichus, par leur goût et leur variété, font honneur à l'imagination de l'artiste, ainsi qu'à ses connaissances en fabrication. M. Ruffi Jussel emploie 600 ouvriers disséminés dans les départements de la Meurthe, des Vosges, de la Meuse et de la Haute-Marne. Le jury lui décerne la médaille de bronze.

Nouvelles médailles de bronze.

MM. MOUTON et JOSSAUME, à Paris, rue du Mail, n° 25.

Mousselines brodées pour robes, mouchoirs, peignoirs et pèlerines, remarquables à la fois pour la délicatesse du dessin et le fini de l'exécution. Ces fabricants méritent la médaille de bronze.

MENTIONS HONORABLES.

M. DODERET (François) à Paris, rue des Fossés-St-Germain-l'Auxerrois, n° 14.

Broderies sur diverses étoffes en or et argent, en nacre de perles, pour ornements d'église, corbeilles de mariage, écrans et bourses.

Mme ROUX, à Paris, rue Vivienne, n° 7.

Broderies sur tulle et sur étoffes de soie, pour robes et châles ; robe de satin noir brodée avec perles blanches. Exportation considérable en Angleterre et en Russie.

M. BONJEAN, à Nancy (Meurthe).

Mousselines brodées pour robes et fichus, à dessins légers et à bas prix, qui conviennent pour les pays étrangers, surtout pour l'Angleterre et l'Amérique, où l'on préfère des broderies moins riches, mais à bon marché.

Mme WISNICK-DOMÈRE, à Paris, rue Neuve-des-Bons-Enfants, n° 5.

Mousselines brodées au plumetis pour robes, mouchoirs et cols. On a remarqué surtout une robe choisie par la reine, pour l'élégance de broderies parfaitement exécutées.

CITATIONS.

Mlles HUSSON et MISTON, à Nancy (Meurthe).

Mousselines brodées pour mouchoirs et pèlerines.

Le nouvel établissement de Mlles Husson et Miston méritera beaucoup plus par la suite.

M. LEBAUDY-BEAUGUILLOT, à Caen (Calvados).

Robes de tulle brodées.

M. DELALANDE (Jean), à Paris, rue de Valois-Batave, n° 2.

Broderies or et argent sur drap, pour écussons.

M. DELÉPINE, à Paris, rue Montmartre, n° 34.

Broderies d'or sur drap, pour habits militaires.

CHAPITRE VIII.

FLEURS ARTIFICIELLES.

———◦———

L'élégante industrie des fleurs artificielles s'est fait remarquer par la variété des matières premières qu'elle met en usage. Le papyrus, la batiste, les plumes, la cire ont continué d'être employés. On a fait, ce qui paraît plus étonnant, des fleurs avec la pâte des pains à cacheter.

Les fleurs en cire ont un avantage particulier; elles permettent de reproduire, avec une fidélité parfaite, les moindres détails des feuilles et des fleurs naturelles. Les autres matières premières sont réservées pour les fleurs de toilette ou d'ornement.

———◦———

MENTIONS HONORABLES.

Mentions honorables.

M. MONBARDON, à Paris, rue Sainte-Anne, n° 25.

Pour ses fleurs artificielles en cire.

MM. CHAGOT frères, à Paris, rue Saint-Denis, n° 317.

Pour leurs fleurs en batiste.

———◦———

CITATIONS FAVORABLES.

Mlle LOUIS (Lucile), à Paris, rue de l'Éperon, n° 9.

Pour ses fleurs en cire.

Mme SANA, à Paris, rue Saint-Denis, cour
Saint-Chaumont.

Pour ses fleurs en papyrus.

Mlle FAURE, à Paris, rue Saint-Pierre-
Montmartre, n° 15.

Pour ses fleurs en plumes.

Citations
favorables.

CHAPITRE IX.

COUVERTURES.

Cette industrie conserve la supériorité qu'elle a précédemment acquise. Elle ne peut guère espérer de progrès futurs que par l'emploi de nouvelles matières, ou par une réduction dans les prix de la main-d'œuvre et surtout des matières actuellement employées. C'est de ce côté qu'il faut appeler les efforts des agriculteurs, des commerçants et des manufacturiers.

RAPPEL DE MÉDAILLE D'ARGENT.

Rappel de médaille d'argent.

M. BACOT, à Paris, rue de la Monnaie, n° 26.

Ses couvertures en laine mérinos et en bourre de soie sont d'une beauté remarquable, et lui conservent le premier rang parmi les manufacturiers qui s'adonnent à la même industrie. Outre les divers genres de couvertures que réclame la consommation française, il fabrique avec beaucoup de succès celles qui sont destinées pour nos colonies des Antilles et pour la Nouvelle-Orléans.

NOUVELLE MÉDAILLE D'ARGENT.

M. POUPINEL, à Paris, rue Galande, n° 57.

La fabrique de M. Poupinel est une des plus considérables ; il faut la citer pour la bonté du travail et la modération des prix. Le jury décerne la médaille d'argent à cet habile manufacturier.

Nouvelle médaille d'argent.

MÉDAILLES DE BRONZE.

M. BERTHIER, à Paris, rue Sainte-Croix-de-la-Bretonnerie, n° 38.

Il fabrique des couvertures de coton à poil, et des couvertures brochées, piquées, damassées ; son piqué, bien fait et d'un prix modéré, doit être distingué. Le jury central accorde la médaille de bronze à M. Berthier.

Médailles de bronze.

M. CHAPELON, à Toulouse (Haute-Garonne).

Il expose pour la première fois des couvertures de coton et de laine, bien fabriquées et d'un prix modéré ; il mérite dès à présent la médaille de bronze.

MENTIONS HONORABLES.

MM. AYNARD, frères, à Ambérieux (Ain).

Couvertures de laine de 16 à 22 francs : bonne fabrication.

Mentions honorables.

MM. ACCARY frères, à Tournus (Saône-et-Loire).

Couvertures de coton, à chaînes croisées et lisses. Ces fabricants, qui maintiennent avec soin la qualité de leurs produits, étaient déjà mentionnés honorablement en 1823.

MM. PLUQUET, à Lannoy (Nord);

MM. PAGERY et SERRE, à Montpellier (Hérault).

Couvertures communes, mais bonnes.

M. FEUGÉ-FASSARD, à Troyes (Aube).

Couvertures de coton à poil et façonnées, de bonnes qualités courantes, pour les classes les moins aisées.

M. LAZARE-ARON, à Metz (Moselle).

Couvertures de laine, en qualités ordinaires, d'un prix modéré.

M. VATIER aîné, à Lisieux (Calvados).

Couvertures communes, couvertures normandes dites *Thibaudes*, faites avec des débris et des déchets dont on ne savait pas précédemment tirer un bon parti. Ces couvertures ne coûtent que 5 francs; elles sont précieuses pour le peuple.

CHAPITRE X.

BONNETERIE.

Nous rappellerons aux fabricants, avec le jury de 1827, combien il importe au succès de la bonneterie française, destinée à l'exportation, de faire un plus grand usage de la soie naturellement blanche (soie *sina*). C'est à l'éclat de cette soie que les Anglais doivent la préférence accordée à leur bonneterie chez les peuples d'Amérique.

RAPPEL DE MÉDAILLE D'ARGENT.

M. MEYNARD (cadet), à Nîmes (Gard).

Rappel de médaille d'argent.

Gants de soie à jour, richement façonnés; gants et mitons en tulle sans couture; gants filochés et brochés. Ces produits se font remarquer par la finesse de la maille, par le bon goût et la variété des dessins. M. Meynard obtint, en 1819, une médaille d'argent; le jury la confirme pour 1834.

NOUVELLES MÉDAILLES D'ARGENT.

MM. TUR et compagnie, à Nîmes (Gard).

Nouvelles médailles d'argent.

Gants de soie chinés pour homme; gants en fil d'Écosse; mitons de soie à jour; bas de coton ordinaires, brodés et à jour; bas de soie; bas en bourre de soie. Ces produits, variés pour tous les degrés de finesse, sont d'une fabrication généralement soignée. M. Tur expose aussi des fantaisies cardées, d'une pureté remarquable. Il occupe, par ses diverses industries, un grand nombre d'ouvriers dans les diverses localités du département du Gard. Il a successivement obtenu la mention honorable en 1819, et la médaille de bronze en 1827. Il mérite aujourd'hui la médaille d'argent.

MM. PLANTIER-BARRE et compagnie, à Nîmes (Gard).

Bas en bourre de soie, bas et gants en soie et coton, bonnets de soie. Ces produits se recommandent par leur bas prix comparativement à leur bonté, ce qui justifie le grand développement des exportations faites par cette maison. Le jury lui décerne la médaille d'argent.

MÉDAILLES DE BRONZE.

MM. BENOIT, père et fils, à Saint-Jean-du-Gard (Gard).

Gants et bas de soie à jour, en fil d'Écosse et façonnés. Ces produits sont remarquables pour leur richesse et leur bonne confection. Ils méritent la médaille de bronze.

M. GERMAIN (Pierre), au Vigan (Gard).

Bonnets de coton; bas de coton à jour pour homme et pour femme. On a surtout distingué des bas de coton fins, soit unis, soit brodés, à très-bas prix et très-apparents, ce qui en rend la consommation fort étendue. Le jury décerne à M. Germain la médaille de bronze.

M. Delétoile-Coquelle, à Arras (Pas-de-Calais).

Bas de fil et de soie, recommandables pour le fini du travail, et pour la solidité. Les améliorations introduites dans la fabrication des bas, par M. Delétoile, consistent surtout dans la diminution à trois mailles franches au lieu des deux employées auparavant pour former le talon et le pied, ainsi que dans l'apprêt; ces innovations ajoutent à la solidité comme à la beauté du tissu. M. Delétoile, qui possède 130 métiers, fait travailler 180 ouvriers et 450 fileuses. Il est digne de la médaille de bronze.

M. Vigry, à Vonneuil-sous-Biard, près Poitiers (Vienne).

Bonnets de coton à 10 francs la douzaine; tricot en pièces, propre à la fabrication de ces bonnets, fait avec un métier circulaire. M. Vigry fait travailler habituellement 200 ouvriers; il file lui-même ses cotons. Il mérite la médaille de bronze.

M. Vautier (Victor), à Caen (Calvados).

Bas de femmes, en coton et cachemire; bas, gants et mitaines en fil d'Ecosse, à jour et brodés. Ces produits, distingués pour leur exécution, obtiennent la médaille de bronze.

M. Potel, à Caen (Calvados).

Bas et gants de fil d'Ecosse, comparables à ceux de M. Vautier; même récompense, à ce titre.

MENTIONS HONORABLES.

MM. Pagès, fils et compagnie, à Nîmes (Gard).

Gants de soie, unis et façonnés, bien faits, à bas prix et d'une exportation considérable.

MM. Leignadier et Daumas, à Nîmes (Gard).

Gants de soie, amadis, brodés à fleurs; gants de fil d'Ecosse, unis, façonnés et brodés. Produits d'un bon goût.

M. Colomb, à Nîmes (Gard).

Bretelles de diverses qualités, à très-bas prix : 20 centimes la paire. Ces bretelles sont fabriquées dans les maisons de détention de Nîmes et de Montpellier, où M. Colomb occupe un grand nombre d'ouvriers.

MM. Joyeux (Emile) et compagnie, à Nîmes (Gard).

Gants de fil d'Ecosse, unis ou façonnés, cousus ou sans coutures; gants à jour, d'un prix très-modéré; joli tissu de zéphir, façonné, imprimé.

MM. Boissier et compagnie, à Nîmes (Gard).

Gants de soie chinés, à jour et brodés, nuancés; gants et mitons, en soie et coton, unis ou à jour. Ces produits variés sont d'une exportation avantageuse.

MM. Bossens, Moureau et Beaud, à Nîmes (Gard).

Bas et gants de soie pour hommes et pour femmes, dans

les genres dits à l'*anglaise*, chinés, dentelles à jour. Ces produits sont fabriqués dans différentes villes du département du Gard.

MAISON CENTRALE, à Nîmes (Gard).

1° Bretelles, nanquinettes et bourrettes; 2° étoffes communes, d'un grand usage pour les deux sexes, dans les départements circonvoisins; 3° fantaisies cardées, objet principal de l'établissement; elles sont bien épurées et faciles à filer. La fabrication de tous ces produits mérite des éloges.

MM. BOURGUIGNON et SCHMIDT, à Bitschwiller (Bas-Rhin).

Gants, chaussons et bonnets en tricot, faits au crochet par une grande partie des ouvrières de cette ville et des villages environnants; ce genre de fabrication en occupe près de 6,000 pour différents maîtres. Ces produits sont à fort bon marché.

M. AUDIN, à Paris, rue du Faubourg-Saint-Denis, n° 24.

Bonneterie en feutre imprimé, bonnets grecs et russes, cabas et jolies ceintures pour hommes et pour enfants. Ces nouvelles fabrications méritent d'être encouragées.

M. TROUPEL, directeur de la maison de détention de Montpellier (Hérault).

Déjà cité pour ses échantillons de bourre de soie; il fabrique aussi des bas et des gants en bourre de soie, des bretelles en tricot et des mouchoirs en coton. Tous ces produits sont assez bien confectionnés et peu coûteux.

M. HUOT (Charles), à Troyes (Aube).

Gilets, pantalons, jupons en tricot, bien fabriqués. M. Huot emploie 250 ouvriers. Le département de l'Aube lui doit cette industrie, qu'il y a créée depuis 1830.

M. FREDLY, à Paris, rue du Faubourg-Saint-Denis, n° 98.

Bas de soie brodés, avec application de blondes. Bonne fabrication.

CITATIONS FAVORABLES.

M. DESMARES-THELOT, à Evreux (Eure).

Très-bons bas de coton. Défaut de renseignements du jury départemental et de l'exposant.

M. BRACONNIER (Alexandre), à Arcis-sur-Aube (Aube).

Mitons, gants, bas, avec dessins en or. Ces articles, propres aux théâtres et ne pouvant se blanchir, ne sauraient être des objets de grande consommation.

M. DILLON aîné, à Xivray, près Saint-Mihiel (Meuse).

Bas et gants en fil d'Ecosse, bien fabriqués, et livrés au commerce à des prix très-modérés.

M. SAINT-ACHEULLE, de Rouen (Seine-Inférieure).

Bas, gants amadis et gants longs, robes d'enfant en fil d'Ecosse, à jour et brodées. Ces produits sont nécessairement chers, mais bien fabriqués.

BONNETERIE ORIENTALE.

RAPPEL DE MÉDAILLE D'ARGENT.

M. Trotry-Latouche, à Paris, rue No- tre-Dame-de-Nazareth, n° 20.

Rappel de médaille d'argent.

Par la beauté de sa bonneterie, il est toujours digne de la médaille d'argent qu'il a reçue en 1827. Il a présenté des dessus de table imprimés en relief et d'une excellente exécution.

CHAPITRE XI.

FILAGE ET TISSAGE DU CAOUTCHOU.

MÉDAILLE D'OR.

Médaille
d'or.

MM. RATTIER et GUIBAL, à Paris, rue des Fossés-Montmartre, n° 4.

Nous sommes heureux d'avoir à signaler une industrie toute nouvelle, que ses inventeurs ont portée avec rapidité vers un degré voisin de la perfection.

Il y a peu d'années, le caoutchou n'offrait qu'un petit nombre d'usages et d'une faible importance. MM. Rattier et Guibal en ont fait l'objet d'un travail ingénieux et d'un commerce étendu.

Avant 1831, l'importation du caoutchou formait un article trop peu considérable pour être mentionné dans les états officiels; il n'en est plus ainsi.

IMPORTATIONS POUR LA CONSOMMATION FRANÇAISE.

1831................... 39,337^f
1832................... 165,382

MM. Rattier et Guibal prennent le caoutchou tel qu'il arrive, en poire, des colonies; ils l'aplatissent en disque par la pression. Ce disque est fixé par son centre sur un support armé d'une pointe de fer; dans cette position, des couteaux de forme circulaire le taillent en lanières qu'on subdivise en filaments. Ces filaments sont soudés bout à bout, puis étirés régulièrement, puis enroulés sur un dévidoir, et laissés en cet état pendant sept à huit jours : le caoutchou semble alors avoir perdu toute élasticité.

Les fils très-fins obtenus de la sorte sont placés sur un métier à lacet, ou pour mieux dire à cravaches, et recouverts de soie, de fil ou de coton. Ces nouveaux fils garnis sont tissés immédiatement comme du fil ordinaire, en rubans, en bretelles, en sous-pieds, en ceintures, en étoffes pour corsets, etc. Ces tissus peuvent reprendre l'élasticité du caoutchou, par l'action de la chaleur; il suffit pour cela de les repasser avec un fer chaud.

Cette industrie a fait des progrès si rapides qu'en 1833 ses produits ont surpassé 700,000 fr. et ses exportations à l'étranger 400,000 fr.

MM. Rattier et Guibal emploient plus de 200 ouvriers dans leurs ateliers, à Saint-Denis près Paris. De très-nombreux contrefacteurs, qu'ils ont cessé de poursuivre, démontrent les profits que procure ce genre de fabrication.

Les développements dans lesquels nous avons cru devoir entrer justifient pleinement la récompense du premier ordre, que le jury décerne à MM. Rattier et Guibal.

MÉDAILLE DE BRONZE.

M. VERDIER, à Paris, rue Notre-Dame-des-Victoires, n° 40.

Collection d'instruments de chirurgie en gomme élastique; nombreux échantillons de taffetas et d'autres tissus rendus imperméables au moyen du caoutchou. La perfection de cette application du caoutchou mérite la médaille de bronze.

CHAPITRE XII.

FEUTRE ET CHAPELLERIE.

Depuis quelques années la chapellerie a pris un nouvel essor en variant avec habileté ses matières premières et ses apprêts. Elle a cherché surtout la commodité des formes, adaptées aux différents usages de la vie; elle s'est efforcée de réunir la solidité, la légèreté, la souplesse, l'élasticité, l'imperméabilité. Le succès a couronné les efforts de cette utile industrie.

MÉDAILLE D'ARGENT.

Médaille d'argent. — **M. Jay**, à Paris, rue des Fossés-Montmartre, n° 5.

Chapeaux de castor et de soie, imperméables, très-légers et parfaitement confectionnés. Parmi ses produits les plus remarquables nous citerons: 1° un chapeau de maréchal de France, ne pesant que 3 onces, fait avec du poil de lièvre, et qui, par le fini du travail, semble aussi beau que le castor; le chapeau n'a de poil que du côté visible, ce qui a permis de lui donner moitié moins de poids qu'aux chapeaux ordinaires à trois cornes; 2° chapeaux ronds pour soirée et pour voyage, d'une étoffe très-serrée, qu'une légère couche de gomme élastique suffit pour soutenir, et néanmoins laisse assez souple pour qu'on plie le chapeau sans le chiffonner, et sans empêcher qu'il reprenne parfaitement sa forme naturelle; 3° chapeau de soie, monté sur feutre, avec apprêt à la gomme élastique, très-léger, souple et ne se déformant pas.

M. Jay, qui chaque jour ajoute à son art par de nouvelles expériences, et dont les produits sont toujours fort soignés, mérite la médaille d'argent.

MÉDAILLES DE BRONZE.

M. HUAULT (Benoît), à Paris, rue des Ménétriers, n° 6.

Les ateliers de M. Huault sont anciens et renommés pour la beauté et la solidité des teintures, qualités qu'on remarque surtout dans les chapeaux dits *imperméables*. M. Huault conserve l'élasticité de ces chapeaux, en même temps qu'il empêche leur apprêt de se détruire par l'action de la chaleur et des substances qui composent sa teinture noire. Pour avoir surmonté ces difficultés le jury lui décerne la médaille de bronze.

MM. CHENARD frères, à Paris, rue Sainte-Avoie, n° 41, et à Lyon (Rhône).

Chapeaux en feutre poil raz, sur toile imperméable, d'un noir et d'un brillant supérieurs à ceux des chapeaux en soie : le poil de ces chapeaux est aussi court que celui du velours. MM. Chenard substituent une toile imperméable à l'apprêt qu'on mettait en tête; cela conserve longtemps le feutre sans qu'il se ronge; il s'use comme le drap, sans blanchir dans les endroits où le poil peut être enlevé par le frottement. MM. Chenard sont jugés dignes de la médaille de bronze.

MM. RAY frères, à Paris, rue du Plâtre-Sainte-Avoie, n° 12.

Chapeaux de feutre, en poil de lièvre, en poil de Saxe; chapeaux en soie sur toile imperméable.

Ces produits, d'une fort bonne qualité, sont bien fabriqués et méritent la médaille de bronze.

MENTIONS HONORABLES.

M. GIBUS, à Paris, place des Victoires, n° 3.

Chapeaux de soie et de feutre, en diverses couleurs, fins, légers et bien confectionnés. Chapeaux mécaniques; par l'effet d'un ressort ingénieux, ils diminuent à volonté des sept huitièmes de leur hauteur. Ces chapeaux, si commodes pour les soirées, les bals, les voyages, le sont également pour l'exportation, par le peu de place qu'ils occupent.

M. LEFEBVRE, à Paris, rue de Richelieu, n° 46.

Chapeaux de soie imperméables, exécutés d'après un brevet d'invention.

MM. ROLLIN et compagnie, à Toulouse (Haute-Garonne).

Chapeaux en peluche de soie; bons chapeaux en tissu

de soie et coton, à très-bas prix et destinés pour les habitants des campagnes; ces chapeaux sont fabriqués avec un apprêt imperméable.

M. HAMEL, à Brest (Finistère).

Chapeaux en peluche de soie, en tissu de soie; chapeaux vernis, d'un prix modique, solides, élastiques, d'un beau vernis, unis, sans bosse, et sans gerçures, même après un long usage.

M. WANSBROUGH, à Paris, rue Castiglione, n° 2.

Chapeaux en feutre et en soie, imperméables, très-légers et bien fabriqués. Il fut cité favorablement en 1827.

M. AMBROIS, à Paris, rue Chaussée-d'Antin, n° 22.

Chapeaux en feutre et en peluche de soie, très-légers et bien confectionnés; un apprêt, découvert par M. Ambrois, donne à ces chapeaux de la solidité.

CITATIONS FAVORABLES.

M. GARDIEN, à Paris, place de l'École, n° 6.

Chapeaux de feutre et de peluche, bien faits, à prix modérés.

M. SANSOT, à Paris, rue M. le Prince, n° 1.

Chapeaux de soie imperméables, à 10 fr., 12 fr. et 14 fr. La modicité de ces prix procure une vente considérable.

M. ALAN-MIGOUT, à Paris, Champs-Elysées, n° 15.

Chapeaux de feutre et de soie, avec apprêt imperméable.

M. DESTREM-PRENOT, à Paris, rue du Bac, n° 13.

Chapeaux en feutre et en soie, très-légers et bien confectionnés.

M. TRIANON, à Paris, rue Dauphine, n° 63.

Chapeaux de feutre et de soie, d'une bonne confection et d'un prix modéré.

CHAPITRE XIII.

TAPIS, TAPISSERIES, TENTURES, TISSUS VERNIS.

SECTION PREMIÈRE.

TAPIS, TAPISSERIES, ET TENTURES.

La fabrication des tapis était une industrie gauloise déjà remarquable au temps des Romains ; cette industrie semble s'être conservée même au xᵉ siècle. Il faut passer ensuite au xvɪɪᵉ pour trouver dans l'établissement de la Savonnerie, en 1607, par Henri IV, un nouveau progrès de cette importante fabrication. Grâces à Colbert elle prend ensuite un plus vaste essor, lorsque les ateliers que possédaient les frères Gobelins sont érigés en manufacture royale. Sous Louis XIV, un pareil titre assurait à l'établissement auquel on l'accordait des commandes dont la grandeur était digne du grand règne.

Les Gobelins, par l'étendue de leurs sujets de paysage et d'histoire, par la perfection des formes et la pureté des couleurs, ont élevé leur industrie au rang des beaux-arts.

Mais il restait à travailler pour les modestes fortunes. Il fallait produire des tapis qui pussent contenter un goût moins délicat quant au dessin, et satisfaire à ce luxe si confortable, qui rend les appartements plus chauds en hiver, et qui fait éprouver une sensation délicieuse, par la douce pression que les pieds éprouvent en foulant des tissus élastiques et moelleux.

Voilà le problème qu'ont tenté de résoudre et qu'ont presque résolu complétement nos fabriques particulières, en profitant de tous les progrès modernes du filage, du tissage et de la teinture.

Les fabricants de tapis n'avaient à former qu'un vœu, c'était de voir réduire le droit d'entrée sur les laines les plus communes, qui suffisent aux tapis ordinaires.

A mesure que les tapis seront moins chers, l'usage en deviendra plus général ; il sera bientôt d'obligation pour toutes les maisons qui possèdent quelque aisance.

L'exposition de 1834 révèle des progrès considérables depuis 1827. Parmi les tapis veloutés, nous avons heureusement imité les moquettes belges, allemandes, anglaises : ces dernières sont pour ainsi dire naturalisées dans la consommation française. Nos manufacturiers exécutent maintenant avec perfection les tapis d'étoffe à double tissu. En général nos métiers améliorés travaillent avec plus d'économie, sans qu'on soit obligé de réduire le prix de la main-d'œuvre.

RAPPEL DE MÉDAILLE D'OR.

M. CHENAVARD (Henri), à Paris, boulevart Beaumarchais, n° 65.

Tapis et tapisseries très-variés, pour meubles et pour tentures. On a distingué ses tissus à dessins turcs et persans, qui sont des nouveautés dans la fabrique française. M. Chenavard présente aussi des meubles qui reproduisent les formes du XVIe siècle et même de plus an-

ciennes. Ce genre, pour renaître, avait besoin d'une in-
cohérence d'idées qui réclamât, à l'usage des édifices du
XIXᵉ siècle, les ameublements de la féodalité, pour des
citoyens ivres d'égalité. Le caprice romantique passera,
mais, en attendant, l'industrie peut l'exploiter avec succès : ainsi le fait M. Chenavard.

Le jury confirme à cet industriel, pour l'ensemble de
ses produits, la médaille d'or qu'il avait obtenue, en
1823, pour ses tentures en feutre verni.

M. Chenavard, mû par un sentiment délicat, avait
voulu se retirer du concours, parce qu'il est le frère d'un
membre du jury central : le jury ne l'a point permis.

MÉDAILLE D'OR.

M. SALLANDROUZE - LAMORNAIX, à Au-
busson (Creuse), et à Paris, boulevart
Montmartre.

La collection des tapis de M. Sallandrouze était sans
aucune comparaison la plus belle, la plus riche et la plus
variée de l'exposition ; elle couvrait, elle ornait complétement le parquet et les lambris d'une salle immense
construite exprès pour recevoir ces magnifiques tissus.

Le genre le plus somptueux était représenté par le
grand tapis qui doit orner la nouvelle galerie du palais
des Tuileries; dans ce tapis, la beauté des dessins, l'éclat,
le nuancé des couleurs et la science du tissu, se disputent
la palme de la perfection.

Dans les genres intermédiaires et les genres simples,
on remarquait les tapis écossais sans envers, les moquettes, les tapis pour foyer, des dessus de table ornés

de paysages d'un goût excellent, des tapis d'été, faits en
toile ciréc, imprimés et vernis. Tous ces produits sont
variés de formes et de prix, jusqu'aux tissus les plus économiques et par là les plus généralement utiles.

Il faut signaler, comme une fabrication depuis peu de
temps acquise à l'industrie française, de très-beaux tapis
à dessins turcs et persans. Les tapis de Perse étaient surtout remarquables par l'élégance du dessin et la grâce de
l'effet.

En 1827, M. Sallandrouze obtint le rappel de la médaille d'argent que son père avait reçue dès 1802, et
qui lui fut confirmée en 1823. Aujourd'hui le jury décerne la récompense du premier ordre à M. Sallandrouze
fils.

RAPPEL DE MÉDAILLES D'ARGENT.

M. ROGIER (Jean-Louis), à Aubusson (Creuse), et à Paris, rue Notre-Dame-des-Victoires, n° 6.

Très-beaux tapis dans le genre turc, tapis à dessins
imités du cachemire, etc. Tous ces produits sont admirés pour le vif éclat des couleurs, le bon goût de leurs
dispositions et le fini de l'exécution. M. Rogier, fils et
successeur de l'ancien associé de M. Sallandrouze père,
se montre digne d'un tel héritage. Il mérite un nouveau
rappel de la médaille d'argent, que MM. Rogier et Sallandrouze avaient obtenue en 1802, et qui lui fut confirmée
personnellement en 1827.

M. VÉRITÉ, à Beauvais (Oise).

Tapis imprimés de diverses grandeurs, fort bien exécutés, sur des dessins d'un bel effet. M. Vérité a, l'un des premiers, conçu l'idée d'appliquer aux tapis et aux tentures l'impression sur le drap. Par ce procédé, pour lequel il est breveté d'invention, il parvient à fondre les couleurs, à les dégrader, à les moirer de manière à imiter la peinture. Il possède l'établissement qu'il dirigeait lorsque M. Lefebvre-Jacquet en était propriétaire, et recevait à ce titre, en 1823, la médaille d'argent rappelée en 1827. Le jury confirme à M. Vérité cette médaille, à laquelle il a les plus justes titres.

NOUVELLES MÉDAILLES D'ARGENT.

M. CARON-LANGLOIS, à Beauvais (Oise).

Déjà distingué pour ses toiles, il a de plus exposé des tapis de table imprimés sur drap et sur peluche, ainsi que des tapis de foyer très-bien fabriqués et d'un effet agréable.

La fabrique de M. Caron-Langlois est d'une haute importance, et pour la variété des produits qu'il obtient, et pour le nombre d'ouvriers qu'il emploie. Dès 1827, M. Caron-Langlois recevait une médaille d'argent; les progrès qu'il a faits, depuis cette époque, méritent une nouvelle distinction du même ordre.

M. VAYSON, à Abbeville (Somme), et à Paris, rue d'Anjou-Saint-Honoré, n° 9.

Tapis de tous les genres, moquettes d'un très-bel effet et parfaitement fabriquées. M. Vayson a, l'un des premiers, appliqué le métier Jacquart à la fabrication des tapis écossais; il l'emploie maintenant à la confection des moquettes. Il réunit dans ses ateliers le filage, le tissage et la teinture de ses laines, qui sont toutes françaises; il occupe beaucoup d'ouvriers d'Abbeville et de la banlieue pour la filature du lin et de la laine peignée. En 1819, MM. Bellanger obtenaient la médaille de bronze, confirmée en 1823 à M. Vayson frère. Depuis cette époque M. Vayson a fait des progrès considérables. Il mérite la médaille d'argent.

MM. LAURENT (Fleury) et fils, à Amiens (Somme).

Tapis raz doubles, tapis sans envers, tapis à tissu triple, broché. MM. Laurent emploient 25 métiers à la Jacquart pour fabriquer ces excellents produits; les prix en étant moindres que ceux de la moquette, sont très-favorables à l'accroissement de la consommation. En 1827, MM. Laurent avaient reçu la médaille de bronze. Par l'accroissement de leurs travaux et l'abaissement de leurs prix, ils méritent aujourd'hui la médaille d'argent.

RAPPEL DE MÉDAILLES DE BRONZE.

MM. BELLANGER père et NOURRISSON, a Tours (Indre-et-Loire).

Tapis et couvertures en poil de chevreau, de diverses couleurs, rayés et façonnés. Ces tapis, dont la matière première est employée depuis très-peu de temps, ont le rare mérite d'être à fort bon marché. MM. Bellanger et Nourrisson font travailler 160 ouvriers; ils fabriquent annuellement près de 12,000 mètres de tapis et

8,000 mètres de couvertures; ils sont les successeurs de M. Bellanger-Pagé, qui reçut en 1827 la médaille de bronze. Le jury la leur confirme.

MM. MALAR et BARRÉ, à Beauvais (Oise).

Ils ont exposé des tapis de pied veloutés, en point de Hongrie, bien fabriqués; les prix en sont très-modérés. Les laines qu'ils emploient sont filées et teintes dans leurs ateliers. Ces manufacturiers maintiennent la réputation de leur prédécesseur, Mme veuve Bourgeois-Barré, laquelle obtint en 1823 une médaille de bronze. MM. Malard et Barré sont très-dignes de la même récompense, et le jury leur rappelle cette médaille.

NOUVELLES MÉDAILLES DE BRONZE.

MM. TESSIER père et fils et ZETTER, à Saint-Dié (Vosges).

Récompensés par la médaille de bronze pour leurs toiles, leurs mouchoirs de poche et leurs cotons filés; ils exposent aussi des tapis de pied jaspés et quadrillés, de diverses couleurs et de grandeurs variées, tous à des prix modérés, et bien exécutés. MM. Tessier et Zetter réunissent dans leur établissement une filature, une teinturerie, une fabrique de tissus. Ils avaient obtenu la médaille de bronze en 1823, pour leur teinture rouge d'Andrinople, sur fils de coton; ils la reçoivent aujourd'hui pour l'ensemble de leurs produits.

MM. PARIS frères, à Aubusson (Creuse), et à Paris, rue d'Anjou-Dauphine, n° 11.

Tapis de diverses grandeurs, à riches dessins; tapis

écossais sans envers ; tapisseries pour meubles, avec personnages, animaux et fleurs ; tapis de foyer, brodés, veloutés : bon goût et bonne exécution. On a remarqué le grand tapis choisi par le Roi, pour la richesse du dessin, l'éclat des nuances et le fini du travail. Le jury décerne la médaille de bronze à MM. Paris.

MM. WEY frères, à Besançon (Doubs).

Tapis de pied de diverses grandeurs, très-bien exécutés, sur des dessins de bon goût ; tapis raz piqués, à très-bas prix, inventés par MM. Wey. Leur fabrique présente un des plus beaux établissements du pays : elle occupe 200 ouvriers, avec une machine à vapeur ; elle fait subir dans son enceinte, à la laine employée, toutes les préparations, filature, teinture et tissage. MM. Wey méritent la médaille de bronze.

M. LUCIAN jeune, à Paris, rue de la Tonnellerie, n° 53.

Impressions en relief imitant la broderie, sur drap et sur d'autres étoffes propres à faire des meubles, des tapis de table, de piano, etc. Ces impressions, d'un genre nouveau, sont d'un bel effet. Le jury décerne la médaille de bronze à M. Lucian.

M. L'HOTEL, à Paris, rue des Forges, n° 3.

Impressions en relief sur étoffes de laine, pour ameublement ; tapis de table, châles, articles de nouveautés : bon goût et bon travail. La médaille de bronze.

MM. MATHIEU, MIEG et fils, à Mulhausen (Haut-Rhin).

Tapis de drap imprimés pour couvertures de table et

pour meubles. Ces produits ajoutent aux titres des exposants qui ont reçu la médaille de bronze au sujet de
leur fabrique de draps.

MENTIONS HONORABLES.

MM. Faitot et compagnie, à Paris, rue Taitbout, n° 15.

Tapis de diverses grandeurs. On a distingué surtout, parmi les produits de M. Faitot, des dessins à rosaces, dans le genre turc et persan, d'un effet très-riche.

M. Marion, à Paris, rue des Fossés-Saint-Germain-des-Prés, n° 23.

Tapisseries à relief pour meubles, sur drap et sur diverses étoffes, représentant des fleurs, des oiseaux et d'autres animaux. Ces tapisseries sont d'un bel effet.

M. Demi-Doineau, à Paris, rue Vivienne, n° 16.

Assortiment de tapis de diverses grandeurs, à dessins variés; bonne fabrication.

MM. Darme frères, à Grenelle (Seine).

Etoffes à peintures transparentes pour stores, très-bien dessinées, d'une netteté remarquable et d'une grande pureté de couleurs; petits tableaux représentant des fleurs et des oiseaux bien exécutés.

M. Harnepon, à Paris, rue du Gros-Chenet, n° 19.

Draps imprimés en relief pour dessus de table, pour

I.   15

Mentions
honorables.

descentes de lit et pour ameublements; cabas, calottes, etc.;
bon goût dans l'exécution.

M. POLLE-DEVIERMES, à Beauvais (Oise).

Tapis de table et draps imprimés; impressions sur
étoffes de laine et sur mérinos, d'un effet agréable.

CITATIONS FAVORABLES.

Citations
favorables.

MM. VIGIER frères, à Aubusson (Creuse).

Tapis de foyer, en moquette coupée ordinaire, en
moquette huppée et bouclée dite *impériale*. La fabrique
de MM. Vigier est très-récente, et son produit, encore
peu connu, paraît susceptible d'amélioration.

M. GÉRÉ-RACINE, à Paris, place de l'Hôtel-de-Ville.

Stores imprimés représentant des tableaux allégoriques
d'un très-bon effet.

M. PÉRÉS, à Paris, rue du Faubourg-Saint-Denis, n° 111.

Stores imprimés sur gaze et sur d'autres étoffes, dessins très-variés et d'un bon goût.

MM. MORAND et SOQUET, à Paris, rue Saint-Honoré, n° 97.

Etoffes diverses avec impressions en relief, pour ameublements. Les dessins en sont recommandables et l'exécution est satisfaisante.

SECTION II.
VELOURS PEINTS ET VELOURS IMITANT LA PEINTURE.

RAPPEL DE MÉDAILLE D'ARGENT.

M. et Mlle VAUCHELET, à Paris, rue Richelieu, n° 48.

Rappel de médaille d'argent.

Ces fabricants soutiennent leur réputation pour les belles peintures exécutées sur velours et sur d'autres étoffes qu'on destine à l'ameublement. Les dessins de ces peintures sont, les uns dans le genre turc ou dans le genre persan, les autres dans le genre européen. Pureté, vivacité des couleurs, effet séduisant, telles sont les qualités des produits qui méritèrent en 1823, en 1827, et qui méritent encore aujourd'hui la médaille d'argent à l'élégante industrie de M. et Mlle Vauchelet.

MENTION HONORABLE.

M. GOBERT, à Paris, rue Servandoni, n° 13.

Mention honorable.

Velours et étoffes diverses pour ameublements, peints avec des couleurs préparées à l'eau. Ces couleurs sont vives et bien nuancées.

SECTION III.
VELOURS CHINÉS.

RAPPEL DE MÉDAILLE D'ARGENT.

M. GRÉGOIRE, à Paris, rue Charonne, n° 47.

Rappel de médaille d'argent.

Velours chinés imitant la peinture, d'après un pro-

15.

cédé dont il est seul en possession, et qui fait honneur à ses connaissances en peinture comme en tissage. Parmi ses produits on a distingué des corbeilles de fleurs et des portraits d'une exécution parfaite et d'un excellent coloris. Dès 1806, il obtint la médaille d'argent, rappelée en 1819, 1823 et 1827. Le jury la lui confirme pour 1834.

SECTION IV.

TAPIS ET TISSUS IMPERMÉABLES.

MÉDAILLE D'ARGENT.

MM. ATRAMBLÉ, BRIOT fils et compagnie, à Paris, rue Richelieu, n° 9.

Ces manufacturiers ont acquis l'établissement fondé par M. Chenavard, pour tapis vernis imprimés. Ils exposent des stores transparents pour croisées, représentant des paysages et d'autres sujets agréables; ils ont beaucoup développé ce genre d'industrie, dont ils vendent les produits non-seulement en France, mais à l'étranger. Ils avaient obtenu la médaille de bronze en 1819. Actuellement le jury leur décerne la médaille d'argent.

RAPPEL DE MÉDAILLE DE BRONZE.

M. CHAMPION, à Paris, rue du Mail, n° 18.

C'est à M. Champion que le commerce français doit d'excellentes mesures linéaires en rubans vernis, et beaucoup d'autres applications de ses tissus vernis pour

la conservation des instruments, etc. Ce fabricant ingénieux et persévérant reçut, en 1819, une mention
honorable; en 1823, la médaille de bronze; en 1827,
le rappel de cette médaille, que le jury de 1834 confirme de nouveau.

NOUVELLES MÉDAILLES DE BRONZE.

M. Seib (Jean-Adam), à Strasbourg (Bas-Rhin).

Toiles et taffetas cirés, imprimés, pour tapis et pour
couvertures de meubles. C'est à M. Seib que nous devons
l'importation et la fabrication des toiles et des percales
cirées à la saxonne. Ces produits, recherchés en France,
sont très-demandés en Allemagne, en Suisse, etc. L'on
doit également à M. Seib les tableaux lithographiques
imprimés sur toile cirée. Il mérite la médaille de bronze.

M. Cerf, à Brest (Finistère).

Il a présenté de très-bonnes toiles vernies, qui peuvent
soutenir le parallèle avec les meilleurs produits de ce
genre, pour la variété des dessins, l'éclat des couleurs
et la souplesse de l'étoffe. Il obtient la médaille de bronze.

MENTIONS HONORABLES.

M. Notta, à Clignancourt (Seine).

Tapis peints et vernis, imitant le parquet et le marbre,
pour l'été. Il y a du goût dans ces produits qui sont bien
exécutés.

On doit mentionner ensuite honorablement, pour l'excellente fabrication de leurs produits :

M. COUTEAU (Adolphe), à Joinville-le-Pont (Seine).

Cuirs vernis et toiles cirées.

MM. MEYNADIER, VALLÉE et compagnie, à Paris, rue Mazarine, n° 7.

Étoffes imperméables.

M. L'HOMOND, à Paris, rue Coquenard, n° 44.

Tissus imperméables.

CHAPITRE XIV.

PAPIERS DE TENTURE.

C'est avec bonheur que nous avons à signaler les importants progrès qu'a faits cette industrie depuis la dernière exposition. Les arts du dessin et de la peinture ont fourni des modèles auxquels le bon goût applaudit, et qui garantissent de plus en plus, à nos papiers de tenture, la supériorité sur les papiers étrangers. En même temps, la mécanique et la chimie ont réuni leurs moyens pour obtenir des résultats nouveaux et presque inespérés. On a trouvé le secret d'appliquer, soit avec la brosse, soit par l'impression, des teintes dégradées et fondues insensiblement les unes dans les autres; on s'est servi, pour les papiers de tenture, des cylindres gravés en taille-douce, employés déjà pour l'impression des toiles peintes; on a remplacé par du papier continu, les rouleaux obtenus auparavant par l'assemblage de plusieurs feuilles.

MÉDAILLE D'OR.

MM. J. ZUBER et compagnie, à Mulhausen (Haut-Rhin).

Médaille d'or.

C'est à MM. Zuber et compagnie qu'on doit les per-

Médaille
d'or.

fectionnements dont nous venons d'offrir l'énumération.
D'autres fabricants ont peut-être conçu l'idée d'employer
le papier continu pour les rouleaux de tenture, mais c'est
à MM. Zuber qu'appartient la construction d'une machine
établie depuis trois ans avec le plus grand succès pour fabriquer d'une seule pièce des rouleaux longs de neuf mètres.
La dégradation des couleurs par un moyen mécanique
est une découverte importante qui présente un vaste
champ aux combinaisons des artistes. Dans l'immense
paysage que MM. Zuber ont exposé cette année, paysage
d'un goût pur et remarquable, on a fondu, par un procédé mécanique, les teintes des ciels et des montagnes,
ainsi que les nuances vaporeuses des tourbillons de pous-
sière soulevée par les pieds des chevaux. Cet exemple
donne l'idée du parti qu'on peut tirer d'une si belle invention. Il suffira que le compositeur de tableaux s'instruise
dans les procédés de la fabrication, pour produire des
impressions qui, sous les rapports de l'effet et de l'harmonie, ne seront guère au-dessous des peintures soit à
l'huile, soit à la gouache, et seront bien supérieures aux
peintures à fresque.

MM. Zuber fabriquent annuellement 200,000 rouleaux de papiers peints ; ils emploient 200 ouvriers.

La grandeur de leurs résultats et leur génie inventif
les rendent dignes de la médaille d'or.

RAPPEL DE MÉDAILLE D'ARGENT.

Rappel
de médaille
d'argent.

M. JACQUEMART, à Paris, rue de Montreuil,
n° 39.

Il a présenté plusieurs panneaux à décor, d'un goût très-remarquable. Le jury confirme de nouveau la médaille d'argent obtenue dès 1806 par M. Jacquemart, et rappelée en termes flatteurs aux trois expositions subséquentes.

NOUVELLES MÉDAILLES D'ARGENT.

Mme MADER, à Paris, rue de Montreuil, n° 1.

Elle a mis à l'exposition : un décor imitant les bois de citron et d'acajou, enrichis d'incrustations; un panneau, fond or et blanc, avec des oiseaux coloriés; un devant de cheminée, d'après une gravure anglaise, et qui rend avec perfection l'effet de la manière noire. L'exécution de ces tentures renfermait de grandes difficultés, qui sont heureusement surmontées; les dessins ont du goût et de la finesse. La vente annuelle est de 300,000 francs, et le travail occupe 150 ouvriers. Le jury décerne la médaille d'argent à Mme Mader.

MM. CARTULAT (Simon) et compagnie, à Paris, rue de la Chaussée-d'Antin, n° 13.

Charmant petit décor à fond blanc, dans le style des peintures d'Herculanum : ce morceau ne laisse rien à désirer; un grand panneau avec fond rouge velouté, bordure en grisaille et en coloris, surmonté d'une frise de fort bon goût; plusieurs décors moins importants.

Ces fabricants occupent 100 ouvriers et vendent annuellement pour 200,000 francs. Le jury les place sur

Nouvelles médailles d'argent.

la même ligne que Mme Mader et leur décerne, aux mêmes titres, la médaille d'argent.

MENTIONS HONORABLES.

Mentions honorables.

M. RIMBAUT aîné, à Paris, rue Montesquieu, n° 4 ;

M. RIMBAUT jeune, à Paris, rue Sainte-Anne, n° 46.

Pour leurs panneaux de tenture en papier recouvert de soie. Ce genre mixte fut inventé il y a longtemps par M. Chenavard père ; il eut dans l'origine une vogue étonnante, ensuite il tomba dans l'oubli, d'où MM. Rimbaut l'ont tiré.

CITATION FAVORABLE.

Citation favorable.

M. BENOIT, à Paris, boulevart des Italiens, n° 15.

Pour ses panneaux de décors gothiques.

CHAPITRE XV.

TEINTURES ET IMPRESSIONS SUR ÉTOFFES DE LAINE ET SOIE.

Nous avons dû distinguer les impressions produites par une simple application de couleurs fixées à la vapeur, et les impressions qui jusqu'à présent n'ont acquis une invariable solidité que par l'immersion dans la chaudière ou dans la cuve ; le premier mode, quel que soit son mérite, ne peut être mis sur la même ligne que le second, qui demande la connaissance des agents chimiques et la réunion des procédés à la fois les plus difficiles et les plus ingénieux.

Les Anglais ont les premiers fixé les couleurs à la vapeur ; les Français ont perfectionné cet art. M. Loffet obtint la médaille d'argent, en 1819, pour ce perfectionnement ; il vendit cher aux Anglais les procédés de ses couleurs, et ses moyens d'imprimer les châles imités du cachemire.

Nous devons ici rendre un nouvel hommage à la mémoire de M. Ternaux. Avant 1814 il avait pratiqué, dans ses ateliers de Saint-Ouen, l'impression en relief sur les étoffes de laine, pour les tentures, les tapis, les meubles, etc. : il fixait aussi les couleurs par la vapeur.

L'art d'imprimer sur la soie et sur la laine est très-perfectionné ; il forme actuellement une branche importante de notre production, surtout pour les objets de luxe, grâce à la variété des genres, à la richesse des dessins, au brillant des couleurs dont l'éclat est relevé par la nature des tissus. Les fabriques de Lyon et de Paris ont donné plus d'extension à cette industrie, par l'invention d'étoffes nouvelles où l'on mélange habilement la laine, la soie, la bourre de soie et le duvet de cachemire. Ces deux cités ont vu s'élever, dans leur enceinte et dans les environs, un grand nombre d'ateliers d'impression, qui procurent à beaucoup d'ouvriers des salaires avantageux.

Nous citons avec plaisir, parmi les industriels les plus distingués en ce genre, MM. Roger à Puteaux, Despruneaux et Bochard à Saint-Denis, Mahau à Versailles. Les impressions sur laine et sur soie, sorties de leurs ateliers, et présentées par les exposants de tissus, nous font regretter que ces habiles imprimeurs ne se soient pas présentés au jury départemental. Ce défaut de formalité les a mis hors de concours.

RAPPEL DE MÉDAILLE D'ARGENT.

Rappel de médaille d'argent.

M. SOUCHON, à Paris, rue Bleue, n° 19.

Il obtint en 1827 la médaille d'argent pour la teinture en bleu des draps, par le prussiate de fer. Les coupes de mérinos et de drap, teintes par ce procédé remarquable et présentées en 1834, sont dignes de la même récompense. Nous répéterons avec le jury de l'exposition précédente, que M. Souchon méritera la médaille d'or, s'il parvient à vaincre les difficultés qui s'opposent encore à l'adoption générale de son procédé.

NOUVELLES MÉDAILLES D'ARGENT.

M. BEAUVISAGE, à Paris, rue Bretonvilliers, n° 2.

Le jury de 1827, rappelant à ce manufacturier la médaille d'argent qu'il avait obtenue dès 1819, le louait surtout d'avoir amélioré les apprêts par l'application de la vapeur. Depuis la dernière exposition, M. Beauvisage a beaucoup perfectionné ses procédés; il excelle dans les teintures et l'apprêt des étoffes rases en laine pure, ou mélangées de laine avec la soie ou le coton. Il s'occupe avec constance à perfectionner son art; il est le père de ses ouvriers. Il mérite une nouvelle médaille d'argent.

M. VIDALIN, à Lyon (Rhône).

Le premier à Lyon il a su bien teindre les étoffes et les fils mélangés de laine et de soie. Les pièces qu'il a présentées sont remarquables à la fois pour la beauté, la régularité, la vivacité des couleurs et la finesse des nuances. Le jury départemental du Rhône signale M. Vidalin comme le teinturier auquel la fabrique de Lyon doit l'avantage d'avoir pris rang la première dans les immenses fabrications, qui se font aujourd'hui, des étoffes mélangées de soie et de laine; le jury décerne à M. Vidalin la médaille d'argent.

MÉDAILLES DE BRONZE.

M. FAURE fils, à Paris, quai des Orfèvres, n° 2.

Il a présenté six pièces d'étoffes damassées, teintes en diverses couleurs, et de plus un tableau qui contient trente-sept gammes de tons différents en laine teinte, dont les gammes extrêmes sont le blanc et le noir. Il mérite la médaille de bronze.

M. Leclerc, à Puteaux (Seine).

Il a présenté un coupon de chalis, imprimé, à petites étoiles : échantillon recommandable pour la manière dont l'impression est exécutée. Il annonce posséder le secret d'imprimer vingt couleurs d'un seul coup de planche, invention pour laquelle il demande un brevet. Les essais qu'il a faits, d'après la demande du jury, n'ont plus laissé de doutes sur l'avantage de son procédé, pour les impressions par application fixées à la vapeur. M. Leclerc, *simple ouvrier*, trouve en ce moment les moyens de monter un atelier pour tirer parti de sa découverte. Ses essais ont de l'avenir et méritent, dès à présent, la médaille de bronze.

MENTIONS HONORABLES.

MM. Merle et Malartic.

Dans la riche exposition de M. Cunin-Gridaine on a distingué deux coupes de casimir, l'une bleu clair et l'autre bleu foncé, d'un reflet superbe, quoique teintes sans indigo. Elles ont été traitées au prussiate de fer par MM. Merle et Malartic, qui montent un atelier de teinture en bleu par ce procédé. La réussite des coupes présentées est complète, quoiqu'on ait à dessein pris un casimir très-fort et d'un tissu très-serré, pour opposer plus de difficultés à la pénétration de la teinture. La parfaite égalité de la tranche démontre qu'on a franchiment vaincu cet obstacle. Tout en donnant des éloges aux belles épreuves faites par MM. Merle et Malartic, le jury croit devoir attendre des succès de fabrique obtenus sur une échelle étendue, pour donner une haute récompense à leur procédé; il se borne maintenant à la mention honorable.

M. BRUNEL (Baptiste), à Avignon (Vaucluse).

Déja mentionné honorablement en 1819 et 1823, pour la teinture des soies.

M. GONFRÉVILLE, à Rouen (Seine-Inférieure).

Plusieurs séries d'échantillons de coton, teints avec de nouvelles substances tinctoriales, en couleurs solides rapportées de l'Inde par M. Gonfréville. Quand ces procédés auront eu des succès authentiquement constatés dans les fabrications usuelles, M. Gonfréville devra recevoir une récompense plus élevée que la mention honorable.

M. BANCE-THIERCELIN, à Rouen (Seine-Inférieure).

Tissus de coton bien teints, en jaune chamois, en bleu, en rouge. L'établissement de M. Bance est très-intéressant pour la fabrique de Rouen.

M. FÉAU-BÉCHARD, à Paris, cloître Notre-Dame, n° 6.

Riche série d'écheveaux de laine et de cachemire, teints en toute espèce de nuances, avec des gradations bien observées.

CITATIONS FAVORABLES.

M. BOUCACHARD, à Elbœuf (Seine-Inférieure).

Série considérable d'échantillons de teintures sur laine.

M. KURTZ, à Grenelle, près Paris (Seine).

Teinture de la soie.

M. PHILIPPE, à Darnetal (Seine-Inférieure).

Couleur bleue obtenue par la désoxygénation de l'indigo.

CHAPITRE XVI.

IMPRESSIONS SUR TISSUS.

SECTION PREMIÈRE.

IMPRESSION SUR ÉTOFFES DE LAINE ET DE SOIE.

RAPPEL DE MÉDAILLES D'ARGENT.

M. Néron jeune, à Rouen (Seine-Inférieure).

Dès 1823 M. Néron jeune, alors associé de M. Kurtz, reçut une médaille d'argent, confirmée en 1827, pour ses impressions faites sur foulards de soie, à l'imitation des Anglais. S'il n'a pu donner encore à ce genre tout le développement dont il est susceptible, c'est que la matière première lui a souvent manqué. Mais, aujourd'hui que les foulards de l'Inde peuvent entrer en France, nul doute qu'il ne livre bientôt au commerce des foulards imprimés qui ne le cèdent en rien à ceux d'Angleterre. Le jury confirme honorablement à M. Néron la médaille d'argent qu'il a méritée pour cette industrie, et qu'il recevra pareillement pour ses impressions sur foulards de coton (page 250).

I.

16

MM. DOLFUS, HUGUENIN et compagnie, à Paris, rue des Jeûneurs, n° 1 bis.

Cette maison obtint la médaille d'argent, en 1823, pour ses toiles imprimées de divers genres qu'elle a continué d'exploiter avec succès. Elle se présente à l'exposition de 1834 avec un nouveau titre; elle offre des impressions sur laine et sur soie, dont les couleurs, produites par simple application, sont fixées à la vapeur. Cette espèce de fabrication renferme il est vrai beaucoup moins de difficultés que l'art qui produit les couleurs durables dites *bon teint*; mais elle s'applique à des étoffes qui n'exigent pas absolument l'invariable solidité des couleurs, et satisfait avec économie aux goûts versatiles de la mode. La maison Dolfus, Huguenin doit ses succès en ce genre d'impression, à la vivacité des couleurs, au talent du dessin, au fini de l'exécution; elle imprime avec succès sur la batiste, en couleurs solides. Elle continue de mériter la médaille d'argent.

MM. PÉRIER (Augustin) et compagnie, à Vizille (Isère).

Si depuis quelque années la fabrique de Lyon a conquis la vogue pour ses impressions sur étoffes de soie, de laine, de Thibet, etc., MM. Périer et compagnie peuvent réclamer leur part du succès; ils ont imprimé dans leurs ateliers une quantité considérable des étoffes que la mode a successivement adoptées. Cette maison est aujourd'hui dirigée par le fils d'un des plus courageux, des plus habiles et des plus sages citoyens dont la France ait à déplorer la perte récente : nous désignons ici M. Augustin Périer, ancien député, puis pair de France, et frère de l'illustre Casimir Périer. La médaille qu'il obtint en 1823, est toujours méritée par l'établissement qu'il a laissé prospéré.

NOUVELLES MÉDAILLES D'ARGENT.

M. PERREGAUX, à Jallieu (Isère).

Cette maison existe depuis 44 ans : elle fait travailler un grand nombre d'ouvriers. Entre tous les établissements où l'on imprime sur la laine et sur la soie, elle se distingue par l'entente et l'éclat des couleurs, par la richesse des nuances et la vigueur de l'exécution. Nous avons remarqué, sur des fonds d'un noir très-pur, plusieurs dessins imitant le cachemire indien, d'un grand et bel effet. Les châles et les écharpes de M. Perregaux sont d'une réussite complète. Il obtint en 1823 la médaille de bronze ; il mérite aujourd'hui la médaille d'argent.

M. DURAND (Louis) et compagnie, à Saint-Just-sur-Loire (Loire).

Il est inventeur breveté d'un procédé pour obtenir les effets de l'impression, sans recourir à l'impression même. Il comprime entre deux cadres de bois les parties qu'il veut réserver. Ces cadres, découpés pour reproduire le dessin, laissent découvertes les parties qu'on veut teindre ; les parties cachées sont comprimées assez fortement pour que la teinture ne puisse pas les pénétrer. Il obtient ainsi des couleurs vives et solides, sans envers, et qui produisent les plus heureux effets ; on a pu le remarquer dans les châles qu'il a présentés à l'exposition.

Depuis 1828, M. Durand a fondé un grand établissément qui fait travailler 200 ouvriers et deux machines à vapeur, avec un appareil de chauffage à vapeur. Ce sont des tissus de Saint-Étienne et de Lyon qu'on imprime dans cette manufacture, dont les travaux annuels représentent une valeur de 600,000 fr. M. Durand mérite la médaille d'argent.

MENTION HONORABLE.

MM. HERBELOT fils et GENET-DUFAY, à Grenelle (Seine).

Impressions sur soie, pour robes, pour fichus et pour châles. On estime surtout leurs foulards bon teint.

CITATIONS FAVORABLES.

M. AUGAN, à Sèvres (Seine-et-Oise).

Impressions sur soie, sur laine et sur coton.

M. MEYER, à Paris, rue du Sentier, n° 1.

Collection d'impressions sur chalis, satin de soie, mousseline de laine, Thibet, Hindou, foulard, etc. M. Meyer, n'est pas fabricant; mais on le cite ici pour la forte impulsion qu'il a donnée aux impressions sur laine et sur soie, par l'étendue et l'activité de son commerce.

SECTION II.

IMPRESSIONS SUR TISSUS DE COTON.

La fabrication des toiles peintes, depuis la filature de

la matière première, jusqu'aux derniers apprêts qui complètent l'impression, présente un ensemble de travaux qui fait vivre un nombre considérable d'ouvriers et d'artistes de tout sexe et de tout âge. Nous en donnerons une idée par ce simple relevé fait dans les deux départements du Haut et du Bas-Rhin : le nombre de pièces imprimées, calicot, percale, mousseline, etc., s'élève annuellement à 720,000, qui valent 43 millions.

Les tissus entrent dans ce prix total pour 18 millions;

Et l'impression, avec ses matières tinctoriales, sa main-d'œuvre, ses frais généraux et ses bénéfices, représente une valeur annuelle de 25 millions!

On appréciera mieux encore la grandeur de ce résultat par les observations suivantes.

On doit diviser en deux branches bien distinctes les impressions sur tissus de coton, qui prennent le nom générique d'*indiennes*, savoir : les indiennes fines et les indiennes communes. L'Alsace fabrique principalement les premières, et la Normandie les secondes. Ainsi, les indiennes fines, qui conviennent aux consommateurs les plus aisés, valent au moins 43 millions. On peut juger par là de la valeur des indiennes communes, appropriées aux besoins de l'immense majorité des consommateurs qui n'atteignent pas l'opulence.

Considérée dans son ensemble, notre impression sur étoffes ne doit rien envier à celle de nos voisins. Loin de là, les autres nations viennent dans nos atelier chercher des coloristes et des ouvriers formés aux diverses professions qu'exige cette industrie.

Nos impressions au rouleau ne le cèdent nullement à ce que l'Angleterre peut produire de plus exquis : c'est en majeure partie aux perfectionnements apportés dans la gravure des rouleaux, depuis quelques années, qu'est due notre supériorité.

Les impressions riches sur le calicot et sur la mousseline, qui se fabriquent, nous l'avons indiqué déjà, presque exclusivement en Alsace, ont fait des progrès immenses, et pour l'éclat et pour la solidité des couleurs. L'élégance des dessins, la netteté de l'impression, la délicatesse des nuances, tout révèle, aux yeux du connaisseur, la sollicitude éclairée, les soins assidus, minutieux même, de la fabrication, depuis la première esquisse du dessinateur, jusqu'au dernier terme de la longue série des opérations qu'exige cette industrie.

Il y a peu d'années, on voyait encore dans les étalages de Paris beaucoup d'impressions anglaises, et surtout des mousselines imprimées. Maintenant, on les y chercherait en vain : ce sont, au contraire, les riches magasins de Londres où sont étalés les tissus de ce genre, embellis par le goût de la France et fournis par ses ateliers.

La Normandie, dans le genre simple, a porté les mêmes soins que l'Alsace à perfectionner ses produits; elle se distingue surtout par l'économie des procédés : économie qui permet de fournir aux classes inférieures des habillements agréables, commodes et même élégants, à des prix extrêmement modérés.

EXPOSANT HORS DU CONCOURS.

Exposant hors de concours.

M. Henry Barbet et compagnie, à Rouen (Seine-Inférieure).

Le chef de cette maison faisant partie du jury central s'est trouvé, par cela même, exclu du concours. Un sentiment de convenance nous empêchera de donner à cette fabrique les éloges qu'elle mérite pour la variété, l'importance et la bonne confection de ses produits. Nous citerons seulement un fait qui mérite la reconnaissance de l'industrie française : c'est dans les ateliers de M. Henry Barbet, il y a trois ans environ, qu'on a, pour la première fois, produit les couleurs aurore et jaune, sur cuve, et le jaune réservé au chrome, sur fonds blancs. M. Barbet obtint la médaille d'argent lors de la dernière exposition.

RAPPEL DE MÉDAILLES D'OR.

MM. GROS, ODIER, ROMAN et compagnie, à Wesserling (Haut-Rhin).

Cette grande fabrique réunit toutes les transformations du coton, depuis son arrivée en balle jusqu'à l'impression. Chacune de ces transformations est exécutée avec une perfection qui ; prise isolément, mériterait le premier rang : dessin, coloris, finesse de gravure, qualité des tissus, excellence des apprêts, tout a mérité les éloges du jury, qui confirme, pour 1834, la médaille d'or décernée en 1819 au même établissement, sous la raison, Gros, Davillier, Roman et compagnie.

Wesserling est un modèle d'administration paternelle pour les ouvriers.

MM. KŒCHLIN frères, à Mulhausen (Haut-Rhin).

L'honorable famille des Kœchlin offre à l'estime publique un nom qui s'identifie, pour ainsi dire, avec

Rappel
de médailles
d'or.

l'histoire de l'art d'imprimer sur tissus, dans l'Est de la France [1]. Elle a constamment pris la part la plus active à toutes les découvertes, à tous les perfectionnements qui ont porté cette industrie au degré d'éminence qu'elle a maintenant atteint. MM. Kœchlin ont ce rare caractère qu'ils pensent n'avoir rien fait, s'il leur reste quelque chose à faire. Ils déploient pour soutenir leur renommée la même activité qu'ils ont mise à la créer. Le filage, le tissage, la gravure et l'impression sont réunis au sein de leurs vastes établissements, et, dans toutes ces opérations, ils se montrent les maîtres de l'art. La réputation de leurs produits ne se borne pas à la France, elle s'étend dans toute l'Europe et dans le nouveau monde. Le jury confirme, avec de nouveaux éloges, la médaille d'or accordée, en 1819, à la maison Kœchlin.

M. Dolfus-Mieg et compagnie, à Mulhausen (Haut-Rhin).

Dès 1819, la maison Dolfus-Mieg avait pris rang parmi celles du premier ordre, et pour la perfection des travaux, et pour la grandeur des opérations commerciales. Ses produits ne sont pas bornés au marché de la France; ils sont recherchés par l'Europe et par les deux Amériques. Les tissus de coton, jaconnats, calicots, percales et mousselines, imprimés, qu'elle a présentés à l'exposition de 1834, prouvent qu'elle se tient toujours au premier rang dans la marche progressive de cette industrie. Le jury confirme la médaille d'or, si justement obtenue par la maison Dolfus-Mieg et compagnie.

---

[1] C'est l'aïeul de MM. Kœchlin qui a fondé la première manufacture de ce genre, à Mulhausen.

MM. Haussmann frères, à Logelbach (Haut-Rhin).

Déjà, nous avons signalé l'éminence du mérite industriel de MM. Hausmann, lorsque nous avons proclamé les titres des fabricants, pour le filage et le tissage du coton; comme imprimeurs ils ne sont pas au-dessous du rang qu'ils ont conquis sous ces premiers rapports. Ils ont continué d'imprimer avec succès les fichus et le genre riche en aunage; mais ils excellent surtout dans l'impression à double rouleau. Nul fabricant ne réussit aussi bien qu'eux à produire de l'effet, par la combinaison de deux couleurs et de leurs dégradations. Au mérite d'un beau travail, MM. Haussmann joignent celui du bon marché, ce qui complète la solution du problème que se propose l'industrie. Le jury confirme de nouveau, pour 1834, la médaille d'or obtenue dès 1819, par MM. Haussmann, et deux fois confirmée aux expositions de 1823 et de 1827.

NOUVELLES MÉDAILLES D'OR.

MM. Hartmann père et fils, à Munster (Haut-Rhin).

C'est la première fois que ces habiles fabricants se présentent au grand concours de l'industrie nationale; s'ils avaient comparu dès qu'ils ont eu des titres au succès, depuis long temps ils auraient reçu la récompense du premier ordre, que leur assigne l'opinion publique et le suffrage irrécusable du consommateur, en France ainsi qu'à l'étranger. Ils ont obtenu de beaux résultats dans presque tous les genres d'impression; mais c'est particulièrement dans le genre simple, avec une ou deux couleurs, qu'ils font briller un goût exquis et le fini le plus précieux de la gravure. Ils excellent à produire les nuances douces et surtout le rose tendre : à cet égard, leurs rivaux mêmes les déclarent supérieurs. Le jury décerne la médaille d'or à MM. Hartmann.

M. GROSJEAN-KŒCHLIN, à Mulhausen (Haut-Rhin).

Ce fabricant s'est distingué par son habileté dans toutes les parties de son art, et par sa supériorité comme dessinateur. Il a consacré tous ses talents à l'impression sur jaconnat et sur mousseline : goût exquis dans le dessin, richesse, éclat, harmonie des nuances qui rivalisent pour l'effet avec la délicatesse et la suavité du pinceau, pureté des fonds blancs ou de couleur, tels sont les mérites qu'on reconnaît à chacune de ses pièces livrées au commerce, non moins qu'aux pièces envoyées à l'exposition. Plus d'une fois, le genre d'impressions de M. Grosjean-Kœchlin est devenu le type d'une fabrication semblable, et désigné, dans le commerce, par le nom de son auteur; aussi, ses productions sont un objet d'étude et d'émulation pour les autres imprimeurs. Il est très-digne de la médaille d'or.

MM. SCHLUMBERGER, KŒCHLIN et compagnie, à Mulhausen (Haut-Rhin).

Ils réunissent dans leurs établissements tous les travaux relatifs au filage, au tissage, au blanchîment, à l'impression, à l'apprêt des calicots, des percales, des jaconats et des mousselines; ils impriment également sur les tissus de soie, de laine et de cachemire : dans tous ces genres, ils déploient une habileté remarquable. Leurs impressions pour tentures, imitées du genre persan, jouissent dans le commerce d'une réputation justement méritée. MM. Schlumberger, Kœchlin et compagnie ont, des premiers, en France, exploité ce genre d'impression ; ils s'attaquent hardiment aux difficultés qu'offrent les nouveautés, et, par leur habile expérience, ils en triomphent toujours. Le jury leur décerne la médaille d'or.

M. ADRIEN-JAPUIS (Jean-Baptiste), à Claye (Seine-et-Marne).

Le fondateur de cette fabrique vint en France avec M. Oberkampf le père. Ses débuts furent modestes, comme ses moyens; mais il avança, par des efforts sans cesse renouvelés, vers la perfection que ses enfants ont fini par atteindre. Ceux-ci, longtemps bornés à l'impression des mouchoirs en double rouge, ne redoutaient, quant à ces produits, aucune concurrence. Depuis quelque temps, ils ont imité le genre persan, pour les robes et les tentures, avec un succès remarquable. Les gens de l'art et les gens du monde ont admiré, comme un type de perfection, la pièce à fond blanc, grand dessin perse, exposée par M. Ad. Japuis : heureux goût du dessin, richesse, éclat, habile opposition des nuances, pureté des fonds blancs, tout est à louer dans ce travail; il fait honneur à l'industrie française.

Nous mentionnons avec satisfaction le soin scrupuleux que montre M. Adrien-Japuis de ne produire que des couleurs bon teint; car, en ces derniers temps, il s'en faut de beaucoup qu'un pareil éloge soit mérité par tous nos industriels.

Toutes les opérations de sa fabrique, gravures, impressions, rentrage, etc., sont conduites par des femmes, élèves de la maison : c'est peut-être le seul exemple de ce genre qu'on puisse citer en France.

Pour faire droit à tous ces titres, le jury décerne la médaille d'or à M. Adrien-Japuis.

RAPPEL DE MÉDAILLE D'ARGENT.

M. Néron jeune, à Rouen (Seine-Inférieure).

L'industrie française doit à ce fabricant l'impression sur foulards de coton ou de soie, à l'imitation des Anglais. Il a poussé très-loin l'art d'imprimer sur les tissus de coton. La variété, l'harmonie, la solidité de ses couleurs ont fondé sa réputation, maintenant très-étendue. Pour l'ensemble de ses produits, il mérite que le jury central lui confirme de nouveau la médaille d'argent qu'il a reçue dès 1823, avec rappel en 1827.

MÉDAILLES D'ARGENT.

M. Thierry-Mieg, à Mulhausen (Haut-Rhin).

Si le premier honneur de l'application du beau rouge d'Andrinople, sur tissus de coton, appartient à la maison Kœchlin, M. Thierry-Mieg a le mérite d'avoir perfectionné cette fabrication. Il possède surtout le secret de produire un rouge bien intense, bien égal, bien avivé et bien dégraissé. La richesse et la solidité de cette nuance l'ont fait promptement adopter pour les ameublements.

Aux tissus lisses, croisés et brochés à la Jacquart, M. Thierry-Mieg joint l'impression des bordures sur fond rouge, dont il varie les dessins avec un goût exquis. Au moyen du procédé de l'enlevage, sur le même fonds rouge, il imprime, pour robes, des dessins perses, qui ont beaucoup de succès.

Le jury central récompense la supériorité conquise dans une application importante, en accordant la médaille d'argent à M. Thierry-Mieg.

MM. BARBÉ-ZURCHER et compagnie, à Chantilly (Oise).

Cette maison avait à vaincre de très-nombreux obstacles pour s'établir, éloignée qu'elle était de tous les autres établissements de même nature. Elle a néanmoins réussi dans les genres les plus difficiles; elle excelle dans l'impression dite *lapis*, que ses travaux ont étendue et perfectionnée. Depuis plusieurs années, ses impressions foncées pour l'automne ont déterminé la mode, et chaque fois ont été désignées dans le commerce, par le nom de cette fabrique. Afin d'obtenir un tel succès, cette maison s'empresse de reproduire les nouveautés et les innovations de France et d'Angleterre; elle-même se signale par d'heureuses et nouvelles applications. Le jury la récompense avec la médaille d'argent.

MM. SCHLUMBERGER jeune et compagnie, à Thann (Haut-Rhin).

Ces fabricants traitent tous les genres d'impressions, soit à fonds blancs, soit à fonds de couleur, sur le calicot, la percale, les jaconnats, les mousselines, et dans

Médailles d'argent.

tous les genres ils obtiennent des succès. Leur établissement est considérable. Ils méritent la médaille d'argent.

MM. Liébach, Hartmann et compagnie, à Thann (Haut-Rhin).

Impressions sur mousselines, jaconnats et calicots, pour robes et pour ameublements, sur châles, sur foulards et sur gazes de soie. Ces nombreuses variétés sont traitées par les exposants avec un succès remarquable. Ils produisent très-bien le double rouge; ils ont offert, avec ces deux nuances, une pièce imprimée à personnages, qui s'est fait distinguer par des tons vifs et vigoureux. Le jury leur décerne la médaille d'argent.

MM. Daniel Schlumberger et compagnie, à Mulhausen (Haut-Rhin).

Ils s'adonnent spécialement aux impressions sur le calicot et le jaconnat, d'un genre simple, et peu chargées de couleur. Nous ferons leur éloge en disant qu'ils approchent très-près de MM. Hartmann fils, de Munster, qu'ils semblent avoir pris pour modèles. Leurs indiennes fonds blancs, avec dessins bleu, vert et rose, sont fort recherchées à cause des belles nuances et de la bonne exécution. Ces exposants ont droit à la médaille d'argent.

MM. Kettinger père et fils, à Bolbec (Seine-Inférieure).

Leur fabrique excelle à traiter les indiennes à fonds bois, bleu et vert, avec enlevage. Le commerce distingue leurs impressions unies, qui, pour la régularité, pour la pureté des tons, ne redoutent aucune rivalité.

MM. Keittinger impriment annuellement 50 à 60,000 pièces; le succès très-remarquable qu'obtiennent leurs produits dépose en faveur d'une bonne fabrication. Le jury central accorde la médaille d'argent à MM. Keittinger, qui avaient reçu la médaille de bronze dès 1819.

Médaille d'argent.

M. ARNAUDTIZON, à Bapaume-les-Rouen (Seine-Inférieure).

Son exposition s'est fait remarquer par le genre lapis sur fond gris américain; ce genre, qu'il a presque exclusivement présenté, s'obtient sur fonds réservés, sur cuve, avec des difficultés dont l'exposant sait habilement triompher. Les produits de M. Arnaudtizon sont très-recherchés : ils méritent la médaille d'argent.

M. PIMONT aîné, à Rouen (Seine-Inférieure).

M. Pimont se distingue par la bonne impression de ses toiles garancées pour ameublements, et de ses fonds noirs enluminés; il imprime avec un égal succès les simples cravates et les châles imités du cachemire. La production annuelle de sa fabrique est considérable. M. Pimont, qui dirige lui-même toutes les parties de ses travaux, est digne d'obtenir la médaille d'argent.

M. RONDEAU-POUCHET, à Bolbec (Seine-Inférieure).

Il fabrique annuellement 50,000 pièces d'indienne, d'une exécution satisfaisante et d'un très-bon marché; ce qui garantit en tout temps ses ventes. Ses prix, en indiennes, bon teint, varient de 1 fr. 5 cent., à 1 fr. 35 c.

l'aune. M. Rondeau-Pouchet est, sous ce point de vue, un manufacturier éminemment utile. Le jury lui décerne la médaille d'argent.

M. FAUQUET-POUCHET, à Bolbec (Seine-Inférieure.

Il fabrique des indiennes, fonds blancs, fonds lapis, garancées sur cuve, à plusieurs couleurs, etc. Il traite avec succès tous les genres qu'exploitent ses confrères; il se fait distinguer pour la quantité considérable et la bonne confection de ses produits. Le jury le déclare digne de la médaille d'argent.

M. PIMONT (Prosper), à Darnetal (Seine-Inférieure).

Il imprime les indiennes pour meubles, les cravates et les châles, genre de cachemire. Sa production des couleurs lapis est hardie et d'un grand effet; ses cravates sont fort recherchées : on a distingué, dans son exposition, une belle indienne à double rouge, pour meubles. M. Pimont, déjà cité pour le filage de la laine, et pour son tissage d'espagnolette et de drap, mérite la médaille d'argent, accordée à l'ensemble de ses produits.

MENTION HONORABLE.

M. STACKLER, à Rouen (Seine-Inférieure).

Indiennes dont le bon marché fait le mérite principal aux yeux du jury. La même fabrique obtint, sous la raison Lami-Stackler, en 1827, une mention honorable, que nous confirmons pour 1834.

CHAPITRE XVII.

CUIRS ET PEAUX.

L'ensemble des industries renfermées dans ce chapitre est d'une grande importance pour la consommation intérieure et pour le commerce extérieur; on en jugera par ce simple rapprochement, qu'offre l'année 1833 :

Valeur totale des peaux et pelleteries, soit brutes, soit préparées à divers degrés, importées en France.................... 15,002,727^f

Valeurs totale des peaux et pelleteries ouvrées en France et livrées à l'étranger....... 23,767,508.

SECTION PREMIÈRE.

TANNERIE.

Le tannage, la plus simple préparation des peaux, a malheureusement fait peu des progrès en France depuis 1827. On remarque seulement avec satisfaction, dans ce laps de temps, que le nombre des tanneries qui donnent de bons produits ordinaires est sensiblement augmenté.

Aujourd'hui nous vendons à l'étranger pour près de quatre millions de peaux tannées; on les envoie principalement en Angleterre, en Italie, en Norvège, en Grèce, en Turquie, au Brésil, etc.

MÉDAILLES D'ARGENT.

M. BRIZOU fils aîné à Rennes (Ille-et-Vilaine)

Cuirs forts, tannés à la jusée, c'est-à-dire au *jus de tannée*, vieille écorce de chêne réduite en poudre grossière, et déjà fort épuisée de son principe tannant, par un premier usage.

C'est depuis peu d'années qu'on fabrique le cuir fort en Bretagne; celui de M. Brizou jouit dans le commerce d'une réputation très-méritée. Le jury décerne la médaille d'argent à cet industriel.

M. MASSE, à la Maison-Blanche, barrière de Fontainebleau (Seine).

Peaux de veau, tannées en croûte et préparées avec un soin qui ne laisse rien à désirer; elles servent surtout à la confection des cardes mécaniques. M. Masse est au premier rang dans son genre : il mérite la médaille d'argent.

RAPPEL DE MÉDAILLE DE BRONZE.

M. LARGUÈZE cadet, à Montpellier (Hérault).

Cuirs à la garouille, écorce des racines du petit chêne [1]; ils sont fort bien fabriqués.

---

[1] Quercus humilis foliis oblonguis.

Ce cuir, d'un excellent usage, déplaît par son odeur, et n'est employé qu'aux chaussures les plus communes. Le gouvernement a refusé de l'adopter pour l'armée; mais on en fait une consommation considérable dans les montagnes du midi, le Cantal, la Lozère, les Cévennes, une partie des Alpes, etc.

Le jury confirme à M. Larguèze la médaille de bronze accordée en 1823, et rappelée en 1827.

Rappel
de médaille
de bronze.

NOUVELLE MÉDAILLE DE BRONZE.

M. DELBU, à Saint-Germain-en-Laye (Seine-et-Oise).

Nouvelle
médaille
de bronze.

Cuirs de Buenos-Ayres, à la jusée, mieux tannés qu'on n'avait fait jusqu'à ce jour dans les fabriques de Paris et des environs. Ce succès est récompensé par la médaille de bronze.

MENTIONS HONORABLES.

MM. ROUET et compagnie, à Saint-Aignan (Loir-et-Cher).

Mentions
honorables.

Leur fabrique est depuis plus d'un siècle dans la même famille; elle a beaucoup d'importance. Le jury regrette qu'ils n'aient pas exposé leurs cuirs Buenos-Ayres, que le commerce a distingués : mention honorable dès 1819.

MM. Jean MESTRE et Pierre DURAND, à Clermont (Hérault).

Leur tannage de peaux de mouton obtint, en 1827,

17.

la mention honorable. En 1834, ils exposent une peau rousse et de la basane qui méritent la même distinction.

M. Auguste LIGNIÈRES fils aîné, à Toulouse (Haute-Garonne).

Bons cuirs tannés à la garouille : mention honorable dès 1819.

M. CHEVALIER-ROUET, à Saint-Aignan (Loir-et-Cher).

Produits distingués par le jury : fabrique ancienne et fort estimée.

M. LALOYAUX-LACOT, à Charleville (Ardennes).

Bons cuirs forts, tannés à la jusée. C'est la première fois que ce département fait figurer à l'exposition le produit de ses tanneries. On prépare annuellement à Givet 20 à 22,000 cuirs forts, qui consomment 3,000,000 kilogrammes d'écorce; à Charleville, Mézières, Rethel, etc. 6,000 cuirs forts. Le département des Ardennes prépare environ 35,000 peaux de veau et 15,000 de mouton; il consomme 2,000,000 kilog. d'écorce.

M. HAREL, à Pontivy (Morbihan).

Cuir mâle du pays, bien fabriqué.

M. LARGUÈSE fils aîné, à Montpellier (Hérault).

Cuirs Buenos-Ayres, bien préparés à la garrouille.

M. NICQUEL aîné, à Béziers (Hérault). Mentions honorables.

Cuirs du pays, tannés à la garouille.

M. CORNIQUEL, à Vannes (Morbihan).

Peaux de veau tannées avec soin.

SECTION II.

CORROYERIE.

RAPPEL DE MÉDAILLE DE BRONZE.

M. DELACRE-SNAUDE, à Dunkerque (Nord). Rappel de médaille de bronze.

Ses tiges de bottes en cuir de cheval, à l'usage des marins, passent pour inaltérables à l'eau de mer; elles sont, dans leur genre, les meilleures que l'on connaisse. Ses cuirs de bottes, pour la chasse, sont aussi fort estimés.

Prix des tiges de bottes, la paire : pour les marins, 10 fr. 50 c.; pour les chasseurs, 10 francs.

M. Delacre mérite toujours la médaille de bronze qu'il a reçue en 1827.

NOUVELLES MÉDAILLES DE BRONZE.

M. LEMARCHAND, à Guingamp (Côtes-du-Nord). Nouvelles médailles de bronze.

Ses peaux tannées et corroyés sont belles, et fort

Nouvelles médailles de bronze. estimées dans le commerce. Il avait obtenu la mention honorable en 1827 : il mérite aujourd'hui la médaille de bronze.

MM. BOUSCAREN et compagnie, à Nantes (Loire-Inférieure).

Possesseurs d'une des plus grandes corroyeries de la Loire-Inférieure, département riche en ce genre de fabrication.

Ils ont exposé des produits variés ; on a distingué leurs peaux de veau, qui sont très-soignées et très-recherchées, surtout dans nos colonies. Le jury leur accorde la médaille de bronze.

MENTIONS HONORABLES.

Mentions honorables. ## M. DEMELUN, à Landivisiau (Finistère).

Ses produits ont fixé l'attention du jury, qui les a trouvés de fort bonne confection.

M. RENOU, à Paris, rue Mouffetard, n° 29.

Peaux de chat et de lapin, pour souliers et même pour bottes. M. Renou croit ces peaux plus solides et moins perméables que celles de veau : l'expérience d'un assez grand nombre de consommateurs vient déjà l'attester.

CITATIONS FAVORABLES.

Citations favorables. ## M. SALVIAT DE BAZAC (Gironde).

Peaux de veau corroyées.

M. MONFORT, à Landivisiau (Finistère).

Citations favorables.

Peaux de veau parées.

M. GURIEC jeune, à Vannes (Morbihan).

Cuir lissé, cuir de vache tanné.

SECTION III.

MÉGISSERIE.

C'est dans l'Ardèche et surtout dans la ville d'Annonay qu'on pratique cette industrie avec le plus d'étendue et de succès. On y trouve beaucoup d'ateliers qui jouissent d'une égale estime.

MENTIONS HONORABLES.

I. M. JOANNARD, à Annonay (Ardèche);
II. M. LESTY, à Annonay (Ardèche),

Mentions honorables.

Sont au rang des mégissiers les plus recommandables du département de l'Ardèche.

CITATIONS FAVORABLES.

M. GRÉMAUD-MAURY, à Poitiers (Vienne).

Citations favorables.

Peaux d'oie préparées pour la pelleterie. Ces peaux sont aussi portées comme préservatif contre les douleurs rhumatismales. Elles sont l'objet d'un commerce considérable pour le département de la Vienne, et surtout pour Poitiers. M. Grémaud-Maury se distingue entre les mégissiers les plus occupés de cette ville.

SECTION IV.

GANTERIE.

La ganterie française est justement renommée ; elle mérite la préférence sur la plupart des produits étrangers du même genre, par la beauté, la douceur, le brillant des peaux, l'élégance de la coupe et l'art de la couture. Aussi les gants français sont-ils un grand objet d'exportation. Dans la seule année 1833, la vente de ces gants à l'étranger s'est élevée à 9,856,840 francs, soldés principalement par les États-Unis, l'Angleterre, l'Allemagne, la Belgique, la Prusse, la Sardaigne, etc.

MÉDAILLES D'ARGENT.

Médailles d'argent.

I. MM. Nathan, Beer et Tréfouse, à Lunéville (Meurthe) ;

II. MM. Nathan frères, à Lunéville (Meurthe).

Ces deux maisons font subir à leurs peaux toutes les préparations de la mégisserie, de la chamoiserie et de la teinture ; elles occupent près de 2,600 ouvriers des deux sexes, qui confectionnent annuellement 1,200,000 paires de gants, dont la majeure partie se vend en Allemagne.

En 1827, la première maison obtint une médaille de bronze, et la seconde une mention honorable ; elles ont droit maintenant l'une et l'autre à une plus haute récompense. Elles reçoivent la médaille d'argent, pour l'étendue, la bonté, la solidité, le bas prix de leurs fabrications.

MÉDAILLES DE BRONZE.

M. BOUDART aîné, à Chaumont (Haute-Marne).

Il a le premier introduit en France la couture des gants à la mécanique. Il y fait usage de couleurs fines pour teindre ses peaux. Il emploie de 4 à 500 ouvriers pour préparer les peaux et confectionner 10 à 12,000 douzaines de paires de gants. Grâce aux améliorations que lui doit cette industrie, le département de la Haute-Marne, qui ne faisait, il y a 15 ans, que 12 à 15,000 douzaines de gants, en fabrique aujourd'hui 100,000 douzaines, parce-que beaucoup de fabricants de Nancy, de Lunéville et de Paris font coudre leurs gants dans la Haute-Marne, suivant le procédé de M. Boudart. Ses produits sont exportés en Angleterre, et jusqu'en Amérique. Le jury lui décerne la médaille de bronze.

M. DUCASTEL, à Paris, rue du Hasard, n° 8.

Il a perfectionné la coupe des gants, par des moyens que ses rivaux de Paris se sont empressés d'imiter. Il mérite la médaille de bronze.

Le jury regrette que Paris, qui compte près de 20 fabriques de gants, dignes d'être distinguées, ne les ait pas vues apporter leurs produits à l'exposition. Nous avons eu seulement à juger et à récompenser les produits de M. Ducastel et de M. Chouillou.

M. CHOUILLOU, à Paris, rue Saint-Honoré, n° 75.

Ses ateliers sont très-considérables; ses gants sont

d'une grande beauté, parfaitement cousus, brodés avec élégance, et riches de couleurs; qualités également remarquables dans la fabrication de son concurrent. Le jury lui décerne la même récompense.

SECTION V.

PEAUSSERIE.

MÉDAILLE DE BRONZE.

M. SPIEGELHALTER, à Paris, place Vendôme, n° 26.

Pantalons, guêtres, gants en peau de daim, parfaitement travaillés. Les Anglais mêmes reconnaissent la supériorité de M. Spiegelhalter : il est digne de la médaille de bronze.

SECTION VI.

BUFFLETERIE.

MÉDAILLE D'ARGENT.

MM. DURAND fils, GUILLAUME et compagnie, à Paris, rue Marie-Stuart, n° 8.

Cuirs de Buenos-Ayres *passés en buffles*. Leurs produits surpassent tout ce qu'on a fait en ce genre. De gras, mous et creux qu'étaient autrefois les cuirs connus sous le nom de *buffles*, ils sont devenus, entre les mains de ces fabricants, fermes, souples et parfaitement dégraissés. Les ateliers de MM. Durand et Guillaume sont très-considérables. Le jury décerne à ces fabricants la médaille d'argent.

MÉDAILLES DE BRONZE.

M. Hutin-Delatouche, à la Chapelle-Saint-Denis, n° 52 (Seine);

M. Hutin (Ambroise-Stanislas), à Trie-Château (Seine-et-Oise),

Se placent immédiatement après MM. Durand et Guillaume pour l'étendue des travaux, et presque à leur niveau pour les bonnes qualités de leurs produits. A ce titre ils méritent la médaille de bronze.

SECTION VII.

MAROQUINAGE.

La précieuse industrie du maroquinage, importée en France vers la fin du dernier siècle, y jouit d'un constant et rare succès; supérieure aux travaux de l'étranger, non-seulement elle en écarte la concurrence sur le sol national, mais elle permet une exportation croissante qui, pour 1833, s'est élevée à 1,225,654 francs. Cette exportation s'est principalement faite en Belgique, en Italie, en Suisse et en Amérique.

RAPPEL DE MÉDAILLES D'OR.

MM FAULER frères, à Choisy (Seine).

Ils sont fils du célèbre industriel, auteur de l'introduction des procédés de maroquinage en France; ils continuent d'être en première ligne dans leur genre. Depuis 1827 ils ont beaucoup augmenté leurs ateliers, qui sont aujourd'hui les plus considérables de France : presque tous les relieurs de Paris emploient leurs maroquins. Ils sont dignes qu'on leur conserve la médaille d'or, obtenue par leur père, dès l'an IX (1801), et rappelée avec des éloges toujours plus honorables en 1806, en 1819 et en 1823.

M. MATTLER, à Paris, rue Censier, n° 13.

Ses produits égalent presqu'en beauté ceux de MM. Fauler; ils méritaient la médaille d'or, dès 1819; cette médaille, rappelée en 1823, l'est de nouveau par le jury de 1834.

RAPPEL DE MÉDAILLE D'ARGENT.

MM. EMMERIC et J.-B. GEORGER fils, à Strasbourg (Bas-Rhin).

Leurs maroquins sont recommandables pour la bonne préparation et pour l'éclat des couleurs. Dès 1823, MM. Emmeric et Georger obtinrent une médaille d'argent, rappelée en 1827. Depuis cette époque, ils ont fait prendre à leur fabrique une extension considérable, preuve certaine de leurs progrès; ils occupent de 40 à 70 ouvriers et préparent annuellement 50 à 60 mille peaux maroquinées. Le jury leur confirme la médaille d'argent.

SECTION VIII.

CUIRS VERNIS.

C'est vers 1802 qu'on commença de vernir les cuirs en France ; industrie pour laquelle M. Didier se fit une réputation qu'il conserva toute sa vie. Cependant en 1827 nous étions encore visiblement au-dessous des Anglais. Nos cuirs vernissés alors se rayaient aisément ; lorsqu'on y faisait un pli, la marque en restait et le vernis s'écaillait. Aujourd'hui nous avons à récompenser des progrès remarquables.

MÉDAILLES D'ARGENT.

MM. Nys et Longagne, à Paris, rue de l'Orillon, n° 27.

Médailles d'argent.

Ils ont exposé : des cuirs et des peaux vernies, et de toutes couleurs, réunissant la solidité, la souplesse et l'éclat ; dès cuirs argentés et dorés, genre qui paraît pour la première fois aux expositions, et qui sont parfaitement fabriqués ; des cuirs noircis pour les carrossiers. Avec leurs cuirs vernis MM. Nys et Longagne peuvent maintenant soutenir la concurrence des Anglais ; ils méritent la médaille d'argent.

MM. Plummer père et fils, et Clouet, à Pont-Audemer (Eure).

Leurs procédés sont importés d'Angleterre. Leurs cuirs égalent en beauté ceux de MM. Nys et Longagne ; ils ont droit aux mêmes éloges comme à la même récompense : la médaille d'argent.

Médailles
d'argent.

Non-seulement MM. Plummer excellent dans le vernissage des cuirs, mais ils confectionnent la sellerie mieux que tous leurs rivaux. Depuis une année ils fabriquent, pour les capotes de voitures, des peaux de vache grenées, qui sont d'un travail parfait.

M. COUTEAUX, à Joinville - le - Pont (Seine).

Il expose pour la première fois ; il présente des cuirs vernis très-beaux, des tissus vernis et des toiles cirées remarquables. Le jury lui décerne la médaille d'argent.

RAPPEL DE MÉDAILLE DE BRONZE.

Rappel
de médaille
de bronze.

M. LAUZIN (Charles), à Belleville (Seine).

Cuirs vernis d'un grand éclat ; on reproche à ce vernis d'être un peu cassant. M. Lauzin mérite le rappel de la médaille de bronze, qu'il a reçue en 1823.

SECTION IX.

PEAUX TEINTES.

RAPPEL DE MÉDAILLE DE BRONZE.

Rappel
de médaille
de bronze.

MM. TREMPÉ et CRUEL ; à la Villette (Seine).

Leurs peaux teintes sont fort bien fabriquées ; elles obtinrent en 1827 la médaille de bronze, sous le nom de Trempé aîné ; elles méritent toujours la même récompense, surtout pour la réussite de la couleur bronzée, à l'imitation des Anglais.

NOUVELLE MÉDAILLE DE BRONZE.

M. Trempé, à la Villette, rue de Flandre, n° 46 (Seine).

Peaux teintes pour chaussures, de couleurs solides, vives, agréables à la vue. Ses progrès depuis 1827 sont extrêmement remarquables; il obtenait alors la mention honorable : il est aujourd'hui digne de la médaille de bronze, par ses fabrications de qualité supérieure.

MENTION HONORABLE.

MM. Mourot et Gierken, à Paris, rue Saint-Martin, n° 228.

Leurs peaux pour ganterie sont habilement teintes, en couleurs solides et bien nuancées ; elles présentent des progrès depuis 1827, époque où déjà le jury les mentionnait honorablement.

SECTION X.

FOURRURES ET DUVET.

MÉDAILLE DE BRONZE.

M. Schultz, à Paris, rue Saint-André-des-Arts, n° 12.

On a généralement admiré les tapis de fourrure dont le principal, ayant cinq mètres de long sur trois mètres

Médaillo
de bronze.

deux tiers de large, était estimé 2,000 francs; des pelleteries variées en faisaient comme une marqueterie pleine de goût dans le dessin et les nuances : le travail en était également remarquable. M. Schultz mérite la médaille de bronze.

MENTION HONORABLE.

Mention
honorable.

M. GIVELET, à Paris, rue Saint-Honoré, n° 159.

Tapis du même genre, mais moins parfaits que ceux de M. Schultz.

CITATIONS FAVORABLES.

Citations
favorables.

M. LEDARD, à Paris, rue Saint-Honoré, n° 357.

Il a le premier eu l'idée de faire des tapis en peaux de chat; le frottement le plus fort n'en arracherait pas les poils, et les fourreurs les regardent comme moins attaquables par les vers que toute autre espèce de fourrures. Le prix de ces tapis varie depuis 100 francs jusqu'à 10 francs.

Mme veuve LAURENT, à Montauban (Tarn-et-Garonne).

Duvets bien préparés; maison considérable, qui tire directement du Nord la matière première qu'elle fait recueillir par ses voyageurs.

M. Taffin, à Paris, rue Saint-Denis, n° 303,

A présenté des duvets qu'il a l'art de nettoyer par des moyens mécaniques.

SECTION XI.

CHAUSSURES.

Dans les produits de ce genre, le jury n'a pas remarqué de progrès comparables à ceux des autres industries parisiennes. Il a surtout regretté qu'on n'ait pas fait plus d'efforts pour rendre *moins coûteuses* les chaussures de la capitale; il s'estime heureux d'avoir du moins à récompenser dans les départements ce dernier genre de mérite, auquel il attache le plus haut prix.

MÉDAILLES DE BRONZE.

M. Michels (Marie), à Metz (Moselle).

Il a présenté quatre paires de bottes, dont deux *corioclaves*, bien faites, légères, et coûtant seulement 12 à 15 fr. la paire. A Paris, on avait abandonné cette espèce de bottes, par suite d'une confection trop peu soignée, et de l'emploi de chevilles trop courtes, mal rivées, qui laissaient échapper la semelle. Les chevilles de M. Michels sont de 4 millimètres plus longues et parfaitement rivées; les bottes auxquelles il les applique durent autant que les bottes ordinaires les plus solides. Le jury décerne la médaille de bronze à cet habile bottier.

I.

18

M. LABOURIAUX, à Paris, rue Christine,
n° 10.

Ses brodequins sans coutures, pour dames, sont
exécutés par des moyens particuliers, qui font cambrer
les peaux minces; il a composé des cirages de diverses
couleurs, dont quelques-uns imitent les couleurs métal-
liques appliquées aujourd'hui sur certains cuirs. Il mérite la médaille de bronze.

MENTIONS HONORABLES.

M. JACOBS, à Paris, rue de la Paix,
n° 28.

Il fait des souliers de femmes très-élégants et d'une
bonne confection; il fait aussi des soques de femmes, qui
tiennent fort bien le pied. Sa fabrique, l'une des plus
considérables de Paris, occupe au delà de 50 ouvriers.

M. BEAUDRAN, à Paris, rue Beaurepaire,
n° 9.

Souliers de femmes qu'il appelle *inéculables*; il les
rend tels au moyen d'un morceau de liége creusé qui,
prenant sous le talon, s'élève à une certaine hauteur
dans le quartier. Il paraît être le premier qui ait fait des
empeignes avec des tissus en fil de gomme élastique.

M. NADAL, à Paris, rue des Vieux-Au-
gustins, n° 61.

Souliers de femmes très-bien exécutés; brodequins
élégants. Ces chaussures, quoique à double semelle,
sont cependant fort minces.

CITATION FAVORABLE.

M. GUDIN, à Paris, rue de Cotte, n° 2 *bis*.

Citation
favorable.

Il a présenté des souliers imperméables qui sont restés flottants sur une nappe d'eau, durant toute l'exposition, sans que l'humidité ait pénétré dans l'intérieur. On devrait encourager l'emploi, trop négligé maintenant, des chaussures imperméables.

§ Ier.

SOCQUES.

MENTIONS HONORABLES.

M. DEVAUX, à Paris, boulevart Montmartre, n° 18.

Mentions
honorables.

Il revendique l'invention des socques, qu'il appela *patins* dans le principe; il s'est occupé des moyens de perfectionner sa première idée.

M. BOBILLON, à Paris, rue Michel-le-Comte, n° 18.

Ses socques sont excellents; il en fabrique chaque année, en matières ordinaires, 2,500 douzaines de paires, et 500 autres douzaines en cuir et liége.

M. KETTEN-HOVEN, à Paris, rue Montmartre, n° 84.

Diverses espèces de socques, qui prennent la longueur

18.

convenable par la seule pression de la botte ou du soulier. Les brides qu'il fixe à ses socques retiennent bien le pied ; on les attache et on les détache avec facilité.

CITATIONS FAVORABLES.

M. CHARRIÈRE, à Paris, passage Saint-Roch, n° 41 ;

M. BEVALLET, à Paris, rue du Chevalier-du-Guet, n° 4,

Pour la bonne confection de leurs socques.

§ II.

SABOTS-SOULIERS.

CITATION FAVORABLE.

M. VIOLET, à Melun (Seine-et-Marne).

Ses sabots-souliers sont d'une forme agréable. La semelle est en bois de sycomore, moins sujet à se fendre et plus facile à travailler que le noyer et le bouleau.

M. GUILLON (Michel-Louis), à Vendôme (Loir-et-Cher).

Sabots-souliers et sabots-bottes, à semelle en bois, avec le reste en cuir. Ce genre de chaussure est à la fois sain et commode ; les fermiers du Loir-et-Cher en font un grand usage.

§ III.

FORMES ET EMBOUCHOIRS.

MENTION HONORABLE.

M. DEHAULE, à Paris, passage des Pano-
ramas, n° 6.

Embouchoirs exécutés suivant l'imitation la plus fidèle
des formes du pied; on évite ainsi les déformations et les
douleurs que font éprouver les chaussures qui tendent à
modifier la figure des pieds.

CHAPITRE XVIII.

PAPETERIE.

La France ne craint plus la rivalité des autres peuples pour la fabrication des divers genres de papiers et de cartons; on peut en juger par le tableau suivant de nos *exportations*, en 1833, 1827 et 1823.

Cartons lustrés, pour presser les draps....	18,922^f
Cartons en feuilles........................	6,352
Cartons moulés, dit *papier maché*........	215,376
Cartons coupés et assemblés...............	54,184
Papier d'enveloppe.........................	178,544
Papier blanc ou rayé pour musique.........	2,903,075
Papier colorié, en rames..................	58,541
Papiers peints, en rouleaux...............	1,885,387
Papier de soie............................	3,240

Total pour 1833...	5,323,621^f
Total pour 1827...	4,256,400^f
Total pour 1823...	3,665,343^f

Les progrès de la fabrication du papier, considérables entre les expositions de 1823 et de 1827, ne se sont pas ralentis de 1827 à 1834.

Nous avons d'abord à signaler la propagation des mécanismes employés à produire les papiers continus.

Jusqu'en 1823 une seule fabrique, en France, avait adopté ce mode ingénieux. En 1827, il en existait quatre ; l'exposition actuelle en a fait connaître douze, et nous savons qu'il en existe un plus grand nombre. Ce moyen, plus économique, plus rapide et plus puissant, deviendra bientôt le seul qui puisse être pratiqué sans perte. Alors disparaîtra l'ancien système de fabrication à la main, qui présentait, en outre, les inconvénients, les dangers même de coalitions d'ouvriers : dangers qui n'existeront plus.

Les papiers faits à la mécanique offrent d'autres avantages : ils peuvent recevoir des dimensions d'une grandeur, pour ainsi dire illimitée, et conserver une épaisseur parfaitement égale dans toutes les parties ; on peut les fabriquer en quelque saison que ce soit ; les moyens nouveaux dispensent du triage, des apprêts et de l'étendage ; enfin, l'on épargne la perte des papiers cassés : perte d'une feuille défectueuse sur cinq, d'après l'ancien système. Ces avantages sont immenses et font plus que compenser quelques inconvénients dont il reste à triompher ; savoir : l'engorgement de la toile métallique et l'embarras d'un fréquent nettoyage ; la trop prompte destruction des feutres, et le brisement trop facile des papiers dans l'étendue de leurs plis, brisement occasionné par la forte pression à laquelle ils sont assujettis.

Un autre inconvénient existait encore. On reprochait au papier *continu* de garder l'empreinte de la toile métallique, sur le côté qu'on appelle l'*envers*. Un appareil de pression de M. Donkin, récemment importé d'Angleterre par M. Delatouche, a fait disparaître ce défaut.

Trente-sept papeteries ont envoyé leurs produits à l'exposition : presque toutes méritent des éloges. Néanmoins, pour donner du prix aux récompenses, le jury central a dû s'en montrer avare.

RAPPEL DE MÉDAILLES D'OR.

M. CANSON, à Annonay (Ardèche).

Ce manufacturier célèbre a reçu, pour la beauté de ses papiers et les progrès que lui doit ce genre de fabrications, la médaille d'or en 1801, en 1806, en 1819.

En 1827, il en eût obtenu le rappel s'il avait satisfait, près du jury départemental, aux conditions nécessaires pour être admis à concourir. Le jury central de 1834 déclare que M. Canson mérite de nouveau le rappel de cette haute récompense.

M. JOHANNOT (François), à Annonay (Ardèche).

A l'exemple des Canson et des Montgolfier, M. Johannot s'applique à fabriquer les papiers fins, et s'est placé depuis longtemps aux premiers rangs : dès 1806 il obtint la médaille d'or, rappelée en 1819.

Depuis cette époque, ses fabrications ont pris beaucoup plus d'étendue, et ses produits ont acquis une perfection nouvelle. Ses machines sont mues par des roues hydrauliques et s'allient au travail de 150 ouvriers. Le jury déclare M. Johannot plus que jamais digne de la récompense du premier ordre.

M. DE LA PLACE, à Jeand'heures, arrondissement de Bar-le-Duc (Meuse).

La papeterie de Jeand'heures, érigée sur les propriétés de M. le maréchal duc de Reggio, est une des premières où l'on ait adopté les mécanismes continus. Elle fut, dans le principe, dirigée par M. Didot-Saint-Léger, auquel la France doit réellement cette nouvelle et précieuse industrie, qu'il s'est rendue propre par ses perfectionnements et ses inventions.

M. De la Place, qui maintenant remplace M. Didot-Saint-Léger à Jeand'heures, a fait construire dans cette manufacture, en 1830, une seconde machine. Il occupe de 150 à 200 ouvriers; il consomme annuellement 400,000 kilogrammes de chiffons, qui produisent environ 300,000 kilogrammes de papiers pour l'écriture et pour l'impression. L'assortiment de ces papiers offre des qualités dont les prix varient depuis 4 fr. 50 cent. la rame jusqu'à 25 fr. La fabrique de Jeand'heures mérite le rappel de la médaille d'or qu'elle a reçue en 1827.

NOUVELLES MÉDAILLES D'OR.

SOCIÉTÉ ANONYME des papeteries du Marais et de Sainte-Marie (Seine-et-Marne). Dépôt à Paris, rue Christine, n° 5.

Cette vaste entreprise, dirigée par M. Delatouche, consiste en six usines, où travaillent constamment 550 ouvriers de toutes professions, logés par la compagnie, et recevant 216,000 francs de salaire annuel. L'une des usines, celle de Sainte-Marie, est alimentée par un puits artésien qui fournit 600 litres, à la minute, d'une eau parfaitement limpide. L'établissement complet aura trois machines à la Donkin; il possède seize cuves à la main; il fabrique par jour de 350 à 400 rames de papier pour l'écriture, l'impression, le dessin et la gravure en taille douce; il produit d'excellent papier de tenture; il fournit depuis longtemps le papier des billets de banque et le papier à timbre. La valeur des papiers ordinaires est graduée depuis 7 francs la rame, papier écolier, jusqu'à 23 francs, papier Jésus surfin, non collé, pour l'impression. Tous ces papiers sont d'une blancheur remarquable et d'une fabrication soignée. Les papiers faits à la mécanique sont également unis des deux côtés; il n'y a pas d'envers.

Avec un capital de 1,800,000 francs, la production annuelle de l'établissement s'élève à près de 900,000 fr. Cet établissement, sous le nom de M. Delagarde qui le dirigeait, reçut en 1819 la médaille d'argent; ses progrès sont immenses depuis cette époque. Il mérite aujourd'hui la médaille d'or.

Papeterie d'Écharcon, près Mennecy (Seine-et-Oise).

Cette papeterie est fondée par une société anonyme; les constructions en sont vastes et parfaitement appropriées à leur destination; le classement des ateliers, la division du travail n'en sont pas moins remarquables. Une chute d'eau de l'Essonne fournit une force motrice de 140 chevaux, force consacrée au travail de douze cylindres, quatre cuves, deux machines à papier continu, et 22 presses en fonte. Deux cents ouvriers des deux sexes ajoutent leur force intelligente à cette puissance matérielle, pour produire tous les genres de papiers, qui représentent une valeur annuelle de 720,000 francs. La grandeur de cette manufacture, modèle des perfectionnements les plus récents, et la beauté de ses produits, sont, à tous égards, dignes de la médaille d'or.

M. FIRMIN DIDOT, au Mesnil-sur-l'Estrée (Eure).

Son établissement était naissant lors de la dernière exposition. Il est aujourd'hui complet; il offre au commerce des papiers du plus grand luxe, et des papiers communs qu'il peut livrer à 4 fr. 50 cent. la rame (papier pot).

La manufacture de M. Firmin Didot fabrique le papier continu, par le secours combiné d'une force hydraulique et du travail de 250 ouvriers, tous habitants de la campagne, et formés à cette industrie par ce célèbre typographe. La production annuelle s'élève à près de cent mille rames; c'est dans les ateliers du Mesnil que fut montée la première presse à sécher.

Le jury central décerne à M. Firmin Didot une seule médaille pour l'ensemble de ses produits; depuis le simple papier jusqu'à ces éditions admirables, qui sont dignes de transmettre en même temps à la postérité les chefs-d'œuvre de l'esprit humain et de l'industrie nationale.

RAPPEL DE MÉDAILLE D'ARGENT.

M. ÉDOUARD WISE, à Saint-Sulpice-les Doulans (Somme).

Il a présenté : des papiers grand format, imités des plus beaux produits de Hollande et d'Angleterre, à des prix qui varient de 80 à 350 francs la rame; des cartons dits de Bristol, de 45 à 60 francs la rame; enfin, un papier très-mince et d'une telle consistance, qu'il faut du temps et des efforts considérables pour le lacérer. Sa manu-

Rappel
de médaille
d'argent.
facture, précédemment établie à Hallines (Pas-de-Calais), obtint, en 1827, la médaille d'argent, sous le nom de Charles Wise. Elle est aujourd'hui plus considérable et travaille avec autant de soin : elle mérite la confirmation de cette honorable récompense.

NOUVELLES MÉDAILLES D'ARGENT.

Nouvelles
médailles
d'argent.
M. F. M. Montgolfier, à Annonay (Ardèche).

M. Montgolfier porte un nom illustre dans l'industrie. Son frère, M. Jean-Baptiste Montgolfier, obtint la médaille d'or en l'an IX, et le rappel en 1819 et 1823. Dans cette dernière année, un perfectionnement très-remarquable était signalé comme produit par le concours des deux frères.

En 1827, le jury déclarait que M. F. M. Montgolfier ainsi que M. Canson méritaient la médaille d'or, pour la beauté de leurs produits; ils l'auraient alors obtenue l'un et l'autre, s'ils avaient satisfait aux conditions préliminaires de présentation au jury départemental.

Aujourd'hui le jury central, sans trouver que les produits de M. Montgolfier soient moins distingués, n'a pu s'empêcher de reconnaître que sa fabrication est beaucoup moins étendue que celle des établissements qui, depuis 1827, se sont placés au premier rang. Il n'emploie que 100 ouvriers et ne produit par année que 350 quintaux de papier. Le jury, témoignant son vif désir que M. Montgolfier développe avec bonheur et rapidité son industrie, lui décerne la première médaille d'argent.

MM. Blanchet frères et Kléber, à Rives (Isère).

En 1823, ces habiles fabricants avaint obtenu la médaille de bronze. En 1827, ils n'exposèrent point maïs il n'en travaillèrent pas moins à perfectionner leurs produits, à donner plus d'étendue à leurs fabrications. Maintenant ils possèdent deux machines à papier continu et cinq cuves à la main. Ils occupent 226 ouvriers des deux sexes, consomment annuellement 415,000 kilog. de chiffons, et livrent au commerce pour 550,000 fr. de papiers. Ils exportent en Italie, en Suisse, en Espagne, en Belgique. Un fait a constaté la bonne qualité de leurs papiers; tous les registres présentés à l'exposition de 1834 sont faits avec du papier de Rives, qui sert exclusivement à cet usage. Le jury central juge MM. Blanchet frères et Kléber dignes de la médaille d'argent.

MM. Richard et compagnie, à Plainfoing (Vosges).

Leurs produits, presque aussi beaux que ceux des exposants qui précèdent, sont donnés par deux machines continues, d'après le système de M. Didot-Saint-Léger. Ils font travailler 130 ouvriers, et fabriquent 40,000 rames de papiers blancs, de couleur, de tenture et d'emballage, au prix moyen de 7 francs la rame. Le jury leur décerne la médaille d'argent.

MM. Callot-Bellisle fils et frères, à Vieuze et à Chantoiseau, commune de Saint-Michel (Charente).

Leur fabrique de Chantoiseau travaille à la main,

celle de Vieuze travaille à la mécanique : elles occupent, ensemble 190 ouvriers des deux sexes. Leurs produits, vendus dans toute la France, sont recherchés de l'étranger, et sont envoyés jusque dans les mers du Sud. Leurs papiers continus, d'une pâte blanche et fine, offrent une surface égale et lisse. Ceux qu'on destine au lavis sont les plus remarquables; on n'en avait pas encore fabriqué mécaniquement, qui réunissent autant de corps à de plus grandes dimensions. MM. Callot et Bellisle méritent la médaille d'argent.

MM. Latune et compagnie, à Crest, commune de Blacons (Drôme).

Ils ont exposé des papiers dont les qualités ne laissent presque rien à désirer. Ils ont un moteur hydraulique, trois cuves toujours alimentées par trois cylindres, et douze piles de maillets; ils emploient 80 ouvriers logés dans l'établissement, et 10 manœuvres non logés. Ils ont établi récemment un atelier de réglure pour les registres et la musique. Ils avaient reçu la médaille de bronze en 1823; ils ont maintenant droit à la médaille d'argent.

***

RAPPEL DE MÉDAILLE DE BRONZE.

MM. Lacroix frères et Laroche, à Angoulême (Charente). Dépôt à Paris, rue Dauphine, n° 20.

Ils imitent parfaitement le *glacé* des papiers anglais. Néanmoins ce poli n'est pas sans inconvénients. La pression nécessaire pour le produire, en resserrant trop les pores, empêche l'encre d'y pénétrer; aussi la plume glisse-t-elle dessus sans laisser d'empreinte suffisante. Ajoutons que la même sorte de papier, cotée par les exposants à 20 fr. sans cet apprêt, est cotée depuis 7 jusqu'à 16 fr. de plus, par rame, lorsqu'il est glacé. C'est faire payer trop cher un avantage douteux.

En définitive les papiers blancs de MM. Lacroix et Laroche sont bien fabriqués; leurs papiers de couleur offrent des nuances agréables, fondues avec égalité. Le jury leur confirme la médaille de bronze accordée en 1823.

Rappel de médaille de bronze.

NOUVELLES MÉDAILLES DE BRONZE.

MM. MULLER, BOUCHARD, OUDIN et compagnie, à Gueures, près Dieppe (Seine-Inférieure).

Nouvelles médailles de bronze.

Papiers d'impression, les plus beaux dans leur genre que l'exposition ait offerts; papiers brouillards et papiers d'enveloppe pour la quincaillerie, faits avec plus de soin qu'on n'en a mis jusqu'à présent à ce genre de produits. Le jury décerne la médaille de bronze à MM. Muller, Bouchard, Oudin et compagnie.

M. BOULARD, à la Villeneuve, près Bar-sur-Seine (Aube).

Papiers pour lavis, pour gravures en taille-douce et pour registres, d'une qualité remarquable : ils méritent la médaille de bronze.

M. BECHÉTOILE, à Bourg-Argental, près Saint-Étienne (Loire).

Ses produits sont dignes de la grandeur de l'établissement qu'il a construit en 1826, de concert avec M. Elie Montgolfier. Une chute d'eau de 31 mètres imprime le mouvement au mécanisme à papier continu; il y a six moulins à cylindres, plus un septième à maillets. Depuis 1831, M. Bechétoile a construit de nouveaux moulins à cylindres avec des pompes aspirant l'excès d'eau qui, mélangée avec la matière première, maculerait les feuilles de papier. Il produit annuellement 210,000 kilogrammes de papiers de toute espéce. Le jury lui décerne la médaille de bronze.

MENTIONS HONORABLES.

MM. JAFFART père et fils, à Mende, (Lozère).

Leur papeterie, fondée seulement depuis 1825, est néanmoins la première établie dans ce département; elle occupe 70 chefs de famille, fait vivre environ 300 personnes, et s'augmente continuellement. Le bas prix de la force hydraulique et de la main-d'œuvre dans cette partie de la France permet d'y produire avec économie de bons papiers, en procurant des moyens d'existence à la classe pauvre dépourvue de travail.

M. BALLONDE, à Cuzorn, (Lot-et-Garonne).

Ses papiers, fabriqués à la cuve, sont blanchis par le chlore; la pâte en est belle : ils coûtent de 8 fr. à 25 fr. la rame.

CITATIONS FAVORABLES.

M. LOUBRY, au Petit-Rabousy, commune de Haris, près Vervins (Aisne).

Cette fabrique ne confectionnait autrefois que du papier d'emballage. Elle a fait beaucoup de progrès depuis 1831; ces progrès sont un bienfait pour le pays qu'elle enrichit.

MM. PATIN et compagnie, à la Thibaudière (Indre-et-Loire).

Ils exposent pour la première fois les produits de leur manufacture, qui se développe et se perfectionne avec rapidité.

MM. TRUON et AUDIBERT, à Divonne (Ain).

Leur fabrique, établie seulement en 1827, produit par année de 8 à 9,000 rames, dont une partie s'exporte en Suisse; ils occupent 34 ouvriers.

M. DELAROCHE (Lambert), à Laval (Mayenne).

Créateur d'une papeterie mécanique établie depuis trois ans.

M. Maxime DELESTRADE, à Meyrargues, arrondissement d'Aix (Bouches-du-Rhône).

Papier qui n'a pas besoin de collage, fait avec l'algue

Citations favorables.

marine qu'on trouve en abondance sur les bords des étangs de Berres et de Martigues. Si ce fabricant peut, comme il l'annonce, livrer ce papier à 30 pour cent au-dessous du prix des papiers ordinaires, il aura doté d'une industrie importante les départements maritimes. A ce titre il devra recevoir une récompense supérieure, lors de la première exposition.

§ II.

PAPIERS DE FANTAISIE.

NOUVELLE MÉDAILLE DE BRONZE.

Nouvelle médaille de bronze.

M. ANGRAND, à Paris, rue Meslay, n° 61.

Dès 1823 ses papiers et ses bordures de fantaisie méritèrent la médaille de bronze pour la variété, la nouveauté, l'exécution supérieure de ces produits. Par le développement qu'a pris son industrie, dont les ventes annuelles s'élèvent maintenant à 300,000 fr., pour des papiers consommés dans toute l'Europe et jusqu'en Amérique, M. Angrand mérite une nouvelle médaille de bronze.

MENTIONS HONORABLES.

Mentions honorables.

M. FICHTEMBERG, à Paris, rue des Bernardins, n° 34.

Il excelle dans la fabrication des papiers marbrés; il fabrique des crayons de mine de plomb qui satisfont les consommateurs. Il obtint, dès 1827, une mention honorable à laquelle il a maintenant de nouveaux titres.

M. Delport aîné, à Paris, rue Guérin-Boisseau, n° 24.

Bordures de papier gaufré et doré, les unes exécutées au balancier, les autres à l'emporte-pièce, et toutes d'un bel effet ; papier d'argent moiré pour tentures d'appartement. Ce dernier genre de produits offre une innovation digne d'être encouragée.

M. Gorgu, à Paris, rue Frépillon, n° 7.

Bordures en papier doré, soit estampées soit découpées ; il réussit dans ce genre aussi bien que M. Delport.

§ II.

PAPIERS DE VERRE.

CITATION FAVORABLE.

M. Barbier, à Belleville, chaussée de Ménilmontant, et à Paris, rue Chapon, n° 23.

Ses papiers de verre sont de très-bonne qualité, d'un grain plus régulier que celui des papiers de *grès*, livrés communément au commerce sous le nom de *papiers de verre* : ce perfectionnement est un service rendu à l'industrie.

CHAPITRE XIX.

GRANITS ET PORPHYRES, MARBRES, ALBÂTRES, PIERRES GRAPHIQUES, CIMENTS.

SECTION PREMIÈRE.

GRANITS ET PORPHYRES.

La France possède de très-beaux granits en Bretagne, dans les Alpes, dans les Pyrénées et dans les montagnes de la Corse.

C'est avec un extrême regret qu'on n'a point vu figurer à l'exposition les belles tables de granit orbiculaire et d'euphotide jadienne à diallage, travaillées d'après les ordres du gouvernement par M. Hersent. D'après la beauté de ces tables et la perfection du travail, le jury central eût honoré cet habile artiste par une récompense distinguée.

RAPPEL DE MÉDAILLE D'ARGENT.

Rappel
de médaille
d'argent.

MM. VALLIN père et fils, entrepreneurs de travaux publics, à Paris, rue Moreau, faubourg Saint-Antoine.

MM. Vallin se livrent avec le plus grand succès au

travail des matières les plus dures et les plus réfractaires, telles que les granits, les porphyres, les jaspes, les agates, etc.

Ils ont présenté cette année une belle collection de tables de granit et de porphyre français. Cette collection est la preuve frappante des heureuses ressources de notre territoire pour ces matières indispensables aux beaux-arts, et si propres, par leur durée, aux monuments élevés pour la postérité. Le jury central accorde le rappel de la médaille d'argent obtenue en 1827 par MM. Vallin.

SECTION II.

MARBRES.

Peu de contrées sont en réalité plus riches que notre pays en substances minérales propres aux grands travaux de sculpture et d'architecture. Dans les beaux monuments que les Romains ont érigés sur notre sol, on retrouve nos marbres indigènes, dont ils connaissaient le prix et qu'ils savaient exploiter. Mais quand fut arrivée la chute de l'empire, dans le moyen âge et même après la renaissance des arts, la pensée de mettre à profit ces richesses naturelles, tombée dans l'oubli, n'en fut tirée ni par le sentiment patriotique, ni par un juste espoir de bénéfices suffisants pour compenser d'inévitables sacrifices. On aima mieux demander à l'Italie ses marbres blancs pour la statuaire, à l'Italie, à l'Espagne, à l'Orient leurs marbres riches en couleurs pour l'ornement des édifices. Chaque année l'or de la France, en quantités toujours croissantes, dut payer ces importations.

Sous François Ier on commença quelques recherches

de marbres indigènes ; elles furent plus multipliées et plus fructueuses vers la fin du règne de Henri IV.

Le grand siècle de Louis XIV a montré, dans les décorations intérieures du Louvre et des Tuileries, l'heureux emploi que nos artistes peuvent faire des marbres français. Le siècle suivant négligea ces exemples. Mais, depuis les premières années du XIXᵉ siècle, on s'est appliqué, dans un grand nombre de localités, à la recherche, à l'exploitation de nos richesses minérales. Déjà plus de soixante départements peuvent fournir des marbres, variés de couleur et de beauté, propres à tous les usages, même aux plus précieux. Ainsi le marbre blanc des Pyrénées est pour le moins égal en qualités, en éclat, aux meilleurs marbres de Carrare : les artistes ont été frappés de l'analogie qu'il présente avec les marbres de Paros ; et dans quelques carrières, avec le marbre pentélique.

Valeur des marbres étrangers importés en France :

ANNÉES.	ENTRÉES.
1823	1,726,114ᶠ
1827	1,655,241
1833	368,701

Ces trois nombres suffisent pour nous montrer que, depuis 1823, les richesses minérales de la France nous ont permis de réduire de plus en plus l'achat des marbres étrangers.

RAPPEL DE MÉDAILLES D'ARGENT.

M. LAYERLE-CAPEL, à Toulouse (Haute-Garonne).

M. Layerle exploite à la fois plusieurs carrières. Pour

les beaux marbres statuaires qu'il extrait auprès de Saint-Béat, il obtint, en 1827, la médaille d'argent. En 1834 il a présenté trois blocs considérables du même marbre, réservés pour les travaux des musées royaux; il a de plus exposé des chambranles et des dessus de cheminée, des tables, etc., tirés de ses autres carrières de Mansioux, de Signac et de Barbazan. Ces produits, d'une belle matière, sont taillés et sculptés avec goût dans les ateliers que M. Layerle possède à Toulouse : il est toujours digne de la médaille d'argent.

MM. Thomas et Decouchy, à Paris, rue du Faubourg Saint-Martin, n° 126.

A l'exposition de 1827, MM. Thomas et Decouchy ont obtenu la médaille d'argent pour les beaux marbres griottes, tirés de leurs carrières de Caunes (département de l'Aude); ils exploitent aussi des carrières considérables dans le département de l'Hérault. Le jury leur rappelle la médaille d'argent.

MÉDAILLE D'ARGENT

M. Geruzet (Aymé), à Bagnères-de-Bigorre (Hautes-Pyrenées).

M. Geruzet emploie de 20 à 40 ouvriers dans ses carrières, suivant les saisons plus ou moins favorables; parce que les neiges empêchent de travailler dans quelques-unes depuis novembre jusqu'en avril. Trente-six autres ouvriers sont occupés dans son atelier, pour le sciage, la taille et le polissage. Deux roues hydrauliques servent de moteur à la scierie; un mécanisme particu-

lier sert au sciage cylindrique des tables rondes. M. Geruzet a présenté la collection la plus variée de marbres
travaillés ; devants de cheminée, tables rondes, etc., en
marbres vert, hortensia, isabelle-rosé, aspin, bleu turquin, lumachelle, etc. Il a pareillement exposé de beaux
échantillons de toutes les variétés qu'offrent les marbres
de Bigorre. Le jury décerne à M. Geruzet la médaille
d'argent.

RAPPEL DE MÉDAILLE DE BRONZE.

M. GRIMES, à Montpellier (Hérault).

M. Grimes exploite à Caunes, département de
l'Aude, une carrière de marbre dont il présente des
échantillons lumachelles jaunâtres, dits *bois d'olivier ;*
il exploite en outre, à Lavallette, des carrières de marbre
lumachelle, macaronite et jaspé, de jaspe nankin et
rosé, blanc veiné, etc. Il emploie, tant aux carrières qu'à
ses ateliers de Montpellier, 110 ouvriers et 25 ouvrières spécialement affectées au polissage. M. Grimes
est toujours digne de la médaille de bronze.

NOUVELLES MÉDAILLES DE BRONZE.

SOCIÉTÉ ANONYME D'EPINAL (Vosges).

Il n'y a que six ans qu'on a commencé d'exploiter
le marbre des Vosges. On l'extrait déjà de 13 carrières
dont 5 sont auprès d'Epinal ; elles donnent un marbre
brèche à fond gris, avec des nuances très-bien variées.
On trouve dans les autres du beau marbre noir, du

marbre blanc, du bleu turquin, du marbre brèche violet, etc. Une compagnie anonyme a confié la direction
de ces exploitations à M. Adam, ainsi que les travaux
de sciage et de polissage. La compagnie occupe 40 ouvriers; elle a des scies mécaniques. Le jury, pour récompenser des efforts qui ouvrent à la France une nouvelle source de richesse, décerne la médaille de bronze
à la Société anonyme d'Epinal.

Nouvelles médailles de bronze.

M. Gaudy (Théodore), à Boulogne-sur-Mer (Pas-de-Calais).

Son exploitation des marbres du Pas-de-Calais est
fort active. Il a fourni tous ceux qui décorent la colonne
érigée en l'honneur de la grande armée, sur les hauteurs
de Boulogne, d'où partirent les vainqueurs d'Austerlitz;
il dirige dans cette ville un atelier de marbrerie pour
les usages civils. Il mérite la médaille de bronze.

MENTIONS HONORABLES.

M. le marquis de Galifet, au Tholonet (Bouches-du-Rhône).

Mentions honorables.

Pour avoir présenté trois colonnes et des échantillons
de marbres tirés de la carrière du Tholonet, qu'il a remise en exploitation.

M. Ferry, à Épinal (Vosges).

Pour ses beaux vases en serpentine des Vosges.

MM. Rouaix, Raboteau et compagnie, à Saint-Girons (Ariége).

Pour les marbres blancs et les marbres de couleur
qu'ils exploitent à des prix très-modérés.

M. GIRAUD, à Paris, rue Basse-Saint-Pierre, n° 2.

Pour les marbres qu'il tire des carrières d'Ampus, dans le département du Var.

M. GUYON-DESMOULINS, à Coutances (Manche).

Pour les échantillons de marbres de Coutances, de marbres noirs, de marbres gris et de marbres savonnés.

CITATIONS FAVORABLES.

M. le comte DE PERROCHEL, à Saint-Aubin de Locquenay (Sarthe).

Pour des échantillons d'un beau marbre de la Sarthe qu'on n'a pas encore exploité.

M. HENRY jeune, à Laval (Mayenne).

Pour ses échantillons de marbres de la Mayenne, qu'on peut fournir de toutes les dimensions, jusqu'à quatre mètres de longueur.

M. HENRIOT, à Nevers (Nièvre).

Pour les efforts infatigables qu'il a faits afin de procurer un grand développement à l'exploitation des marbres remarquables que possède le département de la Nièvre.

SECTION III.

INDUSTRIE DES MARBRIERS.

MÉDAILLES DE BRONZE.

Les marbriers de Paris ont acquis une réputation justement méritée par l'intelligence et le bon goût qui distinguent leurs travaux. Dans le dessein de reconnaître et de récompenser cette supériorité, le jury central a décerné la médaille de bronze à

M. Bourguignon, à Paris, rue Pierre-Levée, n° 15,

Médailles de bronze.

Pour ses tables et ses moulures en marbre;

M. Garitte, à Paris, rue de Charenton, n° 32,

Pour la bonne confection de ses objets en marbrerie.

MENTIONS HONORABLES.

M. Boucneau, à Paris, boulevart Beaumarchais, n° 43.

Mentions honorables.

Pour divers objets de marbrerie bien exécutés.

M. Dropsy, à Paris, boulevart Beaumarchais, n° 83.

Pour l'emploi des laves de Volvic.

Mentions
honorables.

M. NOVION, à Paris, rue des Marais du Temple, nº 11.

Pour divers objets en marbre du Pas-de-Calais et des Vosges.

M. ROSEMBERG, à Paris, rue du Chemin-Vert, nº 12.

Pour la bonne confection de ses marbres taillés en tables rondes.

M. LYSS, à Paris, rue du Chemin-Vert, nº 39.

Pour ses marbreries en mosaïque.

SECTION IV.

MOSAÏQUES, MARQUETERIES EN MARBRE ET PIERRES PRÉCIEUSES.

RAPPEL DE MÉDAILLE DE BRONZE.

Rappel
de médaille
de bronze.

M. GRIMES, à Montpellier (Hérault).

M. Grimes, jugé digne du rappel de la médaille de bronze pour le zèle et les soins qu'il continue d'apporter à l'exploitation des marbres du Midi, mérite le même rappel pour les ouvrages en marqueterie exécutés dans ses ateliers.

NOUVELLES MÉDAILLES DE BRONZE.

MM. QUINET, rue Jean-Pain-Mollet, n° 27.

Ils ont exposé de belles tables de marqueterie de marbre avec incrustations. Le jury leur décerne la médaille de bronze.

M. ROCLE, à Paris, rue Neuve-Saint-Gilles, n° 8.

Leurs pendules, leurs tableaux, leurs piédestaux en marbre noir de Dinan, leurs marqueteries d'agate, de jaspe, de turquoise et de lapis-lazuli, les rendent dignes de la médaille de bronze.

MENTIONS HONORABLES.

M. GALINIER, à Montpellier (Hérault).

Pour ses dessus de tables en marbre, ornés de mosaïque sur un fond vert antique.

M. BOUCNEAU, à Paris, boulevart Beaumarchais, n° 43.

Déjà mentionné comme marbrier, M. Boucneau l'est de nouveau pour ses tables en marqueterie.

M. ROSEMBERG, à Paris, rue du Chemin-Vert, n° 12.

Ainsi que le précédent, il est déjà mentionné honorablement comme marbrier; il mérite de l'être comme fabricant de tabletterie de marbre.

M. LYSS, à Paris, rue du Chemin-Vert, n° 12.

Honorablement mentionné comme marbrier, il doit l'être aussi comme fabricant de mosaïques.

SECTION V.

PEINTURE IMITANT LE MARBRE.

MENTIONS HONORABLES.

M. WIESEN, à Paris, rue du Chaume, n° 13,

A présenté des peintures imitant le marbre, des tables, des vases et de petites statues. Ses peintures, d'une grande beauté, sont frappantes de vérité.

M. HORNER, à Paris, rue de la Planche, n° 16.

M. Horner expose plusieurs panneaux couverts de peintures à l'huile, imitant les marbres précieux, des bois et des incrustations de couleurs variées. L'imitation de ces matières est extrêmement remarquable, et les vernis sont d'un beau poli.

SECTION VI.

ALBÂTRES ET ALBÂTRIERS.

CITATIONS FAVORABLES.

MM. BOSQ frères, à Auriol (Bouches-du-Rhône).

MM. Bosq ont exposé un échantillon d'albâtre blanc

d'Auriol et un d'albâtre isabelle de Roqueraine; cẹs al-
bâtres indigènes, bien polis par les exposants, ont l'avantage de pouvoir être réduits en lames plus minces que
ceux d'Italie.

M. ÉLIE, à Paris, rue Bourg-Labbé, n° 2.

Objets en albâtre dont le travail est remarquable.

SECTION VII.

PIERRES LITHOGRAPHIQUES.

MÉDAILLES DE BRONZE.

M. DUPONT (Auguste) et compagnie, à Périgueux (Dordogne).

Pierres lithographiques de Savignac (Dordogne) et
de Châteauroux (département de l'Indre). Les exposants ont établi dans Périgueux une scierie qui fait
mouvoir 12 lames par une roue hydraulique; une seconde roue fait mouvoir un mécanisme pour le polissage des pierres. L'ensemble de ces travaux mérite la
médaille de bronze.

M. MANTOUX (Étienne), à Paris, rue du Paon, n° 1.

Il a présenté de belles pierres lithographiques tirées des
carrières de Tonnerre et de Passy, dans le département
de l'Yonne. (Voyez chap. XXXIX, *Arts graphiques*.)

MENTION HONORABLE.

M. CHEVALIER et compagnie, à Paris, quai de Valmy, n° 28.

Les établissements de M. Chevalier pour les pierres lithographiques sont situés à Tonnerre; celles qu'il a soumises à l'exposition méritent une mention honorable.

CITATIONS FAVORABLES.

M. CHEVRON, à Nantua (Ain).

Pour l'espèce de pierre lithographique qu'il exploite depuis deux ans. Elle est regardée comme une des plus parfaites qu'on ait découvertes en France, elle unit la finesse du grain à la pureté de la matière, résiste aux plus fortes pressions, et reçoit le plus beau poli.

M. BERNARD, à Marchamp (Ain).

Pour les pierres qu'il tire d'un immense gissement auprès de Marchamp; elles sont d'une pâte excellente; elles prennent un poli remarquable, qui les rend particulièrement propres aux ouvrages à la plume.

SECTION VIII.

ARDOISES.

CITATIONS FAVORABLES.

MM. DEBRY-RAUVÉ, à Monthermé (Ardennes).

Marqueteries en ardoise des Ardennes, à diverses

nuances; ces ardoises s'appliquent sur la chaux hydraulique et mieux encore sur le plâtre. Les parquets ainsi
marquetés tiennent le milieu pour la dépense entre les
carrelages en terre et les pavages en marbre.

M. QUESNEL (Étienne), à Paris, rue de Provence, n° 42.

Tableaux en ardoise, préparés pour l'usage des écoles
primaires qui suivent la méthode de l'enseignement
mutuel.

SECTION IX.

PIERRES MEULIÈRES.

MENTIONS HONORABLES.

MM. GUÉRIN, CARDET et BOUCHON, à la Ferté-sous-Jouarre (Seine-et-Marne).

Exploitations de pierres meulières. Ils sont spécialement mentionnés pour la taille, façon anglaise, de
meules ayant 1 mètre 30 centimètres de diamètre, et
coûtant chacune 250 francs.

M. GILQUIN, à la Ferté-sous-Jouarre (Seine-et-Marne).

Exploitation de pierres meulières, à ciel ouvert, occupant 90 ouvriers : les produits se vendent en France,
en Allemagne, en Belgique, en Angleterre, etc.

SECTION X.

CHAUX HYDRAULIQUES, CIMENT LITHOÏDE.

EXPOSANT HORS DE CONCOURS.

Exposant
hors
de concours.

M. DENYS, à Paris, rue de Caumartin, n° 28.

Le jury central regrette que M. Denys, entrepreneur de travaux publics, ne se soit pas présenté dans le temps rigoureusement prescrit pour être admis à l'exposition. Le succès de ses travaux en maçonnerie hydraulique aurait obtenu certainement une haute récompense.

MENTIONS HONORABLES.

Mentions
honorables.

M. VERSEPUY, à Riom (Puy-de-Dôme).

Échantillon de ciment lithoïde remarquable pour sa bonne qualité.

M. SCHNEGG, à Lardin, commune de Saint-Lazare (Dordogne).

Pour sa chaux hydraulique calcinée avec de la houille, puis éteinte par immersion.

CITATIONS FAVORABLES.

Citations
avorables.

M. LHÔTE, à Melun (Seine-et-Marne).

Statues, vases, mosaïques, etc., en ciment lithoïde très-dur et susceptible d'un beau poli.

M. BIDREMANN (Nicolas), à Châlons-sur-Saône (Saône-et-Loire).

Citations favorables.

Statues, ornements, tuyaux et bassins en ciment hydraulique, que l'auteur appelle *lithogène*.

SECTION XI.

PIERRES ARTIFICIELLES OU FACTICES.

MENTIONS HONORABLES.

M. GOUILLARD, à Paris, passage de l'Opéra, n° 14.

Mentions honorables.

Objets d'art en plastique, et mastic pour réparer les objets d'art.

M. POIRÉ, à Corny (Moselle).

Pour ses tuyaux, ses fontaines et ses bassins en pierre factice, et ses pavés ou planchers en mortier romain, avec ou sans mosaïque.

CITATIONS FAVORABLES.

M. TEXIER, à Montmartre, barrière Blanche (Seine).

Citations favorables.

Le jury regrette qu'il se soit présenté trop tard pour recevoir d'autre distinction qu'une simple citation.

M. BONNEVILLE, à Paris, rue Roche-
chouart, n° 66.

Pierres factices à rasoirs.

M. GERDREZ, à Paris, rue Montmartre,
n° 127.

Pierres à rasoir, dites *indéennes*.
Pierres novaculaires, et pierres factices à rasoir.

CHAPITRE XX.

HOUILLES ET BITUMES.

———◆———

SECTION PREMIÈRE.

HOUILLES.

La houille est exploitée dans trente-deux départements; mais dans quatre seulement, l'Aveyron, la Loire, Saône-et-Loire et le Nord, cette exploitation donne les quatre cinquièmes du produit total. Quatorze départements fournissent la lignite, et quatre autres l'anthracite. Voici les produits de ces substances minéralogiques pour l'année 1833–1834 :

	QUANTITÉS.	VALEURS.
Houille...................	1,574,143,000^k	15,009,741^f
Lignite.................	70,230,200	557,849
Anthracite.............	38,930,000	512,080
Totaux pour 1833-1834..	1,683,303,200	16,079,670
Importations en 1833.......	699,457,178	10,477,398
———— en 1827.......	540,448,917	
———— en 1823.......	326,659,603	

Ainsi, dans le court laps de temps qui sépare les ex-

positions de 1823 et de 1834, l'importation des houilles
étrangères a plus que doublé, malgré les droits considérables dont elles sont chargées ; cette importation sera
bientôt égale à la moitié des houilles tirées des mines
françaises. L'achèvement des canaux et l'entreprise des
chemins de fer peuvent seuls restituer un avantage re-
latif au combustible tiré de notre sol.

MENTIONS HONORABLES.

LA COMPAGNIE des hauts-fourneaux d'Alais (Gard).

Le territoire au milieu duquel sont établis les hauts-
fourneaux d'Alais abonde en charbon fossile d'excellente
qualité. La compagnie des hauts-fourneaux se propose
de l'exploiter, non-seulement pour les besoins de ses
travaux métallurgiques, mais pour la consommation générale de la France. Un chemin de fer devra conduire
la houille et les fers jusqu'au Rhône pour descendre à
la Méditerranée, et jusqu'aux canaux qui s'embranchent
avec le canal des deux mers : la houille et le coke tirés
des concessions obtenues par la compagnie des hauts-
fourneaux d'Alais figuraient à l'exposition. C'est surtout
pour ses travaux métallurgiques que cette compagnie a
mérité la médaille d'or. (Voyez chapitre XX.)

COMPAGNIE de la Grande-Combe (Gard).

La compagnie de la Grande-Combe possède six concessions principales, dont la superficie totale est d'environ 6 kilomètres carrés ; on compte jusqu'à 34 couches
de houille bien reconnues, dont l'épaisseur commune
varie de 1 à 3 mètres et même 3^m,30. Une couche a

jusqu'à 10 mètres d'épaisseur : six séries d'échantillons de houille et de coke représentaient à l'exposition les six concessions principales. Le chemin de fer projeté d'Alais à Beaucaire permettra de transporter les houilles d'Alais dans tout le midi de la France, et sur le vaste littoral de la Méditerranée.

PRIX ACTUEL DES HOUILLES SUR LE CARREAU DES MINES,
POUR 1,000 KILOGRAMMES.

Mottes qualité supérieure, la Grande-Combe, Trescol, etc.............................. 14^f 50^c

Mottes seconde qualité, et menu de forge, qualité supérieure.............................. 4 50

Tout venant gros et menu................. 7 25

Menu de fabrique, première qualité.......... 9 75

Ces prix inférieurs donnent les plus hautes espérances pour l'époque prochaine où l'on aura fini le chemin de fer déjà mentionné.

SECTION II.

BITUMES.

RAPPEL DE MÉDAILLE DE BRONZE.

MM. Dournay frères, à Lobsann (Bas-Rhin).

MM. Dournay frères reçurent en 1823 une médaille de bronze, rappelée en 1827, pour les produits bitumineux qu'ils tirent des mines de Lobsann. Leurs prix sont beaucoup réduits depuis 1824. Leur mastic bitumineux, qui coûtait alors 24 francs, ne coûte plus que

16 fr. par 100 kilogrammes. Ils ont exposé deux articles nouveaux, savoir : une caisse ou cuve en *briques bituminées*, tout à fait imperméable ; un échantillon de papiers imperméables aussi souples que des papiers ordinaires, et précieux pour les emballages. Ils exportent leurs produits dans toute l'Allemagne, surtout pour les travaux des fortifications et des ponts et chaussées : ils méritent le rappel de la médaille de bronze.

MÉDAILLE DE BRONZE.

M. le comte DE SASSENAY et compagnie, à Paris, rue Hauteville, n° 35.

Il a présenté des mosaïques et des mastics pour couvertures horizontales, comme celles des terrasses ; ces mastics, composés d'asphalte et de goudron minéral, ont paru d'une très-bonne qualité. Les services que les constructions d'édifices peuvent devoir à l'emploi de ce ciment méritent pour M. de Sassenay la médaille de bronze.

CITATION FAVORABLE.

M. LEDRU, a Clermont (Puy-de-Dôme).

Pour des plaques de bitume bisasphalte, d'un prix très-modéré et d'une bonne qualité.

FIN DU PREMIER VOLUME.

TABLE

DES MATIÈRES.

CHAPITRE VII.

DENTELLES, BLONDES, GAZES ET BRODERIES.   188

CHAPITRE VIII.

FLEURS ARTIFICIELLES.   198

CHAPITRE IX.

COUVERTURES.   200

CHAPITRE X.

BONNETERIE.   203

CHAPITRE XI.

FILAGE ET TISSAGE DU CAOUTCHOUC.   210

CHAPITRE XII.

CHAPITRE XIII.

CHAPITRE XIV.

CHAPITRE XV.

CHAPITRE XVI.

CHAPITRE XVII.

CHAPITRE XVIII.

CHAPITRE XIX.

FIN DE LA TABLE DU PREMIER VOLUME.

www.ingramcontent.com/pod-product-compliance
Lightning Source LLC
Chambersburg PA
CBHW061106220326
41599CB00024B/3929